中国旅游基础理论与
应用对策研究文库

2023年国家社科项目阶段性成果（23BGL170）
南开大学中国式现代化乡村工作站阶段性成果
南开大学休闲农业与乡村旅游研究中心系列成果

中国式乡村旅游
理论研究与实践探索

CHINESE RURAL TOURISM:
THEORETICAL RESEARCH
AND PRACTICAL EXPLORATION

徐虹 史佳林 主编

中国旅游出版社

编委会

主编：

徐　虹　南开大学旅游与服务学院院长、教授、博士生导师

　　　　休闲农业与乡村旅游研究中心主任

史佳林　天津市农业科学院农村经济与区划研究所副所长、副研究员

编委：

李　瑾　天津市农业科学院特聘首席专家、农村经济与区划研究所研究员

杨德进　南开大学旅游与服务学院副院长、副教授

于海波　南开大学旅游与服务学院副教授

焦　彦　南开大学旅游与服务学院副教授

郭　华　天津市农业科学院农村经济与区划研究所副研究员

刘　悦　天津市农业科学院农村经济与区划研究所助理研究员

董　霞　天津市农业科学院农村经济与区划研究所助理研究员

时会芳　天津市农业农村委员会发展规划处副处长

张行发　南开大学旅游与服务学院博士生

韩若冰　南开大学旅游与服务学院硕士研究生

张婉芸　南开大学旅游与服务学院硕士研究生

陈佩瑶　南开大学旅游与服务学院硕士研究生

张子萱　南开大学旅游与服务学院硕士研究生

李光钊　南开大学旅游与服务学院硕士研究生

刘情情　南开大学旅游与服务学院硕士研究生

许　波　兰州文理学院旅游学院讲师

杨雪梅　兰州文理学院旅游学院副教授

王　军　兰州文理学院旅游学院副教授

前言

乡村旅游不仅已被证明是乡村振兴的有效路径，而且成为新时代城乡经济高质量融合发展的必经之路，因而无论是理论研究还是实践探索都具有无限的潜力和成长空间。无论是共同富裕目标激发的乡村创新发展和改变现状的动力在不断增强，还是乡村振兴战略目标驱使乡村产业重构和融合发展突飞猛进，都在凸显一个迫切的需求，即在如此剧烈变动的时代，如何处理好发展与变动中的利益关系冲突，营造和谐共进的善治局面。本书即是基于这种需求，将研究团队与此相关的研究思考记录下来呈现给大家，以期与各位朋友分享我们的观察与思考，包括将中国式现代化的要求与乡村旅游发展结合起来，从宏观、中观和微观多层次综合思考乡村旅游发展方向；将多年研究成果集成为一个新的理论框架，梳理提出了人—地—业—治的乡村旅游研究分析的逻辑框架；在这一框架下分别探讨了人力资源政策与行动、外来企业如何赋能乡村人文发展、从美学角度看旅游空间品质如何提升、中国式乡村旅游的天津实践以及不同地区的探索案例等。这些内容也许还不太成熟，有待进一步完善提高，但确是团队成员基于我国乡村振兴和中国式现代化实践问题的积极探索，这正是把研究论文写在祖国大地上的最好体现。未来我们还将继续努力，把更多、更好的研究成果奉献给大家！

本书的出版是众人通力合作的结果，本书的主编是南开大学旅游与服务学院院长徐虹教授和天津市农业科学院农村经济与区划研究所副所长史佳林副研究员，参与此书撰写的人员还有南开大学旅游与服务学院杨德进副教授、于海波副教授、焦彦副教授，天津市农业科学院农村经济与区划所李瑾研究员、郭华副研究员、刘悦助理研究员和董霞助理研究员，天津市农业农村委员会发展规划处时会芳副处长，南开大学旅游与服务学院博士生张行发、硕士生韩若冰、张婉芸、陈佩瑶、张子萱、李光钊、刘情情，兰州文理学院旅游学院的讲师许波和副教授杨雪梅及王军。此书在成稿之际，主编委托韩若冰同学对全书进行了排版工作，在此对韩若冰同学高效认真的工作表示感谢！另外，此书的顺利出版也得到了中国旅游出版社谯洁主任的大力支持，在此一并表示衷心感谢！

主编　徐虹　史佳林

2023.10.1

CONTENTS

目录

Part 1

中国式现代化下乡村旅游发展的思考

南开大学旅游与服务学院
徐 虹

一、中国式现代化的基本要义

党的二十大报告数次提出了中国式现代化问题，并从五个方面阐述了中国式现代化的中国特色，即人口规模巨大的现代化、全体人民共同富裕的现代化、物质文明和精神文明相协调的现代化、人与自然和谐共生的现代化、走和平发展道路的现代化。只有深刻理解这五方面特征，才能在现代化征程中把握好正确发展方向，并采取行之有效的发展举措，进而实现中国式现代化的伟大目标。

（一）人口规模巨大的现代化

2021 年年末，我国人口规模是 14.13 亿人，超过现有发达国家不到 10 亿人口的总和。而且在如此巨大的人口规模中，农村人口占比较大，据人口普查资料显示，我国乡村户籍人口有 7 亿多人，流动人口 3 亿多人。由于长期以来我国城乡二元结构突出，现代化与城市化进程中资源大量流入城市，在一定程度上确实加速了我国城市化进程，但同时也带来了城乡之间发展程度的极大不平衡和乡村发展的极大不充分，这也是当今社会主要矛盾发生变化下不平衡和不充分的主要表现形式，如 2021 年，城镇居民与农村居民人均可支配收入之比为2.5:1，人均国内生产总值最高的省份与最低的省份数值之比为4.1:1。在如此大的差距下，城乡居民的生活环境和质量水平也不可同日而语，因而，多数乡村的年轻人和壮劳力都流出乡村奔向城市，致使乡村空心化严重。在人口多、区域和人口收入差距较大的情况下，要实现全面现代化的挑战是巨大的，艰巨性和复杂性也是前所未有的，当然，任何事情都是挑战与机遇并存，这种不平衡性预示着未来乡村振兴的潜力和机会也是巨大的。

从旅游发展的规律来看，游客的流动是从收入高的地区向收入低的地区流动，且随着城市化进程的加快，城市居民的生活压力和消费需求的变化也对乡村旅游或休闲度假提出了迫切需要。只是目前乡村的基础设施和旅游设施状况还不能满足日益提高的乡村旅游市场的需要，尤其是乡村人口结构的偏态分布状况不利于乡村旅游高水平发展，也难以实现乡村发展提质增效的目标。因此，如何破解乡村振兴中人口流动频繁、外流大于内流以及乡村老龄化趋势日益明显下的乡村旅游发展高质量人才供给问题就成为制约中国式现代化更好实现的现实问题。

（二）全体人民共同富裕的现代化

共同富裕是马克思主义的一个基本目标，也是中国共产党执政理念的一个基本归宿。习近平总书记指出，我们说的共同富裕是全体人民共同富裕，是人民群众物质发展和精神生活都富裕，不是少数人的富裕，也不是整齐划一的平均主义。从世界各国现代化发展进程和规律来看，伴随着财富的增加，解决不好收入分配的两极分化问题，将会出现“中等收入陷阱”问题，抑或因为收入差距悬殊导致社会政治经济不稳定等问题。当然共同富裕不是绝对的平均主义，它应该是具有合理的地域差距性和时间的阶段性的。共同富裕要靠辛勤劳动去创造，任何不劳而获或者只等着政府救济的想法是错误的，也是不能实现可持续共同富裕目标的。2020年我国全面实现了脱贫攻坚的伟大胜利，但距离共同富裕目标还有较长的路要走，城乡之间、地区之间和不同人群之间收入差距还要在三次分配的改革中进一步优化调整，才能促进共同富裕目标的实现。

从旅游发展的实践来看，它具有调节收入差距、增加低收入群体就业机会和实现财富从高到低流动的功能，尤其是我国中部和西部相对落后地区，恰巧是旅游资源丰富、自然生态良好和产品体验独特性强的地区，很适合东部发达地区游客的消费需要。乡村旅游的发展对促进共同富裕目标实现是较好的可选路径。只是这些乡村地区的思想观念、开发思维和运营能力等方面距离市场需要的水平还有很大差距，供给能力和水平制约了乡村迈向共同富裕目标的速度。因此，如何提高乡村旅游开发水平、促进财富从城市流向乡村进而带动乡村居民增收是目前面临的挑战。

（三）物质文明和精神文明相协调的现代化

西方现代化本质上是以物质现代化为核心的主导逻辑，将现代化理解为单纯追求物质财富和经济指标的快速增长，在创造工业文明和巨大物质财富的同时，也逐渐暴露出物质主义、拜金主义、享乐主义等弊病。物质富足和精神富有是社会主义现代化的根本要求。习近平总书记指出，只有物质文明和精神文明建设都搞好，国家物质力量和精神力量都增强，全国各族人民物质生活和精神生活都改善，中国特色社会主义事业才能顺利向前推进。社会主义现代化的根本归宿是提高人民群众的生活水平，让人民有尊严的、体面的和幸福的生活，这里不仅体现在物质富足、收入增长和物质消费内容的丰富上，更体现在人民的内心强大、拥有文化自信和优秀传统文化得以基础发扬并体现在人民生活中，这不仅是现代化的应有之义，也是人类需求满足过程中的客观规律。曾一度出现的只要物质财富增多就是成功，忽略精神道德修养提高和追求的一切向钱看的认识和行为都是与中国式现代化要求背道而驰的。在现代化进程中，不能否认精神力量重要的推动作用，精神道德力量的丧失、优秀传统文化的遗弃、核心价值观的偏离都将使人的行为偏离正确航道而驶向歧途，也将使人的生命失去意义。

乡村旅游本就是一种实现理想、追逐梦想的实践之旅。人类的理想除了希望过上富裕的物质生活外，还希望能在精神层面获得不断提升和进步，就像马斯洛的需求层次论那样，不断在上一层次需求满足后提出更高层次的需求，并在社会产品不断创新过程中得以满足和实现。乡村旅游作为实现乡村振兴战略目标的重要且有效途径，其20字方针关注的是五个方面，即产业兴旺、生态宜居、乡风文明、治理有效、生活富裕，这里面不仅要实现物质财富增长，也要实现生态、文明与治理，这些都是精神层面必须面对和解决的问题。在乡村旅游主客互动过程中，既实现物质交换，也实现精神交互与影响，并在相互交流学习中实现物质文明与精神文明的相互协调。

（四）人与自然和谐共生的现代化

中国式现代化超越了资本主义现代化进程中的人类中心主义的思维弊端，更加关注要摆正人与自然的关系，树立人与自然均是生命共同体的科学理念。人类是自然界的一部分，理应与自然界和谐共生，才能实现自我的繁衍和永存。恩格斯早就指出“不要过分陶醉于我们对自然界的胜利，对每一次这样的胜利，自然界都报复我们”。西方发达国家现代化发展之路呈现的“先污染后治理”的做法已被实践证明是错误的，这是人类付出的血的教训，我们当记取。当然，人与自然和谐关系的生成也不是一蹴而就的，而是阶段式演进的，正如习近平总书记在2006年阐述“两山论”时指出的那样，“第一个阶段是用绿水青山去换金山银山，不考虑或者很少考虑环境的承载能力，一味索取资源。第二阶段是既要金山银山，但是也要保住绿水青山，这时候经济发展和资源匮乏、环境恶化之间的矛盾开始凸显出来，人们意识到环境是我们生存发展的根本，要留得青山在，才能有柴烧。第三个阶段是认识到绿水青山可以源源不断地带来金山银山，绿水青山本身就是金山银山，我们种的常青树就是摇钱树，生态优势变成经济优势。形成了浑然一体、和谐统一的关系，这一阶段是一种更高的境界”。这种和谐共生不仅体现在生产上要绿色环保可持续，减少对自然界的污染排放实现循环经济，也体现在生活上要低碳节能，减少浪费和对环境的压力，更体现在生命上要崇尚自然和敬畏自然，天人合一，道法自然，实现生命的自我循环高质量发展。

乡村旅游是发生在乡村自然环境中的一种体验活动，游客到乡村旅游追求的也是乡村自然环境的优美和谐及其带来的共生场景的享受和启发。乡村作为农业生产和农民居住生活的聚集地，不仅是为城乡人民提供物质食材的地方，也是农民美好生活的地方，而人类对美好生活的需要与发展不平衡、不充分之间的矛盾是社会主义主要矛盾，其中发展不充分主要体现为乡村发展不充分，要在尊重自然环境演进规律中适度发展，实现和美宜居的自然生态环境。游客到乡村旅游看重的也是人与自然和谐共生的环境，暂时摆脱城市的喧嚣与躁动，实现回归自然的宁静，使身心的疲惫得以舒缓和疗愈，这是人类需求演化中从物质数量需求到质量需求再到情感需求进而到达生态需求的规律体现，也是乡村环境在当今社会中日益珍贵的现实体现。

（五）走和平发展道路的现代化

中国的现代化不是靠对外掠夺和战争来实现的，西方的现代化在资本无限增值的本性驱动下，不断通过殖民主义扩张和对外掠夺来实现其原料来源地的扩大和商品销售范围的扩张，带给世界各国人民无限的痛苦和灾难。我国的现代化道路从一开始就决定了走和平发展道路的内在历史文化基因，“和平、和睦、和谐”是中华民族5000多年来一直追求和传承的理念，中华民族的血液中没有侵略他人、称王称霸的基因。中国式现代化以构建“人类命运共同体”为价值目标，在处理国际事务中坚持以平等互利、合作共赢为价值准则，超越了“零和博弈论”的思维定式，为世界和平发展进步开辟了新的解释范式和实践样态。从另一个角度来看，疫情三年对国民经济各方面的冲击是巨大的，众多企业倒闭，数千万打工者返乡，若是没有乡村这个巨大的蓄水池和压舱石，如此巨大的人口失业难免会出现社会动荡，那又如何实现和平发展呢？因此走和平发展道路的中国式现代化离不开乡村的稳定发展。

乡村旅游的发展同样要遵循和平发展的道路，虽然其市场消费主体是国内游客，但是同样面临着不同地区亚文化的差异，如何处理客源地与目的地之间的友好交流和有序竞争问题也是要面对和平、和睦与和谐关系问题，在包容性发展理念下学会接受乡村文化习俗，尊重和理解不同的生活态度和行为习惯，在差异化体验中实现共建共享共赢的发展目标，化解城乡二元发展结构中的不平衡不充分矛盾，去除俯视乡村的心态，以平等的态度提高相互交流的质量和感受，在城乡融合发展中促进乡村旅游壮大并带动共同富裕目标实现。

二、中国式现代化下和美乡村建设与乡村旅游发展

中国式现代化下乡村建设的发展方向在哪里是一个涉及资源如何配置和

向哪里配置的重要问题，必须置于不断发展变化的历史进程中去回溯与思考，才能准确把握党的二十大报告中对乡村建设发展方向的定位。党的十八大报告首次强调要建设“美丽中国”，并提出“美丽中国”的内涵是环境之美、时代之美、生活之美、社会之美、百姓之美的总和。2013 年中央一号文件明确提出“加强农村生态建设、环境保护和综合整治，努力建设美丽乡村”，这是首次在国家层面提出乡村建设的目标。同年 2 月，为贯彻落实党的十八大精神，农业部下发了《关于开展“美丽乡村”创建活动的意见》，决定于 2013—2015 年，在全国不同类型地区试点建设 1000 个天蓝、地绿、水净、安居、乐业、增收的“美丽乡村”。美丽乡村内涵丰富，不仅要求农村的外在和客观层面美丽，还对人居环境、文明风尚、乡村生态、经济收入等内在层面提出具体要求，其本质是人与自然、人与经济、人与社会和谐平衡的发展，是发展的一种新势态、新理念，是美丽中国建设的前提和基础，也是乡村振兴的重要环节。2021 年《国民经济和社会发展第十四个五年规划和 2035 年远景目标纲要》中提出“建设美丽宜居乡村”，同年中央一号文件明确提出“开展美丽宜居村庄和美丽庭院示范创建活动”。2022 年中央农村工作会上，习近平总书记强调“农村现代化是建设农业强国的内在要求和必要条件，建设宜居宜业和美乡村是农业强国的应有之义”，它为今后一个时期我国建设什么样的乡村和怎样建设乡村指明了方向。党的二十大对全面推进乡村振兴做出战略部署，提出要“建设宜居宜业和美乡村”，宜居宜业和美乡村是具有良好人居环境，能满足农民物质消费需求和精神生活追求，产业、人才、文化、生态、组织全面协调发展的农村，是美丽宜居乡村的“升级版”。和美乡村是对中国式现代化下生态文明之美、文化兴盛之美、经济发达之美、城市繁荣之美、乡村振兴之美、社会和谐之美、人民幸福之美的乡村版诠释，凸显了乡村物质文明和精神文明协调发展、乡村环境形塑与文化铸魂相融并进的新要求和新目标。从这样一个发展历程来看，和美乡村建设目标既是一种理论创新的表现，也是以往政策的继承发扬光大和实践探索前行的必然结果。

和美乡村建设与乡村旅游发展有五个基本点不能忽略，那就是：以具备基本现代生活条件为主攻目标的宜居，宜居为目标要留住人；以为农民而建、让农民幸福为出发点和落脚点的宜业，宜业为基础要富裕人；以突出乡味、体现乡韵为特色所在的宜游，宜游为手段要吸引人；以统筹推进、分区施策为工作策略的精准，精准为策略要适应人；以循序渐进、注重质量为基本态度的务实，务实为准则要提升人。

和美乡村规划建设必须坚持五度原则。提高规划高度，乡村建设规划站位要高，要有全盘的规划和创意策划才有可能做好；选择发展角度，乡村建设必须根据地方资源优势和特色，选择合适的发展角度，合理利用各项资源，最大化提高建设效能；挖掘建设深度，要树立大产业观，寻求乡村旅游业与多产业的融合与交叉发展，在延长和加宽产业链中探寻乡村建设深度；提高治理精度，要精于处理好各主体间的利益关系，发挥工匠精神做细做精，提高市场运营者的经营管理能力；强化经营力度，要坚持目标导向，坚守发展战略和特色，树立长期主义观念持久发力，不折腾不犹豫，坚定地朝着目标走下去。

和美乡村建设与乡村旅游发展要能够促进四生和谐。从生活上看，要力求实现人与人的和谐，要处理好乡村旅游中的主客间关系，朝着共建共享、和谐互助和公平分配、方向发展；从生产上看，要力求促进人与资源的和谐，要树立基于多元主体共创的大资源观，进而促进丰富产业链；从生态上看，要力求促进人与自然的和谐，要建立绿色发展理念，围绕双碳目标要求构建循环经济体系；从生命上看，要力求实现人与自我的和谐，要摆正物质与精神合二为一的关系，提高人的生命质量，促进人的身心自我和谐发展。四生和谐中最终要归于生命的和谐，这是以人为本的中国式现代化所要求的最终归宿，实现生命有尊严地存在、有质量地发展、有品位地提高。

和美乡村建设与乡村旅游发展要树立三大理念，即精神提高、环境优美、收入增长。和美乡村首先体现在精神面貌要昂扬向上，要符合自然与社会发展的规律。人类消费需求是沿着“量的满足—质的满足—情感的满足—生态的满足”这一演进轨道进化的，这也符合马斯洛的需求层次理论的基本原理，可以说物质需求、精神需求和生态需求构成了人类全面需要的三元结构体系，正如习近平总书记 2018 年指出的那样，要加快建立健全“以产业生态化和生态产业化为主体的生态经济体系”，因此从精神层面和价值观上要发生根本转变，未来乡村产业重构的战略方向就是生态化发展，绿色化经营。其次要在环境优美上下功夫，要为在地居民和外来游客营造优美和谐的环境系统。这里的环境不仅强调自然环境的优美，而且强调人文环境和社会环境的优美和谐，使人在其中舒适、舒服和舒心，进而形成令人回忆、回味、回头的人类第三空间。最后要在收入增长上有成效，真正使和美乡村和振兴乡村的目标落在实处造福老百姓。既然社会主要矛盾体现为人民对美好生活的需要与发展不平衡不充分之间的矛盾，而不平衡不充分的主要体现是城乡不平衡和乡村发展不充分，那么乡村振兴的基础和重点就是先解决产业不兴旺、农民不富裕的问题。物质是基础，也是激励社会向前发展的原动力，和美乡村建设不是面子工程，而是实实在在的富民工程。不能变现的任何乡村建设都是与根本目标背道而驰的。因此，要从理念上构建起支撑乡村振兴发展的观念与行为体系，以良好的生态环境链接精神与物质，形成循环互促的生态圈和发展网。

和美乡村建设与乡村旅游发展要形成理性与感性二轮驱动的发展格局，才能使乡村建设步伐稳健可持续。二轮之一轮就是科技理性之轮，要以科技促进体验形式多样化和趣味化，进而提升吸引力和扩散力。无论是和美乡村建设还是乡村旅游发展都离不开科技力量的赋能，唯有如此才能发挥科技进步助力社会发展的作用，才能为消费者创造更有价值和难忘的消费体验，才能彰显当代中国乡村建设的伟大成就。当然这里的科技理性不仅有以互联网和人工智能为代表的数字科技，也有以科技育种和现代种养殖技术为代表的农业科技，它们共同组成了现实与虚拟结合的乡村消费场景，是乡村旅游无限魅力的来源之一。二轮之另一轮是文化感性之轮，要以文化增强体验内容的深度与精度，进而强化传承性和传播性。无论是本地居民还是外来游客都离不开对文化内涵的认知与体验，唯有如此才能促进中华优秀传统文化的继承发扬和广大，才能更好地激发当代文化创造的感情热情和激情，才能真正形成文化的创造性传承和创新性发展。文化是乡村旅游之魂，它需要通过旅游形式扩大影响力，在不断扩张的市场规模中激活传承的动力。乡村旅游是文化之形，它需要通过文化内涵的深挖彰显其存在的价值，在具备深厚文化底蕴的旅游体验中增强传播的效能。二轮双向互动、相互促进，形成“晓之以理，动之以情”的乡村和美建设和旅游发展的双轮驱动之路。

和美乡村建设与乡村旅游发展要始终坚持一个核心，那就是不断创新。第一个提出创新概念的是熊彼特，他认为创新反映在任何一个新奇结果的出现，可以是一个新产品，新的生产方法，或者是新渠道，新市场，再或者是新的结构。总之他的创新观点在于较之以前要求新求异，具有新颖性。无论是从乡村旅游需求方面还是从现有供给方面都发生了很大变化，乡村旅游的休闲度假功能日益增强，疫情后近距离的乡村康养消费需求也增长很快。乡村振兴的国家战略的推出推动着一系列利好乡村发展的政策密集性出台，激活了市场投资热情，众多科技产品也在乡村旅游这个大市场中找到了发挥作用的舞台。因而创新已成为乡村旅游发展中必须遵循的根本发展之道，不创新是没有市场出路的，也是没有成长空间的。

三、中国式现代化下乡村旅游发展的思考与选择

正如前文所言，中国式现代化既符合一般现代化的共同要求，也同时具有中国特有的历史文化和社会特征，因此要本着“知中国服务中国”的理念，重新认识中国式现代化的新要求，力争在共同富裕目标的指引下，以乡村旅游的发展作为乡村振兴战略的重要抓手，实现中华民族伟大复兴和人民群众美好生活。为此要进行乡村振兴的系统谋划，构建宏观—中观—微观相呼应的建设思路，形成取势—明道—优术的策略体系。

（一）宏观层面要提升乡村价值与功能的新认识

长期以来我们对乡村价值的认识是有偏差的，低估了乡村真正的价值所在。过去更多地把乡村看作是农副产品生产的地方，忽略了乡村和农业其他方面的价值和功能，因而，乡村长期以来单一的农业生产经营模式制约了乡村的发展，也使得农民增收致富成为一种奢望。新时代国家提出乡村振兴战略和中国式现代化发展目标，乡村发展必须转变观念，用重构乡村的思维看待乡村功能与价值，将乡村与农业未被认识发挥的教育功能、生态功能和文

化传承功能等深度挖掘出来，变农业单一功能为多功能农业，变乡村单一生产功能为多功能乡村。乡村的功能与价值是多方面的，如它是中华民族农耕文明的发源地、农业生产与农民生活的聚集地、工业化和城镇化消费的原料地、保障生态粮食安全的战略高地、现代城市健康发展的重要腹地、未来创业康养文化兴盛之地等。如何发挥乡村农耕文明教育研学功能就是当前亟待破解的现实问题。我国是一个传统的农业大国，农耕文明是中华文化最为鲜明的标签，中华民族5000年文明没有中断的根源就是我们的乡村还在。“耕读传家久，诗书继世长”表明耕作与读书在人们生活中的重要作用，体现了物质生活与精神生活的不可分割性，这正是中国式现代化所要求的。农耕文化蕴含着应时守则、出入相友、守望相助、父慈子孝、敬老孝亲、兄友弟恭、吃苦耐劳等中华民族优秀的精神品格，它体现了中华民族的思想智慧和精神追求，是乡村建设发展的价值依归。丰富的农耕文化要得以延续必须找寻到适宜的载体形式，乡村研学旅游的发展就是一种传承文化延续文明的有效形式，也是乡村多功能价值得以发挥的重要途径。

（二）中观层面要探索产业重构与融合的新路径

乡村振兴的20字方针中第一个就是产业兴旺，这是实现乡村健康发展的基础和保障。原有的乡村产业过于单一，传统农产品生产功能暴露出无法适应农业发展需要和提高村民收入不足的弊端，因此要重构农业产业经营形态。所谓重构是指，一个系统在运行过程中，因外力冲击或内部各构成要素的离散作用，导致系统构成要素难以正常运行或系统整体难以实现良性发展，通过对系统结构的重新构架，促使各要素优化组合进而实现系统根本性转型的方法论。乡村重构是一项系统工程，包含空间重构、经济重构和社会重构等，其中要实现经济重构关键的是要重新认识农业产业的功能定位，赋予农业产业更多的功能和价值，通过重新组合农业生产要素的利用方式，发展新型农业业态，重构农业产业经营形态。

以产业融合促进农业经营形态转变是乡村产业重构的基本路径，为此要大力发展六次产业，即以第一产业农业为基础，综合发展农产品加工的第二产业和农产品直销、饮食业、休闲农业和乡村旅游等第三产业，通过规模经济和范围经济提升农业产业的综合价值和农民的整体获得感。要实现乡村六次产业的创新发展，关键路径就是最大化发挥以信息技术为代表的科技元素和以文化创意为手段的文化元素的作用，促进基础农业的现代化，如形成多样的休闲农业、科技农业、设施农业、创意农业、社区支持农业、农业主题公园等；促进制造业的乡村化，如乡村农副产品的再加工业、物流业、艺术手工体验坊、废旧物资再利用业、文创产品设计加工业等；促进服务业的乡土化，如发展乡村民宿业、特色餐饮业、乡村娱乐业、景观观赏业、纪念品销售业等。

（三）微观层面要增强创意开发与创新的新能力

要实现乡村产业重构除了从宏观和中观层面进行架构设计外，还离不开微观的落地实施。要聚焦人们对乡村旅游的新需求和新变化，从满足个性化的创意旅游需求入手，进行乡村旅游的创意开发。创意旅游作为新兴产业，将创意要素融入旅游产业发展中，不但突破了有形资源的发展束缚，还实现了三次产业的融合发展。发展创意旅游是社会经济结构重构转型的需要，是文化传承和传播发展的需要，也是消费市场消费方式升级换代的需要。

“乡村旅游创意开发是指乡村旅游开发者基于乡村的地域景观特色和民俗文化资源等进行的一系列突破常规有创新的开发建设活动。成功的乡村旅游创意开发就是要充分挖掘乡村特有的资源并形成独特的乡村旅游产品，适应和满足旅游市场消费需求，两者能够相互契合的时候，才能达到乡村旅游创意开发的最终目的，实现供求双方对美好生活的追求和期望。”乡村旅游创意开发的基本方法很多，主要包括以下几种：主题定位法，如丰收主题、研学主题、养生主题等；景观提升法，如村庄民宅卫生化、果木栽培景观化、庭院布置园林化等；活动衍生法，如农业物种认知、乡土艺术体验、民宿谚语学习等；项目扩充法，如树上木屋体验、稻田艺术画、民宅墙面 3D 画；复合归纳法，如突出主题小题大做、相地测土无中生有等。

乡村旅游创意创新开发要在以下五个方面提升能力：一是市场需求与精准定位能力，这是进行创意开发必须解决的基础能力之一，因为不了解市场需求就不知道开发什么产品，无法精准定位也不知产品为谁开发使用，因而创意开发就是无目的的低效开发；二是文化创意与业态重塑能力，这是产品赢得市场的关键能力之一，不能挖掘文化内涵并以新的方式和业态呈现出来，就难以符合变化多端的市场需求，也就不会有预期的效益；三是服务创新与科技支撑能力，这是使乡村旅游产品增色增效的感官支撑和美学呈现，互联网的一代消费行为带有明显的科技范儿和数字特征，市场需要酷炫的体验形式，它会引领乡村旅游创意开发的方向；四是空间集聚与场景营造能力，这是规模经济与美学经济下影响决策的主要因素，空间集聚促进乡村旅游规模效应呈现和体验的便利性，场景营造则带来传播效应叠加和体验的情感性，它们都会带来市场口碑的良性反馈；五是制度变革与机制创新能力，这是使创意创新开发得以持续的基础保障和驱动要素，创意也好创新也罢都是要打破常规和原有的平衡，没有足够的能力应对失衡后的利益冲突，就难以保证创新创意的想法得以有效实施，也无法实现创意旅游产品的提供，可以说这是乡村旅游治理要面对的难题。

中国式现代化下乡村旅游的发展必然会面临新挑战，呈现新特点，需要新能力，实现新绩效，一定会伴随着发展不断出现新难题，因而需要不断探索和思考，在乡村振兴战略目标的指引下，在文旅融合发展的新业态运行中，把握市场变化方向和规律，创造更多令市场满意的创新产品，实现人民对美好生活的追求，创造城乡融合发展的新局面，促进乡村旅游走上健康可持续的发展之路。

参考文献：

［1］习近平．在庆祝中国共产党成立100周年大会上的讲话［N］．人民日报，2021-07-02.

［2］徐虹，朱伟．乡村旅游创意开发［M］．北京：中国农业大学出版社，2019.

Part 2

乡村旅游研究的理论探索与整合性分析框架

南开大学旅游与服务学院

徐　虹　张行发

一、研究背景

我国已处在全面建成小康社会决胜阶段、中国特色社会主义进入新时代的关键时期。2017年10月18日，中国共产党第十九次全国代表大会报告中首次提出“乡村振兴战略”，坚持农业农村优先发展，建立健全城乡融合发展体制机制和政策体系，加快推进农业农村现代化。2018年中央一号文件的主题定为“乡村振兴”，提出乡村振兴战略的具体任务和要求。乡村旅游作为一种现代化、创新型、可持续发展的产业形态，成为新时代促进乡村社会进步、实现乡村振兴的现实途径。如今，乡村旅游成为推动乡村振兴与共同富裕的重要路径选择。从理论研究与实践进展来看，乡村旅游发展问题已被关注多年，我国乡村旅游也在近十年来由政策引导进入快速发展阶段，成为推动乡村振兴的重要动力，也是传承和振兴中华优秀传统文化的有效路径。随着乡村旅游扶持政策的陆续颁布，各地乡村旅游实践方兴未艾，乡村旅游研究成果愈加丰富。因此，总结回顾以往的研究成果，可以更好地指引乡村旅游的研究方向，并为乡村振兴实践和繁荣新型城乡关系提供一定的理论支撑。部分学者对乡村旅游研究进行过多维度、多层次的综述梳理，也有学者运用知识图谱方法研究乡村旅游热点问题，这为后期的深入研究厘清了不少思路。

总体来看，新时代为乡村旅游发展带来重大机遇的同时也带来了新的要求和挑战。大力提振乡村旅游，科学引导乡村现代化发展，是我国解决“三农”问题和实现乡村振兴的重大现实需求和重要科学命题。乡村旅游作为新时代农村经济发展模式转换、产业结构升级换代的有效方式，是促进乡村社会进步、实现乡村振兴的重要支撑产业，实践中乡村旅游迫切需要转型升级，其理论研究也将面临诸多更加复杂的科学问题。对这些问题的解决既是乡村旅游实践发展的需要，也是理论研究创新的突破口。就乡村旅游研究而言，虽然国内学者已在乡村旅游领域进行了大量探索并取得了丰富的成果，但应用性重复研究较多，理论性创新探索较少，在科学问题的凝练和深度探究、研究方法集成和创新应用、学科间的交叉和系统融合方面仍需加强。学界有必要对新时代背景下的乡村旅游研究进行反思，将理论研究和实践应用相结合，指导乡村旅游突破发展困境。从实践中来看，乡村是在一定地域范围内，由若干相互联系、相互作用的要素构成的具有一定结构和功能的复合系统，其中人口—土地—产业相辅相成又相互制约，构成乡村地域系统的三大核心要素。

然而随着社会的进步与变化，人口、土地和产业三大要素也处于剧烈变动之中，如人口的外流和壮劳力的流失，土地的撂荒和生产率的下降，产业的单一化发展和吸引力的降低等都在很大程度上制约着乡村这一复合系统的高效运行，乡村已到了必须面对重构挑战的时候了。乡村的重构不仅来自内部各要素变化形成的迫切性，还来自外部各要素的快速流入带来的冲击，大量游客的流入、资本的投资介入、返乡或回乡创业者的筑梦行为等都在打破原有的乡村熟人社会的格局，全球化背景下，流动已成为现代社会最重要的特征之一，现实空间从原来的“固定空间”转向“流动空间”。随着流动性的加大，乡村旅游地的人员构成、土地利用形态和产业融合发展样态都有很大变化，从而提出了对乡村旅游空间治理变革的需求。通过乡村旅游空间治理向善治方面的演变，重构乡村旅游地人—地—业间的关系，进而通过探索人—地—业—治间的协调关系，实现乡村旅游可持续发展。

二、乡村旅游地人的流动与治理问题

乡村振兴是地方行为主体在由乡村各要素系统构成的整合系统中，通过优化配置以人口、土地、产业、文化为核心的物质与非物质要素，在不断变化的流动性视域下，重构乡村生产、生活、生态、生命系统，进而实现四生和谐运行和乡村振兴总要求的过程。在这个实现目标的过程中，首要的问题是人的问题。特别是进入21世纪以来，中国经济社会的变迁加剧，工业化和城市化急剧扩张，乡村作为经济体在国民经济中的相对意义急剧下降，乡村衰落趋势明显，并出现“农村空心化”“农业边缘化”“农民老龄化”的新特征。面对大量壮劳动力向城市的流入，乡村劳动力结构发生了剧烈变化，如何有效发挥村民的主体性和积极性、如何吸引外来投资或返乡创业者振兴乡村、如何处理不同利益关系等都是要处理的与人相关的问题。

（一）树立乡村共同体意识，增强内部凝聚力

乡村是一个与城市相对而生且具有独特性的地域空间，对乡村独特性的认知起源于19世纪后期的社会学研究，其中Tönnies将人类生活区分为两种结合类型，即“共同体”与“社会”，“共同体”指具有共同归属感的社会团体，建立在自然情感一致的基础上，人与人之间关系紧密，具有情感性、同质性的特点。“社会”则建立在外在利益合理的基础上，人们的社会联系以契约、交换与计算作为基本形式，具有理性化、异质性特点。乡村更加符合共同体的特征，因此乡村建立在熟人社会基础上的情感性链接常表现为彼此间更加熟悉、更加注重相互帮助和支撑。然而伴随着大量劳动力流向城市，有些乡村萎缩严重，不得不进行并村操作。但在并村中产生了一个不同村落的人如何相互认同和谐共处的问题，情感性链接与认同需要时间积累，短时间内治理不好就会产生极大矛盾和冲突。在这方面湖南省汨罗市新市镇的元福村探索出了一条“党建引领乡村振兴”的治理模式，有效化解了并村中产生的村民间矛盾激化问题。

汨罗市新市镇元福村是由两个村庄合并而成的，村民间的不和给基层治

理和民生保障带来极大挑战。近年来，汨罗市坚持以党建引领为抓手，不断创新基层治理方式，实现了乡村治、百姓安、国家稳，先后获评全国重点镇、湖南省乡村治理示范镇、信访工作先进乡镇、禁毒工作先进乡镇等。新市镇首创的“元福新潮”微党课自2018年年初解读中央一号文件学习开始，已邀请了60多名寓外乡友、专家学者、企业家、党员干部、文化名家等走进“微党课”，以小载体讲出大道理，以小切口谈出大观点，微信群从最初的二三十人发展到现在的500多人，有效沟通了党和群众之间的联系。通过党建统一思想，宣传政策，指明方向的引领带动作用有效促进了群众之间的关系，邻里更加和睦了，上访数量清零了，治安管理见效了，促进并村后的干群关系更加和谐了，乡村振兴各项工作也在稳步推进之中。

（二）改善乡村运营环境，扩大外部吸引力

除了调动凝聚在村居民的力量营造良好村庄环境以外，有效吸引外部力量加持乡村产业开发，用产业兴旺带动乡村吸引力增加是另一种振兴方式。为此要围绕创新型社会建设需要，探索多主体参与的创业研究成为认识乡村在流动性视域下乡村价值共创共赢共享的关键学术问题和实践问题。在这方面本团队围绕乡村旅游创业主题展开了一系列研究，形成了一些研究成果。

1. 乡村旅游创业相关研究

在创新经济下，乡村旅游创业鼓励普通民众发挥能动性和创造力，自愿地参与创业活动，实现个人价值。由此，新时代乡村旅游创业主体呈现出主体多元化、普遍化的特点，一大批返乡人员、乡村女性、大学生凭借自身能力和经验开展创新创业活动。已有研究发现，返乡人员、女性形成了乡村旅游创业的主体，那么，不同类型的创业者适合进行哪种类型的创业活动？创业主体开展创业活动需要具备哪些创新特质、特征？创业主体如何在创业活动中实现创新，受哪些因素影响？此类问题都需要进一步探讨。创业者身份、创业特质对创业机会的识别至关重要，创业机会识别是整个创业过程的起点，是创业者进行一切创业行为的前提。创业机会既可以是被发现出来的，也可以是被构建出来的，或者二者兼之，要求创业者具有机会识别与发现的能力、不确定性应对与把控的能力以及团队领导力；机会构建要求创业者具有质疑、观察的行为习惯，以及社交技能等。对于乡村旅游而言，在科技创新、市场创新、制度创新的驱动下，创业者如何寻找创业机会、怎样借助要素创新开始创业活动，哪些因素影响创业者发现创业机会，创业机会识别的形成机制是什么，这些都是有待探讨的问题。

传统上，乡村空间是一个由若干要素构成的自然—生态—经济—社会复合体，形成了天然稳定的系统网络。然而，蓬勃发展的乡村旅游创业活动在带来大量流动人口、资本投资，形成复杂社会网络的同时，打破了乡村地域系统的平衡，需要构建以乡村旅游产业为核心的新生态系统。尤为重要的是，乡村旅游创业是一个系统工程，亟待从系统视角思考乡村旅游创业的相关问题，以实现旅游创业的可持续发展。构建乡村旅游创业生态系统，将有利于深入了解创业主体与各利益主体之间、创业个体与乡村社会、创业主体与环境之间的互动交融方式，借助“生态”的思维探寻乡村旅游实现创业成功的最优路径。鉴于此，团队研究中以陕西袁家村为例，聚焦于乡村旅游创业生态系统的结构要素、要素间的互动以及系统发挥的功能，尝试构建乡村旅游创业生态系统模型，在《干旱区资源与环境》杂志上发表了“乡村旅游创业生态系统构建研究——以陕西省袁家村为例”一文。以期在理论上拓展创业生态系统和乡村旅游创业领域的研究成果，在实践上为乡村旅游开发以及乡村振兴提供现实指导。该项研究从供给系统、需求系统、环境系统来分析乡村旅游创业生态系统的结构，并构建乡村旅游创业生态系统模型。供给系统包括创业者、村两委、合作社、政府、投资企业、智力专家六大利益主体；需求系统则由过夜游客和非过夜游客两部分组成；环境系统不仅离不开基础设施、旅游设施、自然条件等硬环境，更需要乡风民俗、乡村管理等软环境。

综上所述，乡村旅游创业打破了乡村农业生产和原始环境组成的封闭、单一的社会系统，取而代之的是由供给系统、需求系统和环境系统共同组成的旅游创业生态系统。袁家村的旅游创业活动取得了显著的成效，源于其构成的创业生态系统，这一“生态”体现在子系统之间以及各系统内部的有序互动与合作。通过对各子系统结构的分析，构建乡村旅游创业生态系统模型，如图1所示。在乡村旅游创业生态系统中，供给系统为需求系统提供旅游产品，满足游客的旅游需求；需求系统将旅游体验结果反馈于供给系统，使其调整改进；环境系统为供需系统提供保障条件，同时，二者对环境系统进行创新利用，最终形成依托于乡村环境系统、由供给系统和需求系统双轮驱动的动态生态体系。

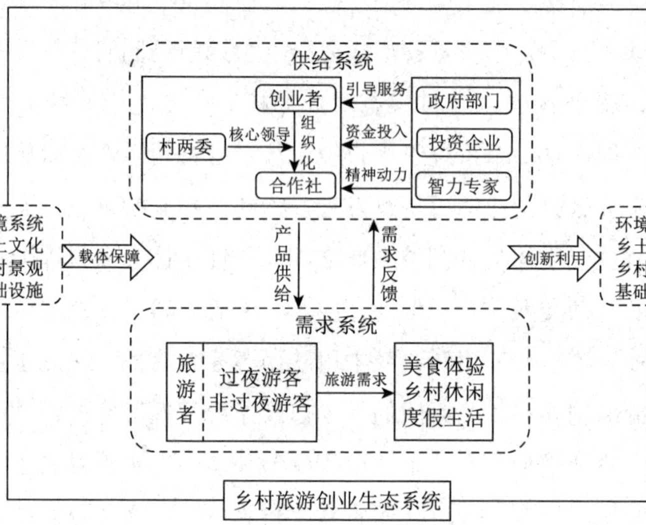

图1　乡村旅游创业生态系统模型

资料来源：王彩彩，徐虹．乡村旅游创业生态系统构建研究——以陕西省袁家村为例［J］．干旱区资源与环境，2019，33（12）：201-208.

2. 乡村旅游社会创业研究

随着乡村振兴、共同富裕和生态文明建设等重大国家战略的实施，在突破乡村人口流失、创新创业质量不足的困境中，急需在创业主体的培育扶持中关注其创业目标的多元化引导问题。因为乡村振兴的20字方针中，不仅关注产业兴旺等经济命题，也关注乡风文明和治理有效等关系包容性发展的社会命题。在乡村脱贫攻坚转向乡村振兴的过程中，无论是内部创业者还是外来投资者，都不应再拘泥于仅追求经济价值创造，而应在以市场化手段实现社会价值创造方面有所突破，进而推进乡村振兴战略高质量发展。社会创业作为一种以社会价值为优先目标，兼具市场化运营能力的新型创业形式，关注“以可持续的、创新的方式探索和开发满足社会需求的机会”，旨在为一系列社会问题提供内生解决方案，被认为是经济、社会和环境价值创造的有效机制。刘志阳等关于“社会创业与乡村振兴”的论文中阐述了社会创业通过赋能平衡外来援助与内生发展关系、通过社会使命约束平衡经济发展与社会环境关系的观点值得深思，其关于社会创业推动乡村振兴的机制构建的模型也是很具有启发和实践意义的，该模型如图 2 所示。

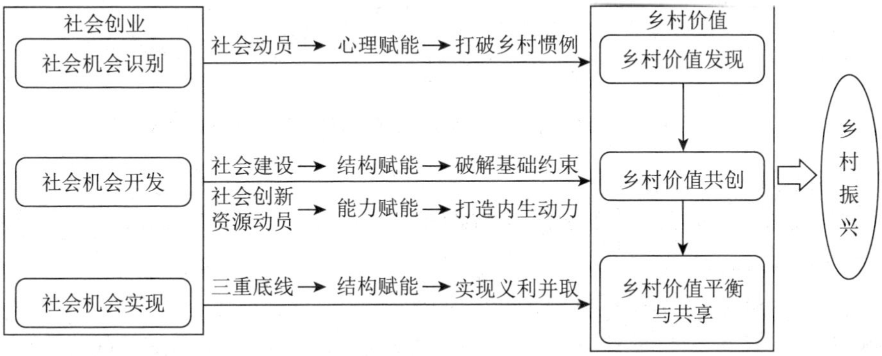

图 2　社会创业推动乡村振兴的机制

资料来源：刘志阳，李斌，陈和午 . 社会创业与乡村振兴［J］. 学术月刊，2018，50（11）：77-88.

本团队对社会创业的关注正是在这样的背景下出现的。社会创业作为社会变革的催化剂，与和解贫困、弥补市场失灵、促进企业包容性发展和助力乡村内振兴等重大现实问题联系密切。为此，本研究团队也先后发表了多篇关于乡村社会创业的文章，如在《经济管理》2020 年第 11 期上发表了“社会创业研究回顾与展望”一文，文章在对社会创业相关文献进行系统梳理的基础上，从概念内涵、方法与技术、理论视角三个方面进行了文献述评，并在分析了一系列理论视角下提出了社会创业研究的整合性理论框架（如图 3 所示）。

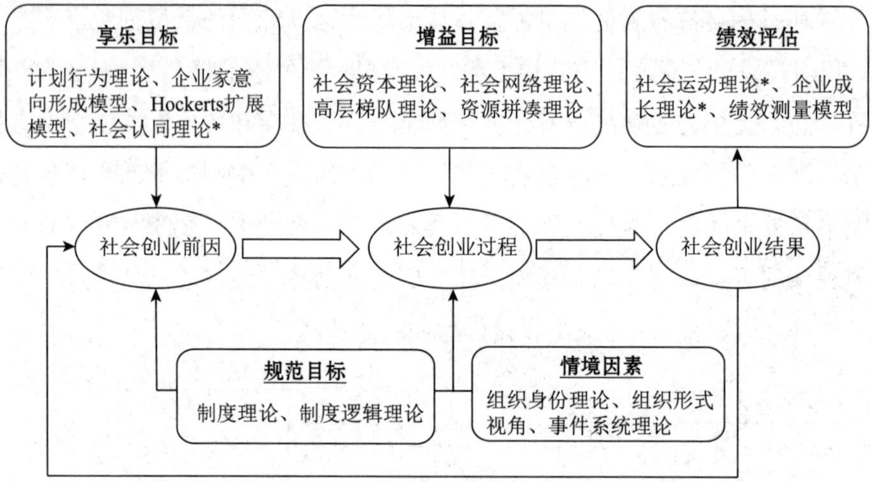

图 3　基于目标框架理论下社会创业研究理论整合分析框架

注：* 表示未来需要进一步研究的方向

资料来源：徐虹，张妍，翟燕霞 . 社会创业研究回顾与展望［J］. 经济管理，2020，42（11）：193-208.

结合对现有研究的分析和对理论创新方向的展望，文章也提出了未来的研究展望：首先，要强化社会创业的情境化研究。不同创业情境使创业实践活动具有极大的差异性和独特性。如宏观层面上不同国家间的文化差异、微观层面上组织与创业文化的差异、不同经济情境下经济发展阶段的差异等都会对社会创业实践产生不同影响。在乡村精英、乡村带头人、乡贤、返乡者及乡村外部企业家等社会企业家的带领下，社会创业为破解乡村振兴难题提供了新的思路。其次，推动社会创业绩效评价指标体系制定。再次，加强社会创业学科交叉融合发展和方法论研究。最后提升社会创业动态化适应与管理对策研究。

本团队不仅从综述角度分析了社会创业研究状况，还从具体案例入手分析了具体社会创业是如何带动乡村振兴的，如在 2023 年《农业经济问题》上发表了“价值共创视角下公司社会创业促进乡村振兴的实现路径研究”一文，从价值共创视角出发，基于万达集团扶贫丹寨县的案例考察，探索政府、企业和农民融合发展促进乡村振兴的可持续路径。研究发现公司社会创业是促进乡村振兴的重要途径之一，二者协调融合发展有助于推动共同富裕战略的深入实施。通过借鉴价值共创三阶段过程模型，构建了多元主体价值共创机制（如图 4 所示），研究进一步发现，社会创业主导角色经历了“中央政府—大型企业—多元利益主体协同参与”的转变，社会创业网络日益复杂，在公司社会创业促进乡村振兴过程中，国家—市场—社群协同治理相互嵌入机制和多元主体地方文化认同机制在多元主体价值共创中发挥关键作用。本文立足于“国家—市场—社会”的合作互动，为大型企业推动乡村振兴提供有益参考。

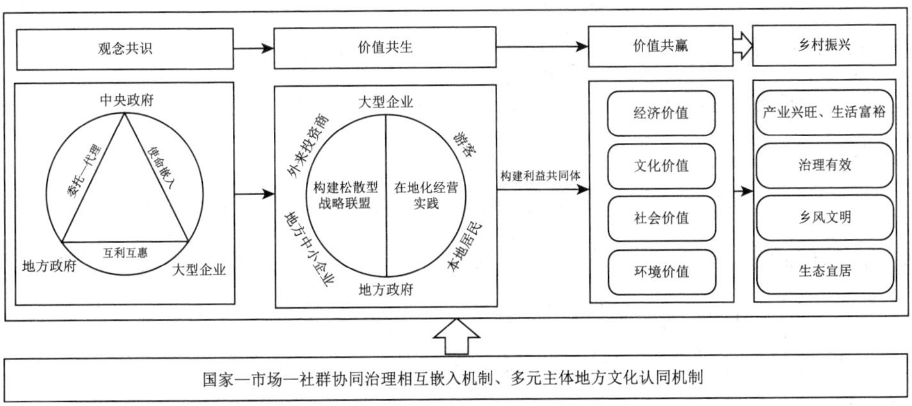

图 4　公司社会创业促进乡村振兴的价值共创机制

资料来源：徐虹，张妍，张行发，等 . 价值共创视角下公司社会创业促进乡村振兴的实现路径研究［J/OL］. 农业经济问题：1-13.

该文的研究结论包括：首先，公司社会创业是促进乡村振兴的重要途径之一，二者协调融合发展有助于推动乡村振兴战略的深入实施。乡村振兴和社会创业都需要多元主体参与，而并非仅仅是政府或者企业的责任。公司社会创业促进乡村振兴路径并非空想，而有着实践基础。其次，借鉴“观念共识—价值共生—价值共赢”的价值共创三阶段过程模型构建出一套具有可操作性的价值共创机制（见图 4），走出当前政府、资本和农民三者关系面临的利益失衡和矛盾冲突的困境。 其中在观念共识阶段中央政府通过委托代理和使命嵌入将乡村振兴战略传递给地方政府和大型企业，进而地方政府和大型企业经由互利互惠策略布局本土创新规划。在价值共生阶段，大型企业通过实施松散的品牌联盟和在地化经营战略吸引外来投资商以及本地中小微企业、游客及本地居民的涉入，共同创造社会价值，在价值共赢阶段各利益相关者构建利益共同体，实现价值共享；在不同阶段各利益相关主体的角色发生变化，公司社会创业主导角色经历了“中央政府—大型企业—多元利益主体协同参与”的转变，最后公司社会创业促进乡村振兴过程中，国家—市场—社群协同治理相互嵌入机制和多元主体地方文化认同机制，使多元主体价值共创成为可能。随着利益主体参与社会创业活动的不断丰富和深入，社会创业网络更加复杂，构建更加紧密的人类命运共同体的步伐不断加快。该文也在政策启示方面提出了建议，包括加强政府的顶层设计建立健全法律保障体系，发挥企业的市场效应，形成社会创业生态联盟，明确农民的主体地位，引导本地居民深度参与等。

除了大企业进入乡村社会创业领域助力乡村振兴以外，充分发挥新乡贤的内生型权威作用，不仅符合从内部状况来看，乡村空心化后对新型乡村建设人才迫切需求的现实要求，也符合从外部状况来看，国家大量资源投入乡村后高效运营人才缺乏致使资源浪费性使用困局急需破解的困境要求。所谓新乡贤主要包括退休公职人员、成功经商人士、知名专家学者、经验丰富的返乡务工人员。本团队也曾于 2022 年 11 月在《西北农林科技大学学报（社会科学版）》上发表题为“新型村集体经济何以带动乡村共同富裕？——基于 ANT 视角的分析”的论文，结合山东代村的案例，以行动者网络理论为基础，结构了新型村集体经济异质行动者网络转译过程，剖析了村集体经济推动村民实现共同富裕的路径（如图 5 所示）。20 年前的代村村集体负债 380 多万元，1999 年乡村精英王传喜全票当选为村支部书记，带领村民艰苦创业，现在村内已开发建设了现代农业产业园、兰陵国家农业公园、黛云商城等村集体经济发展平台，培育了现代农业、商贸物流、乡村旅游等多元主导产业，实现了强村富民共同富裕目标，代村也荣获了“全国乡村治理示范村”和“全国休闲农业与乡村旅游示范点”等称号。

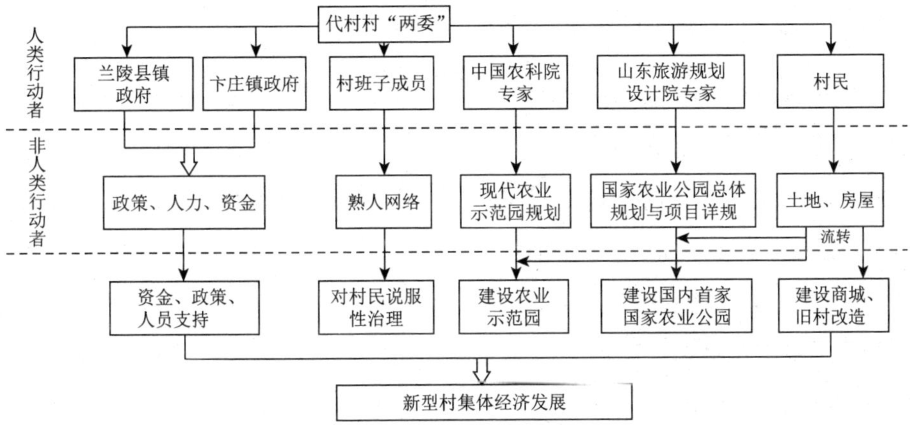

图 5　代村新型村集体经济发展的行动者网络

资料来源：张行发，徐虹 . 新型村集体经济何以带动乡村共同富裕？——基于 ANT 视角的分析［J］. 西北农林科技大学学报（社会科学版），2022，22（6）：11-19.

从代村的发展可以看出，主要是以乡村精英领导的村“两委”班子为行动网络中的关键行动者，土地、房屋等为非人类行动者，以行政征召、专家征召、文化征召、土地和房屋征召等为主要征召方式，不断创新工作思路和方法化解异质行动者网络构建过程中的异议矛盾，从而实现各自的利益诉求、最终形成稳定的利益网络联盟，进而将贫穷落后的乡村打造成产业兴旺、生态宜居、乡风文明、治理有效和共同富裕样板村。通过研究文章，发现总结了代村在精英带领下新型村集体经济推动乡村振兴实现共同富裕的经验做法有：建立公平的物质资料共享机制，实现村民共同富裕；强化村民文化权益保障，实现村民精神文化富有；坚持绿色可持续发展理念，实现产业高质量发展。

总之，在乡村旅游发展中，围绕人的流动与结构变化产生了乡村发展的主体弱化问题，寻求对内部留守人员的精神激发与向心力增强，探索对外部各类新乡贤及投资者的感召吸引与社会责任感激发相结合，带动乡村基础治理能力与水平的提高，可以为乡村旅游健康发展提供扎实有效的人力保障，进而实现乡村旅游的可持续发展。

三、乡村旅游地的土地利用与治理问题

乡村旅游地的发展始终绕不开土地高效利用问题，提高乡村土地的坪效水平，必须克服农业无品牌意识、无产地价值意识的低端发展思路，挖掘土地的多功能价值，创新土地权属关系运行机制，将土地和宅基地闲置状况加以根本改变，形成土地利用中的良治与善治。

（一）闲置土地合理利用问题

关于乡村土地供给状况与改革方面的研究由来已久，本团队也曾在2021年10月出版的《乡村旅游研究》一书中专门论述了此问题。在这篇文章中，我们专门回顾了我国休闲农业与乡村旅游发展中土地利用的状况与问题，指出乡村旅游用地需求旺盛与旅游用地供给紧张并存、乡村旅游用地供给紧张与农村建设用地闲置并存、乡村旅游用地规范利用与违规改变用途现象并存以及国家鼓励用地政策创新与各地多种形式探索并存等问题。造成土地闲置的内在逻辑在于三个方面：首先是产业自身发展约束与土地闲置。由于并非所有乡村都适合发展乡村旅游，所以在缺乏产业项目支撑的情况下，限制的土地很难在短期内得以有效利用。其次是产业发展利益联结机制约束与土地闲置。有学者研究指出目前乡村旅游投资主体已呈现多元化特征，如果处理不好多主体流动参与下的治理问题，同样也会出现土地无效闲置或浪费性开发问题。最后是用地制度改革进展迟缓与土地闲置。由于用地方面的各类政策的一般性规定与各地发展的特殊性要求存在冲突，致使土地利用中频频触碰底线，即便投资了也可能被制裁，进而失去投资热情和资金来源，土地闲置也在所难免。

同样在乡村旅游发展中也存在土地供应紧张的问题，其内在逻辑在于：一些与乡村旅游核心业务无关的虚假用地需求假借旅游用地拿到用地指标，混淆了真正的旅游用地需求；对土地复合功能与土地分类存在认识偏差，并非每个功能都需要占用新土地指标；用地供给中的流转和征用关系也影响土地供求，如能以租用或土地入股方式合作则可较好缓解用地供给紧张局面，另外，用地供给中的当前与长远关系和本地与外地关系也会影响土地供求状况。

在处理闲置土地合理利用中要把握好土地权属关系明确下的合理调适问

题，我国的土地承包制度已然确立不可更改，但在农业现代化和乡村旅游发展过程中，确实需要破解零散土地分割下利用效率低下问题，必须在农民自愿的基础上变“小田为大田”，为此要形成有效的治理机制，通过土地流转等方式形成有组织的规模经营和有序开发的格局，就像湖南省汨罗市探索的“小田换大田”模式那样，流转出来的土地进行合作社等途径的集体经营与合作开发，冲破了土地闲置的困局，提升了乡村土地利用效能，促进了产业融合多业态发展。

（三）乡村产地价值挖掘问题

旅游是在时空转换下的一种消费活动，游客在选择乡村旅游地的时候具有明显的地域指向性，在美食旅游盛行的时代，游客去乡村旅游的很重要动机之一是体验乡村新鲜的食材和美味的食品，因此食物的产地特色和优势十分重要。乡村旅游地要树立产地产品的品牌知名度和美誉度，以优质的物质产品吸引游客前往乡村旅游是一个有效且持久的战略选择。

本团队曾在 2017 年为天津市旅游局做过一个关于乡村旅游品牌化发展路径的课题研究，通过调研分析和文献研究，我们认为乡村旅游地品牌化发展路径的选择策略无外乎两条：①理性路径，理性路径强调使用品牌的有形要素，包括乡村旅游中的交通工具及其舒适性、住宿设施及其设计、餐饮食材及其口味、购买的农副产品及其成分、采摘劳作的物理空间及其颜色等，这些有形要素更多地体现了游客对功能性的需要；②感性路径，感性路径强调使用品牌的无形要素，包括乡村旅游中对乡土性的挖掘、对乡村文化遗产的传递与呈现、对乡村个性的张扬、对乡村价值观的认同与传递等，这些无形要素更多地体现了游客对情感性的需要。这两条路径并非是独立运行的，而是双向互动、相互促进地实现品牌化发展的目标。即有形要素的优势演化为无形要素的优势，产品特色与质量上升到无形价值；而无形价值落实到产品优势上，就形成无形价值向有形价值的落地和物质呈现。由此不断往复循环和创新，形成“晓之以理，动之以情”的品牌双轮驱动之路，促成了乡村旅游地品牌化发展的实现。

由产地价值挖掘和品牌化发展要求可以看出，乡村旅游地必须结合所在地区特色、历史上的种养殖习惯与优势以及当今技术进步的效果等，选择适宜的在地产品进行深耕细作和品牌化营销推广，为避免相互雷同低水平竞争，就要做好所在地的生产性治理安排和利益性协调机制建设，处理好产品的商业品牌建设和地域的公共品牌建设关系，形成彼此成就相互支撑的产地价值最大化运行体系。

（二）乡村文化价值提升问题

乡村旅游的另一个体验点在于乡土文化的魅力与特色。乡村振兴20字方针中的乡风文明也是倡导要通过文明程度的提升将乡土乡风乡情更加合理有序地呈现出来，为游客创造独特的体验价值。那么要如何挖掘乡村文化价值呢？影响游客对乡村文化价值认知的因素有哪些呢？围绕这个问题，本团队曾在2020年第四期的《人文地理》杂志上发表了一篇论文，题为“气味景观感知对乡村地方依恋的影响机制研究——兼论怀旧的中介作用”，文章指出环境心理学认为，人对环境的认识开始于对环境信息的知觉判断（张红雷，2010），而气味是重要的环境要素，并潜移默化地影响着人的内在心理和外显行为。文章通过对文献的梳理提出了一个气味景观感知通过怀旧对地方依恋和地方认同的作用模型，并通过实证研究验证了这些研究假设，得出如下结论：乡村气味景观感知显著地正向影响旅游者地方依恋（地方依赖和地方认同）；在乡村旅游中，气味景观感知对于怀旧（历史怀旧和个人怀旧）有显著的正向影响；乡村旅游中历史怀旧对地方依赖有显著正向影响，个人怀旧对于地方依赖和地方认同均有显著的正向影响；怀旧在气味景观感知和地方依恋之间的中介效应得到了验证。

这些研究结论丰富了旅游者乡村旅游体验内涵，有助于引导旅游者全面了解乡村景观，通过气味景观更好地感知乡村文化氛围，丰富旅游体验。另外，论文明确了气味景观是乡村环境重要构成要素，为旅游目的地形象打造和氛围营造提出了新思路。如Dann和Jacobsen所言，一个旅游目的地要想成功，就必须拥有一种气味，让人们能发现并嗅到。乡村在打造乡愁情怀、营造乡村氛围时可运用气味景观、声音景观等非实体技术来实现乡村旅游产品的创新和创意化开发，增强乡村旅游目的地竞争力。

乡村气味景观要通过技术的加持与艺术的呈现转化为有回忆、回味和回头价值的场景，场景的作用日益成为文化价值表达的主要方式，正如孙若风先生所言“场景助力日常生活向风景转化。在天人合一、物我一体哲学理念下，中国古人追求‘此在’的幸福，在一饭一蔬中体会人生美好，以心境映照物境，把平常日子变成了场景。场景助力各类市场向风景转化。生产过程变为审美过程，让风景之美看得见说得出体会得到。场景助力城乡向风景转化。乡村是中国文化的故乡，经过千百年来文学艺术的塑造，已成为中国人心中潜在的场景。乡村振兴要争取把这些地方变得可居可业可游，其实就是要打造一个个审美场景”。每人心日中的场景观是有差异的，乡村旅游场景由谁主导营造以及为谁营造都涉及乡村旅游治理问题，善治要体现为关系和谐的治理结果，必须准确把握乡村振兴的战略意图和终极目标，不能脱离本地村民对生产、生活、生态和生命价值的追求和理解，同时也要考虑外来游客对四生的追求和理解，在乡村文化价值认知、挖掘、呈现和传播中促进城乡互融互促，促进乡村文化和谐善治及物质与精神和谐相融的共同富裕目标的实现。

四、乡村旅游地产业发展与治理问题

乡村振兴战略是一项系统工程。党的十九大报告明确指出，振兴乡村“要坚持农业农村优先发展，按照产业兴旺、生态宜居、乡风文明、治理有效、生活富裕的总要求”，其中产业兴旺是基础和前提。进入新发展阶段，乡村振兴工作有三个转变：由顶层设计到具体政策举措全面实化，由示范探索到面上进行全面的推开，由抓重点工作到推进五大振兴全面推进。整体上力图以更有力的举措，汇聚起更强大的力量来推动乡村全面振兴。乡村旅游具有关联带动性强、覆盖面广的综合性产业特征，发展乡村旅游对于带动乡村产业兴旺具有明显有效的作用。围绕乡村旅游与乡村振兴关系、乡村旅游产业重构与创新开发等问题，本研究团队也进行了一些初步研究，并发表了“乡村振兴背景下乡村旅游供给侧改革策略研究”以及“乡村产业重构与创新”和“乡村旅游脱贫问题的再思考”等论文。要实现乡村旅游脱贫和共同富裕等目标，必须解决对乡村贫困的深刻理解问题、乡村产业重构方向与路径问题、乡村旅游创意创新开发问题等。

（一）乡村贫困问题的来源与治理问题

产业兴旺要促进村民致富安居乐业的目标，必须深刻理解贫困及其根源问题，才能达到既治标又治本的效果。虽然我国2020年已经全面实现脱贫攻坚任务，但这只是脱贫路上阶段性目标的实现，反映的是对“贫”的改善，而没有完全解决“困”的问题。“贫困”是多维度的，既包括因收入不足而无法维持基本生活需要的局面，也包括因处于社会困境而难以实现教育、医疗、住房等基本能力的社会排斥现象。联合国计划开发署于1997年提出了“人文贫困”概念，即人们健康长寿生活的被剥夺、知识的匮乏、体面生活的丧失以及缺少发展机会及资源获取手段，即发展权利的未满足；同时也体现为社会排斥、健康水平低下、能力不足，即可行能力需要的未满足。所以说经济贫困只不过是贫困的外在表现，而背后隐含的却是权利贫困、能力贫困和知识贫困。由此启发我们要关注贫困的根源，在乡村旅游发展中注重村民的发展权利和可行能力的提升，通过有效的治理机制的安排和旅游中的主客互动与相互赋能，提高村民参与乡村事务的意识和能力，为摆脱相对贫困的存在奠定基础。

（二）乡村产业重构与治理问题

产业兴旺是乡村振兴的基础，从作为乡村主要产业基础的农业来看，过于单一的传统农产品生产功能不仅制约了农业现代化的发展，也严重滞后于消费市场多元化的体验需要，因此需要通过重新组合农业生产要素的利用方式，发展新型农业业态，重构农业产业经营形态。

在2018年发表于《社会科学家》杂志上的那篇论文中，我们对乡村产业需要重构的必要性及其路径进行了分析，从导致乡村重构的外力冲击来看，主要包括市场回归乡村的强烈需求和政府的强力推动，从内部驱动因素来看，主要包括壮劳力外迁、土地撂荒、传统种植业效率低效益差、乡村传统人情社会链接纽带式微等。这些内外因素综合发挥作用，引致乡村必须通过重构再造新乡村。经济重构是乡村重构的物质基础，实现的关键是重新认识农业产业的功能定位，通过多种途径挖掘农业产业的多功能性并转化为多种业态，其中最为可行的路径是发展三产融合的六次产业。“六次产业化”是在20世纪90年代，东京大学名誉教授、农协综合研究所所长今村奈良臣针对日本农业发展的窘境，首先提出的一个概念，即通过传统农业向第二、三产业延伸。六次产业以第一产业的农业为基础，综合发展农产品加工的第二产业和农产品直销、饮食业、休闲农业与乡村旅游业等的第三产业，形成集生产、加工、销售、体验服务一体化的链条，通过规模经济和范围经济提升农业产业的综合价值和农民的整体获得感。

乡村产业创新的核心应该围绕农业产业的多功能定位、多要素整合、多元化开发、多业态联动、多渠道营销、多点位盈利来展开，进而为游客创造良好的消费场景、怡人的体验经历、感动的情感共鸣和难忘的美好回忆，从而达到乡村美丽、产业兴旺、农民富裕、社会和谐、文化兴盛的创新目的。要实现这一目的，必须打破传统农业经营的固有模式，吸引更多主体进入乡村经营各类产品，并活化各类业态，由此难免出现资源利用方向上的竞争问题、主导产业与辅助产业之间关系摆布问题、政府各类资源配置方向上的调整问题等，新问题的出现需要新的治理理念与策略应对，方能取得产业重构与创新的预定成效。

（三）乡村旅游中的问题与治理

虽然乡村旅游是达到产业重构与创新的优选路径，但目前乡村旅游发展中还存在一些问题有待解决，首先是产业融合度不够，结构单一的问题。主要表现在：乡村农业生产功能过强，其他多功能性挖掘不够；乡村文创产业基础薄弱，文创人才数量不足质量更差；乡村自然教育功能弱化，丧失了大量的消费市场；乡村科学技术介入不足，难以形成适应当代消费者尤其是年轻消费者的时尚消费需求；乡村综合产业链接不紧，各产业各自为政，难以形成相互带动和促进的格局。

其次是产品创意开发不足，个性趋异乏力的问题。主要表现在：住宿产品缺乏设计感，农家乐升级民宿业步履维艰；饮食产品缺乏功能性，农家饭同质化缺乏食品功能的挖掘和美食化开发；乡村游览产品缺乏新颖度，乡村景观规划设计不足；购物产品缺乏礼品性，无论是包装外观还是产品品质都缺乏品牌化运营能力；娱乐产品缺乏时尚感，乡土性不足时尚感又缺乏的产品难以引发消费者情感共鸣。

最后是产品宣传推广不力，形式单一的问题。主要表现在：主题设计不明显，缺乏地方特色和优势；文案计划不周密，推广行为缺乏连贯性；传播形式不够炫，与消费者链接渠道不畅；推广预算不充分，无法将信息持续传播到消费者一端；效果反馈不量化，无法检验宣传推广是否有效。

结合以上指出的问题，必须以乡村旅游供给侧结构性改革为抓手，从乡村功能定位上挖掘乡村资源新的存在形态与利用价值，通过创新创意开发最大限度将乡村资源转化为受欢迎的旅游产品，提供融合开发形成新的旅游产业体系，满足日益个性化、体验化和健康化的市场需求。在2023年第2期的《自然资源学报》上，在“共同富裕目标下中国乡村旅游资源的理论认知与应用创新”的采访中，本人提出乡村旅游资源创造性转化和旅游产业体系创新性发展中要重点把握以下几点：数字化可赋能，这是实现资源创造性转化和产业创新性发展的技术支撑；创意化可增色，这是实现资源创造性转化和产业创新性发展的融合之道；生态化可持久，这是实现资源创造性转化和产业创新性发展的共享之基。

无论是创造性转化还是创新性发展，都必须要有开放的胸怀和包容的理念，将各类人才有机吸纳到乡村旅游开发中，处理好物质性资源和知识性资源的价值贡献衡量与利益分配关系的平衡问题，才能将最有创造力的人力资源与最有地方魅力的有形资源结合起来，创造出符合乡村发展方向、适应市场消费需求、促进和美乡村目标实现的可持续产业发展模式。

五、乡村旅游地治理问题研究

党的十九大报告指出“要健全自治、法治、德治相结合的乡村治理体系”，实现“有效治理”和“共建共治共享”。那么何谓“有效治理”，乡村旅游地如何实现所谓“有效治理”，这些是乡村旅游发展中绕不开的问题。在政治学中“有效治理”也被称为善治，它是治理的价值追求和终极目标，“善治就是使公共利益最大化的社会管理过程。善治的本质特征就在于它是政府与公众对生活的合作管理，是政治国家与公民社会的一种新颖关系，是两者的最佳状态”。由于乡村资源碎片化、产权分化以及乡村旅游地的开放性等因素，村民参与产业发展能力弱、政府与居民间的权力关系扭曲、公共环境遭破坏等“公地悲剧”、乡村文化胁迫等问题突出，给乡村旅游目的地可持续发展带来严峻挑战，也给乡村旅游地的治理变革提出了新的要求。治理越来越多地被视为克服目的地利益相关者间冲突和权力的一种手段，并解决影响旅游目的地运作的众多不同的内部和外部机构以及组织所产生的复杂性问题。

针对以上存在的问题和乡村旅游发展中治理问题的突出性和重要性，本研究团队以陕西省袁家村为例，探索了在乡村旅游流动性视域下如何动态理解乡村旅游目的地治理演进机制问题，并将研究成果发表在 2022 年第 5 期的《人文地理》上，题目为“权威善治视角下乡村旅游目的地治理演进机制研究——以陕西省袁家村为例”。所谓旅游目的地治理是指在旅游业情境下，以目的地相关组织和个体的相互依赖、资源交换、博弈互动、共同参与为主要特征的自组织和跨组织网络。

乡村旅游目的地治理与传统乡村治理存在差异。其特殊性主要表现在四方面：首先是旅游产业的综合性使多元主体间的利益纠葛更为密切和复杂，利益相关者间协同合作是旅游目的地规划管理的重要手段；其次是乡村旅游产业发展是一个目的地市场化的过程，其影响不仅限于经济领域，同时也解构了乡村固有的文化和制度体系，导致乡村贫富差距扩大、物价上涨、社会安全弱化等民生问题，冲击着乡村社区的文化观念和传统生活方式；再次是乡村旅游发展带来的冲突与困境和村民息息相关，如民族村寨旅游扶贫中的冲突问题、过度旅游化对乡村资源和生态的威胁、旅游产业化造成的乡村经济脆弱等；最后是旅游产业的高投入、长周期属性对经济基础和产业条件较为薄弱的乡村提出了更高要求，促使乡村旅游目的地作为有机整合的统一整体参与市场活动，从而提升市场议价能力，降低交易成本。因此通过结合案例研究，提炼总结乡村旅游地在发展演变中的不同阶段，其善治进程中阶段性策略是如何发挥作用的对于探索从权威主义向多元主体治理跨越的有效路径，提升乡村旅游目的地治理能力具有重要作用。

文章将袁家村旅游发展划分为三个阶段，分别为起步成长阶段（2007—2009 年）、快速发展阶段（2010—2014 年）、外向扩张阶段（2015 年至今）。

在起步成长阶段（2007—2009 年）作为单一乡村治理主体的村两委，在乡村目的地建设和旅游产业发展等公共事务决策中扮演着权威角色；在快速发展阶段（2010—2014 年），多元利益主体进入乡村，村民参与性显著提高，权威治理主体扮演“监督者”角色，从日常经营中摆脱出来，转向目的地宏观管理和调控；在外向扩张阶段（2015 年至今），目的地乡村治理目标从推动乡村旅游单一产业发展向多元产业融合、多元主体参与、多元地域扩张转变，只有正式的契约机制与非正式的信任机制共同发挥作用，方能实现乡村旅游目的地多元主体参与的良性治理图景。通过分析，本文总结出以村两委权威治理主体为核心的“上轨”和各类组织、村民、经营者和外来投资商等非权威治理主体构成的“下轨”组成的“双轨”治理体系，它为目的地市场化机制建立和村民的内生性发展能力培育营造良好的环境，是地方权威治理主体角色转型、迈向后权威主义的重要路径（如图 6 所示）。

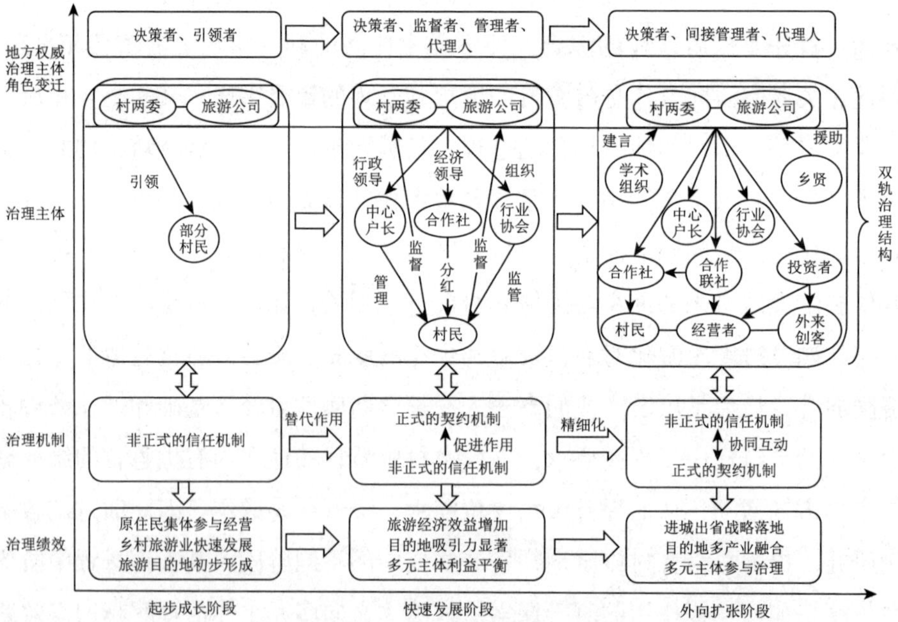

图 6　旅游目的地治理演进示意

资料来源：郭连文、张妍、徐虹、张行发 . 权威善治视角下乡村旅游目的地治理演进机制研究——以陕西省袁家村为例［J］. 人文地理，2022，37（5）：171-182.

文章通过案例分析，对治理主体结构转换进行了机制分析，认为利益相关是治理结构分化的基本动力，产业规模扩张是治理结构分化的现实基础，制度安排为治理结构有限分化提供保障。由袁家村的案例分析可以发现，权威治理主体在乡村旅游目的地治理中发挥着领导核心作用，但随着产业规模的扩张和不同利益主体多元化的参与，需要随着不同发展阶段采用相适宜的治理模式，逐步从权威主义治理向后权威主义治理迈进，促进乡村旅游目的地权威善治进入可持续发展阶段。

六、乡村旅游研究人—地—业—治框架的提出

本研究团队历经多年的乡村旅游研究积累，从流动性不断加剧产生的乡村生产要素变动加快和结构日益复杂的现实出发，创新性地提出了“人—地—业—治”的乡村旅游研究框架（如图 7 所示）。恰好今年本团队申报的国家社科项目也获得了立项批准，研究主题也是与多年来对乡村旅游研究的思考脉络一脉相承，题目为“新流动性视角下乡村旅游地空间善治的机制与路径研究”。党的二十大对全面推进乡村振兴作出战略部署，提出要“建设宜居宜业和美乡村”，是“产业兴旺、生态宜居、乡风文明、治理有效、生活富裕”乡村振兴总要求的进一步体现。2023 年中央一号文件再次强调，扎实推进宜居宜业和美乡村，健全党组织领导的乡村治理体系，提升乡村治理效能。乡村治理是国家治理的基石，乡村治理有效性直接关乎国家治理现代化与乡村振兴战略全面实施。乡村旅游，作为推动乡村快速发展的重要抓手，是推进建设宜居宜业和美乡村的有效途径。然而，在现代社会高强度流动的背景下，尤其受旅游开发的影响，乡村空间加速被人、物体、资本、信息、技术的流动所解构和重塑，乡村治理的基础发生变化，传统的就地治理缺乏对空间变化的足够敏感度，导致治理主体缺乏联动，治理效率低下，进而频繁引发旅游发展过程中不公平现象，制约乡村旅游地的可持续发展。由此引发思考：基于新流动性视角下乡村旅游地能否实现空间善治？如可以，乡村旅游地怎样实现空间善治？如何通过路径选择更好地促进实现乡村旅游地空间善治？今年社科项目的申报就是基于以上的背景和思考提出来的。

乡村旅游地人—地—业—治理论框架的提出是建立在对新流动性现象的重新认识上，流动性作为社会转型中一个根本的运转机制，在重塑着社会发展各方面各领域的同时，也表征着新的文化释义和价值建构。在关于流动性的分析中，社会学家鲍曼的观点很有代表性，他认为流动意味着一种变化，一种速度，意味着时间维度比空间维度更为重要。流动的主体不仅包括人，也包括物、信息、意识、观念、资本、权力等几乎所有人类社会的衍生物，由流动产生的社会关系的变化也给变动中的地方空间格局、产业构成和治理体系的重构带来冲击，乡村旅游目的地必须直面这种挑战。应对流动性变化带来的问题需要有开放的思维，需要不同学科背景的学者从不同视角、不同理论中发现各自的研究主题，结合乡村旅游的实践考察，做接地气的乡村旅游理论研究。总体来看，乡村的人口、土地、产业、治理四大要素之间存在紧密的逻辑关系，它们相互影响、相互制约，其中一个要素的变化也会引发其他要素发生动态变化。人口是乡村旅游地发展的关键要素，产业是乡村旅游地发展的核心，乡村的土地是乡村旅游产业发展和人才干事创业的基本保障要素，而乡村旅游地治理发挥了重要调节器的作用，四个要素协同发挥作用，共同推动乡村旅游地的可持续发展。

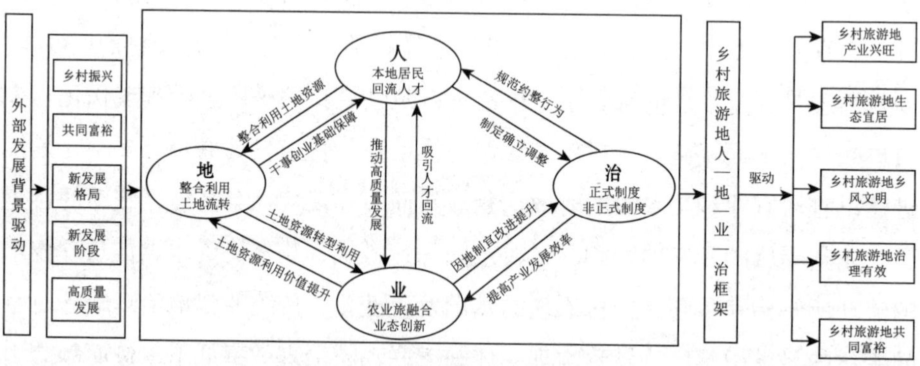

图7　乡村旅游人—地—业—治整合理论框架

资料来源：本研究提出

七、结论与展望

乡村旅游是驱动乡村振兴的重要方式，乡村旅游可持续发展与乡村振兴之间具有极高的适配性。本文紧贴新时代经济和社会发展的新特征，结合乡村旅游的实践需求，对乡村旅游研究中的创业问题、产业发展问题、土地利用问题、治理问题等进行了梳理，将研究团队对这些问题的探索进行归纳总结，并在此基础上提出了乡村旅游地“人—地—业—治”分析框架，该理论框架进一步丰富了乡村旅游的理论研究，丰富了地理学中的人地关系研究，是中国式现代化背景下推动乡村旅游本土化研究的重要理论探索，期待切实地转变传统思想对乡村旅游发展的束缚，推动理论研究与实践进步。

参考文献：

［1］史玉丁，李建军 . 乡村旅游多功能发展与农村可持续生计协同研究［J］. 旅游学刊，2018，33（2）：15–26.

［2］孙九霞 . 中国旅游发展笔谈——乡村旅游与乡村文化复兴［J］. 旅游学刊，2019，34（6）：1.

［3］郭华，杨玉香 . 可持续乡村旅游生计研究综述［J］. 旅游学刊，2020，35（9）：134–148.

［4］张建荣，赵振斌 . 国内乡村旅游社区研究综述［J］. 经济管理，2016，38（6）：166–175.

［5］吴冠岑，牛星，许恒周 . 乡村旅游发展与土地流转问题的文献综述［J］. 经济问题探索，2013（1）：145–151.

［6］安传艳，李同昇，翟洲燕，等 .1992—2016 年中国乡村旅游研究特征与趋势——基于 CiteSpace 知识图谱分析［J］. 地理科学进展，2018，37（9）：1186–1200.

［7］韩禹文，唐承财，杨春玉，等 . 中国传统村落旅游研究的知识图谱分析［J］. 世界地理研究，2019，28（5）：200–209.

［8］黄震方，陆林，苏勤，等 . 新型城镇化背景下的乡村旅游发展——理论反思与困境突破［J］. 地理研究，2015，34（8）：1409–1421.

［9］龙花楼，屠爽爽 . 乡村重构的理论认知［J］. 地理科学进展，2018，37（5）：581–590.

［10］刘彦随．中国新时代城乡融合与乡村振兴［J］．地理学报，2018，73（4）：637-650.

［11］李鑫，马晓冬，胡嫚莉．乡村地域系统人—地—业要素互馈机制研究［J］．地理研究，2022，41（7）：1981-1994.

［12］项继权，周长友．“新三农”问题的演变与政策选择［J］．中国农村经济，2017（10）：13-25.

［13］费迪南·滕尼斯．共同体与社会［M］．林荣远，译．北京：商务印书馆，1999.

［14］Getz D，Carlsen J.Characteristics and goals of family and owner-operated businesses in the rural tourism and hospitality sectors［J］.Tourism Management，2000，21（6）：547-560.

［15］Getz D，Petersen，T.Growth and profit-oriented entrepreneurship among family business owners in the tourism and hospitality industry［J］.International Journal of Hospitality Management，2005，24（2）：219-242.

［16］Dyer J H，Gregersen H B，Christensen C.Entrepreneur behaviors，opportunity Recognition，and the origins of innovative ventures［J］.Strategic Entrepreneurship Journal，2008，2（4）：317-338.

［17］Fligstein N.Social skill and the theory of fields［J］.Sociological Theory，2001，19（2）：105-125.

［18］干永福，刘锋．乡村旅游概论［M］．北京：中国旅游出版社，2017：86-105.

［19］徐虹，李瑾，李永森，等．双创环境下京津冀休闲农业与乡村旅游可持续发展研究［M］．北京：中国旅游出版社，2018：45.

［20］王彩彩，徐虹．乡村旅游创业生态系统构建研究——以陕西省袁家村为例［J］．干旱区资源与环境，2019，33（12）：201-208.

［21］Sud，M.，VanSandt，C.V.，&Baugous，A.M.，Socialentrepreneurship：The role of institutions.Journal of Business Ethics，2009，85（1）：201-216.

［22］Acs，Z.J.，Boardman，M.C.，&McNeely，C.L.，The social value of productive entrepreneurship.Small Business Economics，2013，40（3）：785-796.

［23］刘志阳，李斌，陈和午．社会创业与乡村振兴［J］．学术月刊，2018，50（11）：77-88.

［24］徐虹，张妍，翟燕霞.社会创业研究回顾与展望［J］.经济管理，2020，42(11)：193-208.

［25］徐虹，张妍，张行发，等．价值共创视角下公司社会创业促进乡村振兴的实现路径研究［J/OL］．农业经济问题：1-13［2023-10-02］.

［26］张行发，徐虹．新型村集体经济何以带动乡村共同富裕？——基于 ANT 视角的分析［J］．西北农林科技大学学报（社会科学版），2022，22（6）：11–19.

［27］徐虹，周泽鲲．气味景观感知对乡村地方依恋的影响机制研究——兼论怀旧的中介作用［J］．人文地理，2020，35（4）：48–55.

［28］郭连文，张妍，徐虹，等．权威善治视角下乡村旅游目的地治理演进机制研究——以陕西省袁家村为例［J］．人文地理，2022，37（5）：171–182.

［29］李思琪．新乡贤：价值、袪弊与发展路径［J］．国家治理，2018（3）：28–36.

［30］张红雷．公共坐具与坐憩行为关系研究［D］．东华大学，2012.

［31］李凡，杨蓉，黄丽萍．怀旧消费空间地方建构的比较研究——以广州怀旧餐厅为例［J］．地理科学进展，2015，34（4）：505–516.

［32］程郁．日本发展“六次产业”的主要做法与启示［J］．中国产业经济动态，2015（18）：13–18.

［33］邓大才．治理的类型：从“良序”到“善治”——以乡村社会为研究对象［J］．社会科学战线，2018（9）：177–184.

［34］俞可平．治理与善治［M］．北京：社会科学文献出版社，2000：9.

［35］孟凯，李佳宾，陈险峰，等．乡村旅游地发展过程中“公地悲剧”的演化与治理［J］．旅游学刊，2018，33（8）：19–28.

［36］徐冬，黄震方，洪学婷，等．乡村旅游地文化胁迫类型、格局与机理研究——以苏州东山镇为例［J］．地理研究，2020，39（10）：2249–2267.

［37］Laws E，Richins H，Agrusa J F，et al.Tourist Destination Gover - nance：Practice，Theory and Issues［M］.Oxfordshire：CAB Interna - tional，2011：2–5.

［38］Nordin S，Svensson B.Innovative destination governance：The Swedish ski resort of Are［J］.Entrepreneurship and Innovation，2007，8（1）：53–66.

Part 3

乡村振兴旅游开发中的人力资源政策与行动

南开大学旅游与服务学院

张子萱　李光钊　于海波

一、乡村振兴与旅游人才

实施乡村振兴战略，是中国共产党第十九次代表大会做出的重大决策部署，是决胜全面建成小康社会、全面建设社会主义现代化国家的重大历史任务，是中国特色社会主义进入新时代做好“三农”工作的总抓手。乡村旅游是实施乡村振兴战略的重要载体，在加快推进农业农村现代化、城乡融合发展、贫困地区脱贫攻坚等方面发挥着重要作用。近年来在国家政策引领下，文化与旅游走向深度融合，这一主题也在国家及部委颁布的乡村振兴相关政策法规中被多次提及，已成为乡村第三产业发展的重要抓手。人才是乡村发展的第一动力和首要因素，重视文旅复合型、高素质乡村旅游人才的开发与培育将为乡村旅游发展和乡村振兴战略实践提供不竭动力。

（一）乡村振兴战略与文化旅游

乡村振兴战略是现代乡村发展理论和实践的重大创新。2017 年中国共产党第十九次全国代表大会提出实施乡村振兴战略，为解决“三农”问题、坚持农业农村优先发展提供了明确的方向。2018 年国务院发布的《乡村振兴战略规划（2018—2022）》对工作重点和政策措施进行了细化实化，以确保乡村振兴战略的落实落地，之后“中央一号”文件均不同程度规划了乡村振兴的实施重点。深化文旅融合是乡村振兴战略推进中的一大重要举措。党的二十大报告指出，要推进文化和旅游深度融合发展，“全面推进乡村振兴”强调“扎实推动乡村产业、人才、文化、生态、组织振兴”。《乡村振兴战略规划（2018—2022年）》在构建乡村振兴新格局、繁荣发展乡村文化等处也多次提及文化和旅游。《做好2023年全面推进乡村振兴重点工作的意见》中同样指出农文旅新业态是乡村高质量发展的重要方向。作为实施乡村振兴战略的有力支撑，文化和旅游对乡村经济的高质量发展和人民生活品质的提高具有重要带动作用。乡村振兴作为党和国家的重大决策部署，始终同文化和旅游紧密相连。

在乡村振兴战略政策与行动计划中，文旅融合这一主题始终扮演着激活乡村第三产业发展的重要角色。“文化”和“旅游”两大发展抓手通常是同时出现、同步部署的。从20世纪90年代到21世纪初，我国旅游业进入快速发展阶段，文化和旅游的关系开始得到关注。1993年11月，国务院办公厅转发国家旅游局的文件《关于积极发展国内旅游业的意见》，在国家层面出台的文件中首次明确将旅游业和文化事业联系在一起，指出国内旅游业的兴起和发展满足了人民群众日益增长的物质文化需求。2001年4月，国务院出台《关于进一步加快旅游业发展的通知》，提出把发展旅游与加强社会主义精神文明建设紧密结合起来，并就增加旅游产品的文化科技内涵、突出地方特色和民族特色以及处理好文化遗产保护和旅游开发利用关系等做了规定，初步搭建了文化和旅游关系的政策框架，在这一历史节点，乡村文旅融合的主题开始走入大家的视野。近十年来，我国旅游发展更加注重发挥综合功能，国家旅游政策中关于文化的内容比以往明显增多，深度和广度也有很大拓展。2014年8月，《国务院关于促进旅游业改革发展的若干意见》在大力发展乡村旅游、扩大旅游购物消费、加强市场诚信建设等处提到文化旅游开发和旅游文化建设相关内容，乡村旅游中的文化建设也被明确提出和重点关注。2018年2月，十九届三中全会通过了《中共中央关于深化党和国家机构改革的决定》和

《深化党和国家机构改革方案》，决定组建文化和旅游部，一个重要目的就是统筹文化事业、文化产业发展和旅游资源开发，推动文化事业、文化产业和旅游业融合发展。文化和旅游统筹发展、融合发展自此进入新的阶段。2018年9月，中共中央、国务院印发的《乡村振兴战略规划（2018—2022年）》，在特色保护类村庄发展、发展乡村特色文化产业等处既提到了文化又提到了旅游。2018年11月，文化和旅游部等17个部门联合印发的《关于促进乡村旅游可持续发展的指导意见》，在整个文件中较好地贯彻了文化旅游融合的思想。从上述文件来看，文化和旅游部组建之后，国家和部门政策明显体现出文化和旅游统筹发展、融合发展的导向，乡村文旅融合发展是其中常被提及的一大主题。

乡村文化是乡村旅游的内核，乡村旅游为乡村文化提供发展空间。乡村旅游作为旅游业在乡村这一特定场域内与农业、文化业相互渗透形成的一种新型经营发展模式，得以融合乡村特色与文化内涵，具有多元化独特属性与鲜明的创新竞争优势，并受到国家政策重点关注。近十年来，我国乡村旅游进入快速发展阶段，逐渐成为振兴乡村的重要推动力，我国农民第三次创业和我国农村转型发展的重要驱动力。

（二）旅游发展与人力资源

乡村旅游发展所带来的经济效应、基建带动效应和人口反虹吸效应有力推动了乡村振兴与重构，促进了农民增收和产业结构调整，推动汇聚、盘活城市与在地人才资源，引导乡村实现新内源性发展。作为推动乡村旅游快速发展的重要因素——乡村旅游人才的发展越来越引起学界与社会各界的重视。发展乡村旅游，人才是第一资源，人才不仅是发展乡村旅游事业的基础，也是乡村振兴行稳致远的不竭动力。中央一号文件强调，汇聚全社会力量强化乡村振兴人才支撑，并提出人才振兴引领乡村振兴。由此可见，重视高素质乡村旅游人才的培育不仅是乡村旅游高质量发展的需要，还将对乡村振兴战略实践产生深远的影响。乡村要振兴，人才须先行，人才是乡村发展的原动力，乡村旅游发展离不开各项智力、技术、管理等人才资源的支持，实施旅游产业推动乡村振兴，关键依靠人才来带动乡村观光、休闲农业、度假体验等产业健康发展；乡村旅游的振兴也将为乡村工作者带来更大的发展空间与多方面资源支持。事业发展，关键在人，这一双向驱动的良性模式基于乡村人才资源的发展积淀，要不断强化乡村旅游人才振兴支持，科学开发合理配置人才资源。

在乡村文旅产业快速发展的背景下，乡村手工艺者、休闲农业与旅游服务等人才不断涌现，如何针对乡村旅游业发展所需的多样化、高素质人才队伍开展高效培养与健康引导，充分发挥乡村旅游人才的专业才能，整合各方人力资源越来越成为业界关注的焦点。乡村振兴旅游开发过程中的人才发展在很大程度上受益于政策的引导，为乡村旅游人才队伍发展提供针对性扶持、培养政策的重要性日益凸显。世界旅游联盟收集的 2021 年中国 50 个乡村旅游案例的经验表明，政策扶持为乡村振兴人才发展提供了巨大支撑，旅游成功助力乡村振兴有赖于政府引导下多元主体发挥的作用。过去几年，科学的顶层设计与因地制宜的政策行动推动我国乡村旅游步入快速发展阶段，在未来人才队伍精准化设计与开发过程中，充分把握乡村旅游业发展所需的人才类型、精准分析当前发展状况与所面临的现实困境成为科学化人才培养的重要前提。

二、乡村旅游人才多样化需求

针对乡村旅游人才素质要求，部分学者提出了乡村旅游从业者的一般素质要求，即“旅游职业道德、乡村历史文化知识、旅游现场服务技能等是乡村旅游人才应具备的主要素质”。而从人才类型要求来看，乡村旅游发展需要“高素质、高水平的地方旅游行政人员、乡村旅游经理人、乡村旅游经营者和服务者”。也就是高度重视乡村旅游并能进行科学管理的管理人才，能够对乡村旅游进行规模经营、懂财务懂市场的经营人才以及具有一定专业知识、能够科学服务于“食、住、行、游、购、娱”各方面的技能人才。从我国乡村旅游当前发展阶段分析，文旅复合型人才是推动文旅深度融合发展的必然要素；以乡村旅游能人为代表的高学历、高素质人才已成为推动乡村旅游现代化发展的不竭动力；青年人才的汇聚为乡村旅游振兴提供源源不断的新思路与新力量；创新创业作为产业振兴的重要依托，需要一批扎根乡村、服务农业、带动农民的农村创新创业带头人，充分发挥“头雁效应”，推进乡村旅游项目的创造性转化和创新性发展。

（一）文旅复合型人才

复合型人才即多功能人才，在多个领域具备一定能力，不仅在某个专业技能方面有突出的经验，还具备较高的相关技能。党的二十大报告提出，坚持以文塑旅、以旅彰文，推进文化和旅游深度融合发展。随着文化和旅游的优势叠加、互相促进，产业内涵的变革对乡村旅游人才提出新要求，旅游产业的高质量发展亟须一大批“既懂文化又懂旅游”的复合型人才与之相适应。《“十四五”全国农业农村科技发展规划》鼓励培养行业高水平复合型人才，努力在推动国家战略新兴产业发展、引领行业科技进步等方面做出更大贡献。随着乡村旅游业态融合趋势越发明显，“旅游＋商务会展”“旅游＋健康医疗”“旅游＋教育科技”等“旅游＋”新兴业态不断涌现，要求乡村旅游人才打破行业企业界限，实现跨界融合。具体而言，复合型乡村旅游人才不仅要了解文化知识，掌握文化产业管理运营技能，还要培养旅游管理理念，运用旅游管理知识推动乡村旅游业态运作；不仅要了解旅游产品的特点、旅游消费的趋势，还要熟知与旅游相融合的产业知识，成为兼具人文素养、旅游管理技能和产业理论基础的跨界人才，在岗位轮换、业务拓展的挑战面前也能成为“多面手”。过去，许多地方的旅游行政管理部门都将乡村旅游业的发展指向景区开发、景点宣传，过于看重资源对于发展乡村旅游的作用，忽略资源整合、产业融合以及在此过程中旅游人才的重要作用。这使得地方严重缺少复合型人才，难以解决产业融合、需求变化所带来的挑战。专业背景多元、技能丰富的复合型人才在产业融合的环境下，能够对当地的文化、经济、地理等情况进行综合性、前瞻性的把握，有利于将乡村旅游业与地域特色相结合，推动当地旅游业与其他产业融合的提质增效发展。

（二）高层次、高学历、高素质人才

高层次人才指在人才队伍各个领域中层次比较高的优秀人才，或处于专业前沿并且在国内外相关领域具有较高影响的人才。该类人才素质高、能力

强、贡献大、影响广，具有旺盛的创造力，在个人素质上表现为具有创新意识、创新能力、合作能力、敬业精神的新型人才。高学历人才是推动科技创新，促进区域经济发展与社会进步的第一要素，是国家宝贵的战略资源。党的十八大以来，党中央提出深入实施新时代人才强国战略，全方位培养、引进、用好人才，加快建设世界重要人才中心和创新高地。福建省发布《文旅经济省级高层次人才认定条件（试行）》，旨在加快解决我省文旅经济急需紧缺人才问题，加大文旅专业人才培养力度，培育一批有文化、懂经营、会管理的文旅高层次人才。对于乡村振兴和乡村旅游业发展而言，高层次、高学历、高素质人才逐渐发挥着重要作用。高层次、高学历人才决定了乡村旅游点的发展方向和经营水平，例如，高层次人才的缺失导致句容市乡村旅游点在整体发展上出现了重复建设、特色不鲜明、盈利能力欠缺等问题。人才的专业水平、素质能力影响着乡村旅游产品和服务的质量，素质和能力的短板不仅不利于优质乡村旅游产品的提供，还可能导致乡村基层旅游服务的同质化，损害旅游目的地形象。在市场需求变化的外在驱使和自身可持续发展的内在要求下，我国乡村旅游业正面临着转型升级的机遇与挑战。新趋势、新变化也对乡村旅游从业人员提出了更高的要求，例如，专业化的知识背景、高水平的服务素质、过硬的技术能力等，需要高层次、高学历、高素质的调研规划专业人才、组织管理人才、宣传营销人才、信息化技能人才、法律事务人才等，为乡村旅游高质量发展提供新动力。

（三）年轻人才

青年人才是国家战略人才力量的源头活水，现阶段我国社会发展进入新时期，各领域体现出新的时代特点，纷纷对青年人才担当使命提出现实呼唤。党中央提出，要给予青年人才更多的信任、更好的帮助、更有力的支持，支持青年人才挑大梁、当主角。《海南省中长期青年发展规划（2018—2025年）》加大教育、科技和其他各类人才工程项目对青年人才的培养支持力度，在相关重大人才工程项目中设立青年专项，鼓励和支持青年人才参与战略前沿领域研究。乡村旅游业需要年轻化的人才群体，既是现实问题，也是发展需要。乡村大批青年劳动力涌入城市加剧了乡村人口老龄化，留下来的乡村从业人员普遍年龄较大，学历不高，服务能力参差不齐，随着年龄增长不断降低。青年劳动力离开乡村后大多留在城市，返乡率不高，这不仅造成目前乡村旅游从业人员平均水平低，人才结构失衡的结果，还可能形成“后继无人”的局面，未来人才供给不足，进而缩短旅游目的地生命周期，影响乡村旅游创造的效益和推动乡村振兴的动能。面对人才短缺现状和乡村未来可持续发展的需要，引入、培养年轻的乡村旅游人才、专业人才是极其必要的，包括应届毕业大学生以及35岁以下的年轻人才。乡村旅游青年人才最具创新热情，最具创新动力，具备更加开阔的眼界和更为扎实的专业知识，与时代同频共振，能够敏锐把握市场热点和未来趋势，为乡村旅游振兴注入新的活力。

（四）创新创业人才

创新创业是乡村产业振兴的重要动能，人才是创新创业的核心要素。党的十八大以来，习近平总书记高度重视人才发展体制机制改革，强调要着力破除体制机制障碍，向用人主体放权，为人才松绑，让人才创新创造活力充分迸发，使各方面人才各得其所、尽展其长。《关于深入实施农村创新创业带头人培育行动的意见》提出培育一批扎根乡村、服务农业、带动农民的农村创新创业带头人，发挥“头雁效应”，以创新带动创业，以创业带动就业，以就业促进增收，为全面建成小康社会、推进乡村全面振兴提供有力支撑。农村创新创业带头人饱含乡土情怀、具有超前眼光、充满创业激情、富有奉献精神，是能够带动农村经济发展和农民就业增收的乡村企业家；乡村旅游创新创业人才紧跟时代步伐、极具敏锐思维、拥有人文情怀、敢于尝试新事物，是能够为乡村文旅产业注入生命力的旅游先行者。目前我国乡村非常缺少旅游创新创业人才，乡村科技力量薄弱，创新创业平台较少，所造成的业态单一化、产品同质化、供应链短、价值链低等问题严重制约了乡村旅游经济的发展。乡村旅游需要创新人才变革产品形式，优化产品设计，推动创新性成果转化，需要创业人才扎根大地，发挥示范效应，带动其他人才共同促进旅游发展。同时，乡村旅游作为文旅融合的阵地，承载着增强和彰显文化自信、提升国家软实力的使命，乡村实现其文化价值创新的关键就是要培养大量在文化和旅游产品及服务的创新、创意、策划、研发等方面具有突出建树的创意创造和设计人才，能够深刻洞察当地所创造的丰富文化，并进行创造性转化和创新性发展，通过创意、创造和设计的渠道进行广泛传播。

三、乡村旅游人才发展现状及问题

面对爆发式增长的乡村旅游产业，乡村旅游人才的现实储备水平与对高素质人才的大量需求之间存在差距。志在服务乡村的旅游专业人才匮乏，有能力推动文旅融合发展的复合型人才严重短缺，乡村空心化严重，具备创新开拓能力的青年人才缺失等问题导致当前乡村文旅发展同质化严重、后劲不足。乡村旅游从业者难以准确把握乡村旅游市场需求变化，难以推行高质量、独特性文旅项目，这极度不利于乡村旅游产业的长期健康发展。

（一）乡村旅游人才匮乏，人才结构不平衡

目前，乡村旅游人才数量严重短缺，储备人才不足。前期缺乏调研和规划的专业人才，使许多同质化、低端的乡村旅游项目盲目起步，未经过深入调研，直接导致旅游目的地整体布局不规范，旅游产品和服务链条短，拉动旅游消费的后劲不足；中期缺乏组织管理和运营宣传的人才，使旅游产品和服务过分依赖当地的农业资源，运营的模式过于单一，无法满足年轻游客的多样需求；后期缺乏富有经验的综合高素质人才，影响了乡村旅游在新时代消费需求升级、产业融合高质量发展的各个环节。此外，人才匮乏还体现在结构方面，人才结构比例逐渐失衡，不利于乡村旅游业协调发展。一是乡村旅游从业人员以留守的中老年人为主，年轻人较少；二是主要集中于旅游特色村、农家乐等传统旅游形式，对组织管理、技能水平、服务标准要求较低，从事新业态、新产品、新形式的人才较少；三是一线服务人员、产品销售人员、后勤保障人员等基层从业人员较多，高层次、高学历的技能带动型人才、产品设计人才、经营管理人才较少；四是分布区域不均，我国旅游人才分布在区域上呈现东强西弱、南强北弱的特点。人才匮乏、结构失衡导致乡村旅游业发展水平和产业层次难以提升，陷入滞缓，也难以吸引真正有才能、有抱负、渴望实现自身价值的高层次旅游人才，从而形成恶性循环。

（二）乡村旅游人才素质能力水平不理想

受限于个人年龄、学历、观念和乡村“空心化”“老龄化”等原因，乡村旅游人才的整体素质较低，服务能力参差不齐。调查发现，经管类、一线类人才占农村常住人口的比例不到63%，其中绝大部分只参加过短期的技术培训，“回炉再深造”的人几乎没有；真正从事一线实践工作的人才中有92.1%未获得专业技术职务评定，评定者中初级职称占比近83%。乡村旅游产业人才队伍专业化程度低，对乡村旅游的了解不够深入，并未掌握乡村旅游产业发展的内在规律、乡村旅游企业遵行的行业规则以及乡村旅游人才必备的职业素养，也较难准确把握乡村旅游市场的变化和游客需求的变化，无法及时根据乡村旅游产业发展作出相匹配的战略调整，在很大程度上制约了乡村旅游产业的发展水平、质量与速度。多数乡村带头人、乡村合作社的组织人员并非专业旅游人才，从业经验匮乏，旅游专业知识不足，对乡村旅游的认识和理解不够，又因长期受到传统农业模式的制约，在应对各类突发问题、把握市场变化时无法对其他从业人员进行有效的指导和管理，也无法引领其他村民一起成长为专业人才。有限从业人员在传统旅游、简单劳动力工作上的集中导致旅游从业者从基层发展为旅游人才的概率更低，难以突破素质瓶颈，从根本上制约了乡村旅游从业人员水平的整体提高。

（三）乡村旅游人才培养模式灵活度不强

随着乡村旅游的不断发展，对人才的新需求传导到行业人才培养的体系中，对当前的培养模式、内容、形式、知识结构等带来巨大冲击。然而，当前的乡村旅游人才培养模式老旧落后，未形成全面、完备、专业化的人才培养体系，教培工作滞后。一方面，许多地区对乡村旅游人才的重视程度不足，过分侧重经济效益，常出现用现有从业人员代替旅游人才的现象，凭经验主义任用当地村民参与旅游项目决策、开发和运营，忽略人才的专业性和不可替代性。另一方面，对政策的落实力度不够大，人才培养专项资金利用程度小或是缺少资金支持，无法更新人才培养模式，既难以留住本土人才，也难以吸引优秀的青年人才。此外，旅游目的地对人才的内部培训常流于表面和形式，主要采取讲座、会议、发放书籍资料、邀请其他人员讲课等方式，模式单一，无法激发人才学习的主动性，难以与现实问题对接，缺乏一定的实践操作性和创新性，导致培训质量较低，培训效果并不理想，其技能水平并未真正得到提升。

（四）乡村旅游人才供需匹配度不高

乡村旅游业的转型发展对乡村旅游人才提出了更高的要求，需要更多的复合型技能人才。从市场环境方面来看，随着大众文化和大众旅游的兴起，新时代消费主体的个性化、品质化、情感化体验需求特征明显，行业内对策划、设计、产品、营销等方面的创新创意型人才的需求凸显；从技术环境方面来看，以移动互联网为代表的人工智能、信息科技的迅猛发展，很大程度上改变着人们的生产生活，这将对整个文化旅游产业结构及产业链条带来巨大影响，行业内对科技型数字技术人才的需求逐步扩大。但目前部分从业人员和各个主体培养的人才很难与乡村旅游产业需求进行对接。以广东省为例，数据结果表明，当前广东高职院校旅游人才培养主要以传统旅游为目标，集中面向传统旅游行业与岗位，旅游新业态、新岗位所需的专业技能人才供给存在缺位现象，无法适应产业发展需要。部分高等院校、高职院校旅游类专业仍存在课程体系与人才培养目标不匹配、课程设置与社会需求缺乏有效对接、教学方法与教学模式不科学、创新性和实践性课程较少等问题，严重影响旅游类专业人才的培养质量。此外，乡村旅游企业任用、招聘、引进的人才也与现实需求存在一定的差异。

对于存在高需求的重点人才队伍培育现状同样不甚理想，人才培养过程中缺乏理论与实践的平衡，兼具顶层设计视野与理论实践并重的培训计划尚不成熟。例如，针对文旅复合型人才的培养，应更要求人才接地气、重能力、精算计，然而，目前对于文旅人才培养的研究容易走入死胡同，比如，过分强调设计者的主观能动性，弱化项目当地的综合实际，最终项目出现“水土不服”的情况，时下较为流行的“乡村音乐节”，在短时间内确实因其独特性带来流量变现，但长期考虑，作为乡村文旅的主体，村民、农民等并未获得持续性营收机会。

（五）乡村旅游人才流失比例高，人才激励机制不完善

据国家统计局调查显示，近几年全国城镇新增就业人数保持在1300万人左右，2020年全国新增城镇就业人数为1186万人。《中国农村发展报告2020》对未来城镇化发展做出了预测，保守估计到2025年中国城镇化率达到66.5%，新增农村转移人口逾8000万人，农业就业人员比率将下降到20%左右。农村人口流失的现象还将会继续进行下去，至少仍将会持续相当长一段时期。由于城市经济发展较快，普遍薪酬待遇条件较好，许多乡村旅游人才纷纷涌入城市，留在乡村的儿童与中老年群体越来越多。乡村基本条件落后、基础设施建设不足等问题让大量乡村本土人才思想不稳定，认为乡村人才成长的环境不好、上升空间有限，因此更倾向于去城市发展，从而导致乡村青年人才“留不住”制约了乡村振兴的发展。乡村旅游人才的高流失比例，极大地影响乡村旅游产业的稳定性和持续性，造成乡村人才长期处于“失血”“贫血”状态，已不能满足现代发展需求，一定程度上加剧了乡村旅游的落后。例如，一些正在开展的工作也因为乡村旅游人才突然流失，项目中断或草草收尾，给游客留下不良的印象，降低乡村旅游企业的市场形象和业内口碑。在人才高流失率的背后，又存在人力招聘成本高、人才激励机制欠缺的问题。频繁开展乡村旅游人才招聘和入职培训，使得一些乡村旅游企业花费成本开展招聘和培训的积极性、主动性不高，从而导致乡村旅游服务的质量下降。乡村旅游缺乏完备的人才激励机制，大多仍停留于简单的以学位、职称、荣誉称号等职位高低评判人才的办法，给予人才的奖励、福利较少甚至没有，未能创造良好的人才激励环境、多样的人才激励政策。

四、乡村旅游人才发展困境解决途径探索

2021年中共中央办公厅、国务院办公厅印发了《关于加快推进乡村人才振兴的意见》，文件指出要“加强乡村文化旅游体育人才队伍建设”，充分依托“乡村人才振兴体制机制”推动乡村旅游人才队伍优化与壮大。一是要推动文化旅游体育人才下乡服务，重点向革命老区、民族地区、边疆地区倾斜。二是要扶持文化和旅游、广播电视、网络视听等专业人才，培养一批乡村文

艺社团、创作团队、文化志愿者、非遗传承人和乡村旅游示范者；培育乡村工匠，挖掘培养乡村手工业者、传统艺人，通过设立名师工作室、大师传习所等，传承发展传统技艺；鼓励高等学校、职业院校开展传统技艺传承人教育，在传统技艺人才聚集地设立工作站，开展研习培训、示范引导、品牌培育；支持鼓励传统技艺人才创办特色企业，带动发展乡村特色手工业。该文件明确到 2025 年，乡村人才振兴制度框架和政策体系基本形成，乡村振兴各领域人才规模不断壮大、素质稳步提升、结构持续优化，各类人才支持服务乡村格局基本形成，乡村人才初步满足实施乡村振兴战略基本需要。

（一）加强乡村文化旅游人才队伍体系建设

加大高素质旅游专业人才引进力度，并重视对在地文旅从业者开展大力培育是乡村文旅人才体系建设的两大方向。鼓励人才向基层流动有利于提升乡村旅游从业者整体能力与素质，这需要城乡建立完善的合作交流机制，也需要政府提供成熟的流动服务保障，才能使得优秀人才方便下基层、肯留在基层。此外，乡村非遗文化与工匠精神中蕴含的独特吸引力应得到旅游产业的重视与转化。助力乡村工匠成长、推广非遗工坊培训不仅有利于乡村文化永续传承，还将推动文旅深度融合，创造高质量、创新型的乡村旅游体验项目。

1. 鼓励旅游人才下乡服务

鼓励人才向乡村基层流动是推动乡村人才资源走向丰富的一大重要举措，国家鼓励城市人才向乡村流动，建立健全城乡、区域、校地之间人才培养合作与交流机制。在乡村振兴战略实施过程中，乡村振兴人才流动政策体系已发展得较为成熟，主要包括促进高校优秀人才到地方挂职、面向基层就业，高校、科研院所的科研人员向企业流动，以及农业技术人才向艰苦边远地区和农村基层一线流动。对于乡村旅游专项工作而言，则是更有针对性地引导城市文旅专业人才下乡，推动专业人才服务乡村，促进乡村旅游人才队伍建设。

推动旅游人才向乡村基层流动要有全面的人才流动服务保障，以促进人才合理有序流动和人才资源合理配置。从职称评定、户籍关系挂靠、代办社会保险、流动人员人事档案管理、学历学位证书认证、党员组织关系管理等方面到为旅游人才提供就业指导、推荐就业、优秀毕业生先落户后就业、人才培训、人才测评、人才流动手续办理等服务内容。通过完善人才流动服务体系，能够有效畅通人才投身到基层乡村、革命老区、民族地区、边疆地区的振兴事业之中。

2. 加大非遗传承人与乡村旅游能人培育力度

国家乡村振兴局在《乡村工匠“双百双千”培育工程实施方案》和《关于持续推动非遗工坊建设助力乡村振兴的通知》中说明，可通过认定乡村工匠名师和工匠大师推进非遗等文旅产业在乡村的发展，并面向非遗工坊带头人开设专门培训班，鼓励中国非遗传承人研修培训计划参与院校面向非遗工坊开展调研、培训、交流活动。支持非遗工坊带头人参加高技能人才培训基地培训、建设技能大师工作室，推动将优秀非遗工坊带头人培育成乡村文化和旅游能人、乡村工匠、非遗代表性传承人。中华人民共和国文化和旅游部在《中国非物质文化遗产传承人研修培训计划实施方案（2021—2025）》中提到，围绕“十四五”非遗保护重点工作，配合乡村振兴等国家重大战略，应重点开展传统工艺、传统表演艺术类非遗项目的研修培训，开展研修班、培训班，深化专业理论学习、案例研讨、创作实践。研修班面向具有较高水平、掌握核心技艺的各级非遗代表性传承人及其弟子；通过专业理论学习、案例研讨、创作实践等方式，帮助传承人提高文化艺术修养，拓宽行业视野，激发创作潜能，拓展应用空间，推动合作交流，解决发展难题。培训班面向掌握相关技能艺能的项目从业人员。围绕巩固脱贫成果、助力乡村振兴等国家重大战略的培训班，可将非遗就业工坊、合作社等人员纳入培训范围。培训班要帮助学员强化对中华优秀传统文化和所持有技艺的把握，拓宽眼界和知识面，提高传承实践能力。其中传统工艺类培训班，主要面向非遗就业工坊、生产性保护示范基地、传统工艺工作站等开展专题性培训；传统表演艺术类培训班，主要面向民间班社、县级及县级以下的基层表演团体开展整建制培训。

（二）与乡村人才振兴体制机制同步推进

乡村旅游的发展应从乡村振兴战略下成熟的人才发展机制借力。将乡村旅游带头人优先纳入乡村产业振兴带头人培育“头雁”项目培育范围，将实施乡村文化和旅游带头人支持项目与文化产业赋能乡村振兴计划、乡村旅游精品工程相结合，将推动乡村振兴战略下多领域联动发展，实现资源的高效配置。重视乡村旅游能人的推荐与支持、推广旅游双创人才教育培训、深化院校企合作为青年人才提供创业实践机会，是乡村旅游从教育培训与人才平台角度可拓展的解决方案。此外，科研学者也从理论与实践结合的角度提出了乡村旅游人才培养新模式——“政企校协同，共育民员生”，这一体系探究乡村旅游人才供给的三大主体间的协同合作模式，为人才培育开展形式探索了新的发展路径。

1. 乡村人才振兴项目与旅游人才协同发展

随着乡村振兴战略的推进，各地人才振兴项目方兴未艾，乡村旅游人才的特色发展计划可充分依托现有人才项目同步开展。将实施乡村文化和旅游带头人支持项目与乡村产业振兴带头人培育“头雁”项目相结合，各省级农业农村部门将乡村文化和旅游带头人优先纳入乡村产业振兴带头人培育“头雁”项目培育范围并予以支持。将实施乡村文化和旅游带头人支持项目与文化人才服务支持艰苦边远地区和基层一线专项相结合，各省级文化和旅游部门将符合条件的带头人优先纳入专项培养支持，同时鼓励各地通过选派工作者、招募志愿者的方式为县级以下基层单位提供服务。要将实施乡村文化和旅游带头人支持项目与文化产业赋能乡村振兴计划、乡村旅游精品工程相结合，各省级文化和旅游部门应将符合条件的带头人纳入文化产业赋能乡村振兴工作体系，享受文化产业赋能乡村振兴各项支持措施和优惠政策；支持符合条件的带头人参与乡村旅游艺术、餐饮、数字等系列提升行动，提升乡村旅游人才创意水平、经营服务技能和信息素养。科学充分引导带头人发挥对群众发展与产业振兴的“四轮驱动”作用。通过直接带动，引导带头人带领周边群众学技术、学管理、闯市场，为有发展需求的人员提供技术支持和信息服务。注重创新推动，统筹考虑不同类型、不同阶段带头人的实际情况，鼓励其创新工作方法，探索符合实际的培养机制、培养方式、培养模式。注重辐射联动，引导带头人整合优势资源，搭建数据信息、社会化服务平台等，延长服务链、产业链，实现更大范围的辐射联动，带动当地产业提质增效。注重项目拉动，探索建立“项目＋人才”培养模式，要把带头人培养特别是处于发展起步阶段的带头人培养与乡村文化和旅游项目推进有机结合起来，实现以项目带动人才成长、以人才提升项目成效。为保障带头人培育项目的顺利落地，文化和旅游部将乡村文化和旅游带头人支持经费列入人才工作专项经费，主要用于带头人依托项目的资助及培训、交流、宣传等方面。列入文化人才服务支持艰苦边远地区和基层一线专项选派和培养项目的乡村文化和旅游带头人按照当年专项实施方案予以经费保障。鼓励有条件的地区进一步统筹地方财力，探索符合当地实际的项目支持方式，加大经费保障和支持力度。并完善监督管理机制，对推荐人选严格把关，对本地区的入选人员统筹安排，重点保障。建立退出机制，对因违纪违法等产生不良影响的，取消其乡村文化和旅游带头人资格。各级文化和旅游、农业农村部门实现紧密配合，做好项目协调推进和总结评估工作。

2. 完善乡村旅游能人推荐与支持机制

为鼓励培养乡村文旅带头人，文化和旅游部办公厅 2021 年牵头开展“乡村文化和旅游能人”推荐工作，实现对在巩固脱贫攻坚成果和推进乡村振兴中发挥引领示范和骨干带动作用的文化和旅游能人进行精准推荐，将从事乡村公共文化服务的能人作为推荐重点，并对开发休闲农业和乡村旅游精品线路、从事农村公共文化工作中表现突出的返乡创业年轻能人加大推荐力度，充分发挥乡村文化和旅游带头人在乡村振兴中的示范引领和辐射带动作用。在 2019—2022 年全国乡村文化和旅游带头人（能人）队伍建设的基础上，更加明确基层人才培养难题与困境所在，并坚持分类施策、精准关注，持续推动乡村文化和旅游带头人队伍增量培优。2023—2025 年，文化和旅游部升级实施乡村文化和旅游带头人支持项目实施方案，通过加强联系服务、实施项目资助、搭建交流平台、强化教育培训、鼓励创新实践等方式，充分激发带头人发展潜力，进一步加强乡村文化和旅游带头人队伍建设。通过组织开展经常性的走访、座谈交流等活动，听取意见建议，帮助解决发展中遇到的实际问题。文化和旅游部对于从事公益性项目（活动）或处于发展起步阶段的带头人给予适当的项目资助。并搭建宣传推介平台，注重总结提炼典型工作做法，出版《乡村文化和旅游带头人优秀案例集》，通过主流媒体对带头人的先进事迹、典型经验等进行宣传报道，扩大社会影响，形成良好氛围。

3. 推广旅游双创人才教育培训项目

在人才培训微观层面，文化和旅游部举办旅游英才计划创新创业型英才培养项目——乡村旅游“双创”人才培训班，旨在促进乡村旅游业态创新、产品创新、经营管理与服务创新、营销推广创新等，大力培育乡村旅游创新创业人才，发挥乡村旅游经营管理示范户、带头人和创客基地的示范带动作用。培训内容包括乡村振兴战略与乡村旅游发展机遇、乡村旅游业态产品创新、乡村旅游营销推广创新、乡村旅游企业经营管理、乡村旅游标准化建设与服务质量提升、国内外乡村旅游发展典型案例分析等方面，从宏观环境分析、乡村旅游业态发展机遇和典型成功案例分享等各层面展开，成为乡村旅游人才技能提升的加油站。

4. 院校企合作助力青年人才实践

乡镇政府可以尝试与当地高校达成合作意向，高校推动开展师生服务乡村行动，积极探索乡村振兴人才培养新模式，重点关注乡村文旅融合发展新业态，围绕乡村旅游、农业技术、民俗文化等内容，按照“定点高校、精准匹配、跟踪培养、示范引领”的思路，选派多批优秀师生前往当地乡村开展乡村规划、旅游培训、科技指导、电商经济、品牌推广、旅游线路设计等工作。高校结合当地乡村振兴需要，修订旅游人才培养方案，打造满足当地乡村用人需求，培养适应乡村旅游业发展趋势及旅游业发展需要，培养德智体美劳全面发展、具有良好的人文与科学素养、掌握现代旅游管理基础理论和乡村旅游相关知识、具备旅游服务意识、创新精神与管理能力，能在乡村从事经营、管理、策划、营销、服务等工作的综合性乡村旅游人才。高校与乡村还可开展进一步合作，挂牌成立乡村振兴实践教学研究基地，把大学生实践教学搬入乡村现场，围绕乡村规划、导游服务、农产品销售等方面开展实践教学，助推乡村振兴，充分发挥旅游人才引领作用，不断壮大乡村特色产业，形成优势互补、合作共赢。

5. 科研探索乡村旅游人才培养新模式——“政企校协同，共育民员生”

黎娇和韦文杰（2020）的研究围绕乡村旅游这一核心，提出了基于产教融合的人才培养模式。该人才培养模式联合了政府主管部门、乡村旅游企业和专业培养院校三方力量，针对乡村旅游发展中的多元化、产业化等要求和思路，对社区居民、从业人员和高校学生三类具体培养对象的知识结构、专业技能、综合素质等开展协同培育。这一研究结合理论研究成果和实践探索经验，建立了乡村旅游人才的培养模式，厘清了乡村旅游人才供给的三大关键群体及其相互间的协同导向，梳理了政、企、校三方针对各群体的主次培养侧重点（如图 1 所示）。

双环融通——人员环与单位环：人员环中，从业人员是乡村旅游现有的人才群体，社区居民和高校学生则分别是乡村旅游人才供给的在地群体和输入群体，三者同为乡村旅游发展的人力支撑。其中，高校学生和从业人员间的协同提高以应用为导向，强调知识和技能的实践应用，二者相辅相成，共同实现理论与实践的成果转化；高校学生和社区居民间的协同提高以实证为导向，强调知识架构和经验体系的相互实证，二者齐驱并进，共同推动相关机制的结构优化。从业人员和社区居民间的协同提高以效益为导向，强调经济、文化、生态等多重效益的统筹兼顾，二者互利共生，共同追求整体效益的最大化。单位环中，乡村旅游企业是乡村旅游发展的具体承担者和实施者，政府主管部门是乡村旅游发展外在条件的创造者，而专业培养院校则为乡村旅游发展提供资源支持，三者同为乡村旅游发展的平台支撑。其中，专业培养院校和乡村旅游企业间的支持配合以应用为导向，专业培养院校和政府主管部门间的支持配合以实证为导向，乡村旅游企业和政府主管部门间的支持配合以效益为导向，三大平台充分联通，为人员环的协同提高创造利好条件。

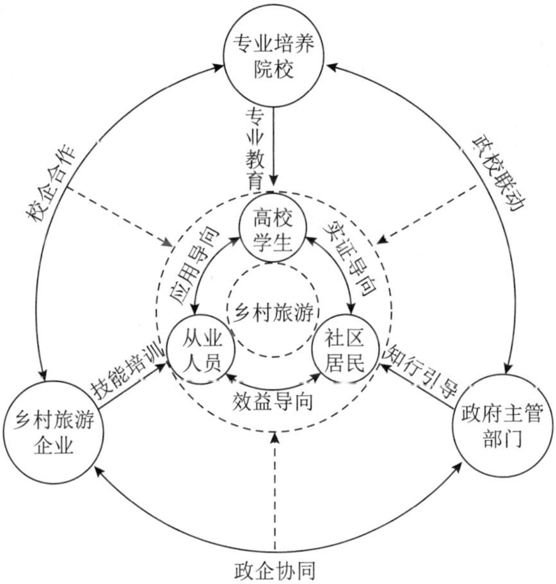

图 1 “政企校协同，共育民员生”的乡村旅游人才培养创新模式

“政校联动 + 校企合作”：高校学生的专业教育。院校培养的青年学生拥有体系化的专业知识架构和操作能力，是高素质经营管理队伍的可靠供给。政府主管部门致力于为高校学生培养提供切实可行的机制或政策。在乡村旅游人才的培养方面，各地政府应充分发挥调控职能。一方面，从改革人才培养模式入手，建立院校培养与产业对接的联通机制，确保院校能够及时把握市场的人才需求；另一方面，出台激励政策，引导各项教育资源的适度倾斜，为乡村旅游人才培养创造良好条件。在乡村旅游人才的引进方面，政府主管部门应同时从精神和物质两方面双管齐下，制定人才流入的优惠政策。乡村旅游企业则专注于为高校学生培养提供多方位的实习实训条件。实习实训的内容包括：服务方面的乡村导游、民宿运营等；经营方面的旅行社部门、旅游电子商务等；设计方面的节事活动打造、旅游产品开发等。涵盖了乡村旅游的各个环节和层次，内容丰富。实习实训的机制方面，高校学生参与实习实训的时间以假期为主，而假期作为旅游旺季，恰需季节性的人力资源补给，高校学生与乡村旅游企业二者之间形成了良好的“互哺”机制：前者得到了实际训练和实践经验，后者的人力资源季节性问题得到了良好解决。

“政企协同 + 校企合作”：从业人员的技能培训。企业培养的从业人员具有具体化的实践知识和操作经验，是高水平基础运作队伍的切实保障。政府主管部门致力于为从业人员提供规范的技能鉴定、证书考核和人才培养体系。在培养力度方面，除政、企、校的合力共建外，还应充分引入社会教育平台、相关研究机构和行业协会组织等的培训资源，为乡村旅游人才的综合素质教育贡献力量。在培训体系方面，应由政府牵头，各相关部门论证以建立系统的人才培养体系或计划，杜绝各自为政、分散培养的资源浪费，形成“初—中—高”的三级人才培养梯次，并通过定期培训来实现知识或技能的及时更新。还应同步推进人员培养的标准化、规范化程度，逐步开展技能鉴定和证书考核，并引入执业资格和从业标准，适时施行各项专业证书的年审制度。专业培养院校专注于为从业人员培养提供丰富的学习资源和专业的学习平台。在淡季，乡村旅游从业人员可分期、分批进入院校参与专业学习，学习内容包括理论知识和服务技能两方面：理论知识包括乡村旅游的基本理论、资源保护与开发、市场开拓与营销相关的法律政策等；服务技能包括食、住、行、游、购、娱等各类企业各个部门的实用性技能。此外，院校还应从培训模式、讲师队伍、课程体系、考核反馈等多方面入手建立保障机制。

“政企协同 + 政校联动”：社区居民的知行引导。政府培养的社区居民具有深层次的文化理解和情感依恋，是特色化本地支持队伍的有力补充。乡村旅游企业致力于为社区居民培养提供认知落实与技能应用的平台。乡村旅游企业作为一个较为健全的运作实体，社区居民可以深入其内部进行参观学习。学习内容既包括产业发展的新理念、行业衍生的新知识等，也包括现代企业的经营管理模式、运作流程等。此外，社区居民能够为乡村旅游企业发展提供文化层面的见解，这是乡村旅游产品开发避免流于形式、千篇一律的关键。鉴于乡村旅游社区居民的独特性，学校应采取“引进来 + 走出去”的方式对这一人群开展针对性的培训活动。“引进来”是指社区居民可以有组织、有计划地进入院校内部参加学习训练，“走出去”是指院校的专业师资可以分批前往乡村开展培训活动。为保障社区居民的学习实效，院校须制订合理的培训目标和计划、选择时需的培训内容，并配套设备、师资和考核制度。

五、乡村人才振兴实践经验之借鉴

为了有效解决乡村旅游人才匮乏的问题，很多地区积极采取对策，并广泛进行了有益实践。有些措施具有普遍的积极意义，具有广泛推动乡村旅游人才发展的潜力。国家在推动乡村人才振兴过程中也探索出乡村人才平台、乡村人才金融财政保障、教育培训、创新创业、乡村人才资源、产业人才、人才流动七大板块的引导方向，其中不乏乡村旅游发展可借鉴的思路内容。地方省市在开放教育、联动培养和管理体系建设方面有许多实践经验。广泛学习乡村各领域政策思路与优秀行动案例将有利于因地制宜地开展旅游人才开发实践。

（一）开放教育，培育在地人才

以开放教育为基调，实现“就地成才”。乡村旅游具有特殊性，相对于引进的旅游人才，当地村民本身就有熟悉本地风土人情、常年生活在旅游区等先天优势，有时能够提供外地人才所不了解、不擅长的特色旅游服务。所以鼓励广泛开展“开放教育”的方式，推动村民就地成才，同时起到提升当地村民综合素质、改善旅游区整体面貌和村民生活状况的积极作用。开放教育指以互联网等现代技术为基础，让每个人都能享有终身学习的机会与条件。致力于乡村旅游事业的村民，不会受到入学门槛、时间地点等限制，只要具备一定的网络条件，任何时间都可以进行学习，不断给自身“充电”。以广东省博罗县为例，由政府牵头、企业出资，强化旅游区内的乡村网络条件，开发适合村民学习的课程资源，灵活运用教育直播、轮播等多种形式，对村民在旅游接待、服务技能、民宿管理等各方面进行培训，取得了良好的效果，受到了当地村民的广泛好评，乡村旅游基础日益夯实，发展成绩喜人。

（二）建成人才培养联动机制

以专业教育机构为依托，形成人才培养联动机制开放教育的重要优势之一就是能够尽可能地整合教育资源，所有优质的教育模式或师资力量都可以为我所用。因此，有必要利用这一优势，把当地的专业教育机构整合起来，最大化地提升开放教育的教育质量。专业教育机构和一线参与乡村旅游的村民之间搭建起沟通的桥梁，使得村民得以了解更高层面旅游产业发展大趋势，使得培训学习更具针对性与积极性；在这一过程中也便于专业教育机构摸清旅游产业一线人员的实际需求和当地旅游资源的真实发展情况，适时调整教学内容与教学重点方向，推动双方共赢。例如，福建省平潭县相关政府部门与福建农业大学、福州大学、福建师范大学等本地高校合作，将这些高校的教育资源有效整合进开放教育体系中，极大推动了乡村旅游对口人才培养，使得当地旅游产业发展速度日益加快，乡村旅游人才水平稳步提升，国际化视野培训体系的引入使得当地旅游服务水准能够在很大程度上满足国际游客需求。

（三）完善人才管理体系

加强人才管理，完善人才体系。在重视乡村旅游人才大力培育的同时，现有人才管理也是一个不可忽视的重要领域。在以往的乡村旅游发展过程中我们了解到，很多地区对旅游从业人员缺乏严格的管理，这使得从业人员与游客之间不时发生冲突，问题得不到高效解决时可能使得矛盾升级。出现这一局面的重要原因是本地乡村旅游从业人员人数较多，与管理单位成员之间存在千丝万缕的联系，管理机构碍于“情面”，有时会“睁只眼闭只眼”。这种行为十分不利于当地旅游区形象的科学树立与持续改善。这一问题则需要严格制度约束，真正落实全域旅游模式中的依法治理理念。例如，浙江省杭州市富阳区，为了推动当地旅游产业发展、切实转变发展思路、向全域旅游转化，围绕相关法律法规，又制定了相应村规民约。在制定过程中，广泛征求当地村民意见，反复进行修改，并邀请专业司法人员，对村规民约进行审定。这部村规民约摆脱了以往“口号式”的空洞内容，取而代之的是可以落地的具体规定。作为村民集体决策的成果，该规定贴合当地实际情况，自然而然地获得了村民的普遍拥护，使得当地乡村旅游从业人员管理走上了正轨。同时在长期实行过程中，还会随时吸取其他地区的先进经验，对村规民约进行合理修整，不断完善。

（四）借鉴乡村振兴多领域行动经验

在乡村振兴多产业发展过程中，充分结合地方政策优秀经验与行动实践，总结出了包括乡村人才平台、乡村人才金融财政保障、教育培训、创新创业、乡村人才资源、产业人才、人才流动七大板块的乡村人才政策体系架构。这一成熟体系对于乡村旅游人才建设有高度借鉴意义。乡村人才平台包括各级人才联盟、农业产业园、合作社建设、行业协会、工作室、实训基地等，是聚集人才的“强磁铁”，是培养造就人才的“好摇篮”；金融财政政策包括财政、贷款、贴息、税款返还等，是促进新农村建设的源动力，保障了乡村人才队伍的有效供给；教育培训与农业农村的有效对接，有利于全面提升乡村人才的综合素质；创新创业政策包括社会服务保障、创业补贴支持、创业信息服务、优秀案例推介等重要经验，是推动农民增收、农业发展和农村稳定的重要动力；乡村人才资源经验包括人才需求清单、乡村人才资源库，实行定向人才培养等政策项目经验等；乡村人才流动经验各地形成了跨部门流动、流动服务和流动动力经验，有利于畅通人才流动管道，为人才价值实现创造更多机会。

首先，应充分重视乡村人才的金融财政保障，通过国家财政、金融等政策措施，建立健全多层次的乡村旅游金融服务体系，为乡村旅游人才拓宽资金筹集渠道、优化营商环境，加强人才的财政优先保障以及金融支持和服务；金融财政政策的支持可以将国家的财政资金与资源更好地配置到乡村旅游发展的重点领域和薄弱环节，精准惠及重点人才资源。政府对旅游型企业或个人提供专项财政拨款、扶持基金、研发经费和创新性财政投入等，有利于解决乡村人才资金短缺的问题。财政补助补贴在产业上侧重乡村文旅产业，在人才类型上侧重创业创新人员与乡村文旅带头人等，在人才支持上给予创业补贴、资金扶持或实施以奖代补政策。对于青年旅游人才给予特殊照顾，如对积极参与乡村文旅建设的高校毕业生给予一定的创新创业补贴。

在教育培训方面，多样化的教育培训组织形式起着举足轻重的作用。综合运用集中轮训、专题讲座、座谈会、线上教育、实践教学与多样化技能大赛等培育模式在产业人才培养过程中取得显著成效。集中轮训通过一系列有针对性的定期或不定期的系统培训，使得人才在短时间内得以提高素质、增强能力、拓宽视野。云南省加大各级“三农”干部队伍培训力度，县、乡两级每年分别对村干部进行全覆盖轮训，以“万名党员进党校”为载体分批轮训农村党员，这一形式在乡村旅游人才领域同样适用，选取一个或几个旅游技能培训主题，在一定时间内定期开展系列性集体交流，得以高效实现旅游技能在从业人员中的普及。专题讲座则通过邀请相关领域的专家讲解某一特定专题的相关知识和有关问题，并开展交流活动答疑解惑。西藏自治区类乌齐县各工作队依托县农牧（科技）、工青妇、司法、教育、宣传领域的服务型实用人才开展“五下乡”流动巡回服务活动，举办农村实用技术知识讲座等，为农牧民送技术送信息送服务。四川省甘孜州引进专家讲课，邀请州内农业、畜牧方面的专家到校讲课，为学员讲授当地农业发展现状、远景规划及涉农政策法规。在乡村旅游事业发展中需要较高专业知识的环节，可以通过邀请相关专家前往基层进行专题讲座，与乡村人才面对面进行交流、答疑，长期开展有利于潜移默化地提升乡村旅游人才了解计数、理念前沿情况，推动乡村旅游事业与时俱进地科学发展。经常举办座谈会也可促进参训学员加强交流、互相学习、取长补短、共同提高。辽宁省大力推行互动教学、案例教学和现场观摩教学等教学方式，开设农村创新创业带头人创业经验研讨课。随着信息技术的不断发展，线上教育成为教育培训的一种较为普遍的形式。甘肃省深入推进“互联网+职业技能培训”，提供充足的线上培训资源，扩大线上职业技能培训的覆盖面，为劳动者提供便捷高效的职业技能培训平台。青海省开发特色专业示范培训线上课程资源，着力培育一批中高级技工，提升劳务人员综合素质。广东省湛江市依托“数字化+”模式，启动农产品直播电商人才培训工程，包括开展十万直播电商人才培训，培养万名直播电商精英，培育百家直播电商全产业链先行企业，铸就十家电商直播龙头企业。对于乡村旅游而言，线上同样是一大重要的体验渠道，为旅游者提供初步的云旅游介绍等使其得以足不出户感受目的地风采，直观地提升乡村自然与人文风光吸引力。实践教学即到实际的工作环境去学习，农业的实践性较强，因而通过实践教学更能使受训者理解掌握并应用知识，也能在实际中及时发现问题并加以解决。天津市组织各农户家庭农场管理者前往蓟州区昱顺苑等三家不同类型的市级示范家庭农场进行实地参观考察，现场提问题、找差距，补短板，以此带动农户家庭农场向市级示范家庭农场的规范化发展。福建省开展“新农科”建设，推动新型农林人才培养模式改革，支持高校围绕农村创新创业带头人需求，构建校内实践教学基地与校外实习基地联动的实践教学平台。此外，还可以通过举办乡村人才技能比赛、农村创新创业项目创意大赛等活动，给农村人才提供展示平台，不断增强其综合实力与自主发展能力。西宁市举办创新创业大赛，选拔推介一批优秀创业创新项目和人才，塑造一批爱农业、懂技术、善经营的“三农”青年人才，吸引一批外出青年返乡就业创业，为乡村振兴建设注入新活力，营造农村良好的创业创新氛围。海南省大力组织开展职业技能竞赛活动，发现和选拔技能精湛的拔尖人才，推动职业技能培训标准建设，提升职业技能培训水平。乡村旅游领域可以在广泛范围内开展技能竞赛，不仅囊括乡村旅游从业者，还可联合高校院所共同探索未来乡村旅游发展新方向，在同专业知识型人才的沟通中，不仅有利于迸发乡村文旅建设新思路，还将潜移默化地激发基层从业者对乡村文旅发展道路的深层次思考。

此外，引入特色培养模式的有效性也在乡村振兴产业发展中得以印证。工作室模式通过导师带教和统一授课的方式精准开展培训活动。新疆维吾尔自治区奇台县农业高层次人才工作室在培训、学习机制方面实行点（导师带教）、面（统一培训、学习）相结合的模式。点——由工作室专业骨干人才作为指导老师，有针对性地对后备人才进行专业技术指导与培训，在导师带教模式下，后备人才有目标，带教导师有任务，实现个体有专长，整体同进步。面——由领衔人统一安排培训学习，培养工作室人员自我学习意识与实践方法，同时为工作室成员提供学习机会和发挥特长平台，通过不定期组织交流、座谈等活动，促进内部沟通及经验分享。此类精准培训形式对于乡村旅游推广具体发展方向，如观光农业、非遗传承等技能的培训意义重大。对于各细分产业的基本知识，可以采取统一培训的形式展开；当在具体时间实践练习过程，或遇到特异性难题困境时导师带教便是最好的解决方法，这不仅利于产业的发展，也有利于乡村与高校机构长期健康合作关系的保持。

乡村人才库的打造推动了乡村人力资源的高效运用，对乡村人才队伍的现状、结构及分布等情况进行统计梳理，并将乡村人才汇总纳入人才库中，完善人才评价和人才培养机制。乡村人才资源通过建立乡村人才资源库有利于整体性把握乡村人才队伍的概况，便于乡村人才的管理和培养。乡村人才资源需要拓宽渠道，统筹各方优质人才资源，注重人才引进和本地人才培养，不断提高人才库建设精准度，建设更具实践指导意义和影响力、传播力的乡村人才库，从而形成全社会关注、共同参与建设高质量乡村人才的浓厚氛围。

六、乡村振兴旅游开发中的人才振兴工作再思考

从当前乡村旅游人才振兴发展情况看，广泛存在高需求人才如文旅复合型人才、创新创业、青年人才等供需不平衡、人才流失多等问题，各地政府、基层组织通过深化推进中共中央办公厅、文化和旅游部等颁布的政策与行动规划，因地制宜地对人才引进、人才培养及双创环境等方面开展扶持和激励政策，并充分借鉴乡村振兴其他产业领域的人才发展方法，尤其是农业科技领域、乡村医疗和教育领域人才方法，如引入特色培养模式、建立人才信息服务平台、专项人才晋升渠道等，有望逐步提升人才工作技能水平及乡村工作热情。此外，在乡村人才工作推行与政策落实过程中，也呈现出一些具体方面的问题与较大的改进空间，例如，在培育带头人过程中对具体奖惩、考核等方面细化不够，基层部门应在传达上级政策精神基础上进一步结合自身情况细化落实举措，制定针对性强、重点突出、操作性好的带头人培育制度，保障机制能持续高效取得预期效果。此外，乡村基层领导干部的能力存在参差不齐的情况，有些领导干部在乡村建设中得过且过，对本职工作马虎应对，对群众诉求不当回事，存在“懒政”“躲政”的隐患；也有一些基层领导干部由于自身能力有限，不能很好地将上级政策因地制宜地应用在基层实际工作中，导致在乡村振兴战略实施过程中应变力不强，不利于实现乡村可持续发展。各地方应把握自身特点，因地制宜、有所侧重地贯彻落实振兴政策，通过充分发挥自有优势，发现、补齐薄弱短板，打造地方人才发展亮点。

应继续提升培育对象积极性与落地有效性。通过尝试采用积分制的形式，以不同的积分为标准提供乡村旅游产业发展方面的优惠，并参考培训对象在

未来乡村发展事业中的技能转化度，提供金融财政方面的奖励与补贴，将对培育积极性起到正向促进作用。此外，乡村从业者间的辐射带动作用也十分重要，通过建立新型职业农民 / 高素质农民协会，可以促进新老学员交流沟通，实现培训信息高度对称，还有望以更快的速度吸纳更多有潜力的乡村旅游从业者加入新型职业农民 / 高素质农民培养计划，不断提升自身技能水平，为乡村旅游建设贡献智慧。

重视发掘数字技术在乡村振兴与人才发展的多种应用形式。如数字经济能够通过数据挖掘、知识管理等技术植入知识服务、影视创作等现代化元素，促进对乡村文化的 IP 化打造。在此过程中可推动乡村旅游人才接触新形式的数字化文旅资源，以趣味性旅游资源推广需求倒逼乡村人才培养现代化技能。数字经济催生了乡村发展新模式，这在横向推动农业产业链延伸的同时，也促进了乡村复合型人才的培育。

强调旅游领域基层领导干部素养与能力提升。首先要加强政治素质的培训，通过加强服务意识、培育高尚品德、弘扬实干精神来提升基层领导干部责任感，从而充分发挥“领路人”的作用，主动挑起发展基层、发展农村的大梁，进而帮助群众脱贫，带领群众致富。其次要加强基层领导干部领导能力提升培训。通过培训提高其综合能力水平，有助于基层领导干部带领乡村旅游实现振兴。最后要大力提升基层领导干部专业技能和业务水平。只有提高专业技能，才能认识到本地特色旅游资源，开辟本地特色振兴之路。从方式上看，首先应向书本学习，不断提升专业素养，提高解决复杂问题的能力和水平。其次应向身边的老同事学习，向人民群众学习。通过组织基层领导干部到其他农村先进地区进行实地考察参观交流，吸取经验，取长补短，从而带领本地区人民脱贫致富，实现可持续发展。

提高乡村人才地位认知，树立良好发展氛围。地方各级组织要积极营造一种尊重人才、爱护人才、学习人才的良好氛围，通过传统媒体与新兴媒体等大众媒介广泛宣传乡村工作者的不可或缺性；定期开展畅谈慰问活动，及时了解人才工作生活所需，对人才的乡村服务予以精神认可与物质奖励，为其提供高度的群体与自我认同感，并使其体会到基层工作对于国家乡村振兴战略的意义之重大，从而扎根农村，尽展其能，为实施乡村振兴、建设美丽农村做出贡献。

差异化、针对性建立乡村旅游人才高效引进渠道。明确引进乡村旅游人才的重点对象，把乡村旅游产业发展急需的高层次的旅游企业管理人才、旅游技能服务人才、旅游特色专业人才等作为引进乡村旅游人才的重点对象，对其开通“绿色通道”，实施更加灵活的方式、更加简便的程序、更加优越的待遇。还可重视与社会企业、组织的合作，联合高级管理人员代理招募机构，获取高层管理人才和关键技术岗位人才重要资源，推动乡村旅游高层次人才的引进工作。

加强乡村旅游人才社会责任意识与情感认同的引导。对于多渠道引进的专业人才而言，在融入乡村旅游工作环境的过程中，应得到思想方面的归属感、认同感与强大的建设责任感。不仅要主动接受乡村环境的积极影响，主动接受文明乡风、淳朴民风、良好家风和优秀传统文化的熏陶，从心里接受和爱上乡村，还应主动识别乡村环境可能存在的消极影响，能够辨别出农村中封建迷信的落后思想，破除歪风陋习，教育引导村民形成文明的生活方式，推动形成昂扬向上的社会风气，积极引导健康乡村旅游氛围的形成。对于外来与在地乡村人才而言，内在的思想矛盾运动转化的过程十分重要，这是乡村人才对外来的思想观点、价值观点等内化与外化相结合的过程。一方面，要分别从理性和感性的角度来感受乡风文明，形成正确认识和深刻感情。另一方面，要将内在的思想认识、价值观念转化坚定意志和外在行为，既要弘扬文明乡风，又要同存在的落后风俗作斗争，在循环往复的矛盾运动过程中，推动乡风文明发展，提升乡村旅游目的地的精神文化吸引力。还应注重完善乡村旅游人才社会责任感形成的内在机制，人才健康发展需要从丰富社会责任经验和增进乡社会情感认同来完善社会责任感形成内在机制，由此提高其扎根乡村建设的社会责任感。要坚持理论与实践相结合，丰富乡村人才社会责任经验。富有深厚理论知识的乡村旅游人才，尤其是年轻的、缺乏高度社会阅历的青年人才，往往缺乏一定的社会责任经验，理论认识多，社会实践少，难以在短时间内形成对社会责任的深刻认知。因此，一方面，要多给予乡村人才在社会实践中锻炼的机会，从具体的旅游发展探索实践中认识到理论与实践的结合点，以此更好地将理论运用于实践。另一方面，青年人才要深刻认识到自身的局限性，加强与乡村在地人才的交流，积累更多的基层实践经验，加深对乡村基层旅游发展特性与现状的了解，便于专业知识在基层实践中实现科学合理的运用。社会情感认同是乡村旅游人才承担乡村振兴责任的情感基础，只有真正了解、深刻欣赏当地旅游资源的魅力，才能全身心地投入到目的地建设之中；缺乏情感认同会使得人才与乡村旅游环境之间产生距离。因此，乡村人才要摒弃刻板印象，避免纸上谈兵，真正走到田间地头，感受乡村的旅游特色和风土文化，将旅游知识理论与特色化发展现状充分结合，探索各类创新创业旅游项目、模式在当地发展的各种可能性。

各级旅游主管部门还应积极发挥部门职能优势，强化主体地位，加快编制乡村旅游产业人才队伍发展规划。在布局整体规划和设计顶层架构时，应坚持立足本省市乡村旅游产业发展，对乡村旅游人才队伍建设进行谋篇布局；重点对乡村旅游产业人才队伍建设策略进行再设计、再优化，紧紧围绕束缚和制约着各省市乡村旅游人才的关键问题，逐个突破；不忘统筹推进的原则，围绕乡村旅游的发展目标和发展格局，区别乡村旅游产业不同领域、不同业态、不同层级的人才工作，有针对性地进行分类研究、分类设计、分类指导，实现不同地区乡村旅游产业人才队伍的梯队建设。

参考文献：

［1］刘彦随．中国新时代城乡融合与乡村振兴［J］．地理学报，2018，73（4）：637-650.

［2］唐承财，秦珊，戴湘毅，等．文化和旅游视域下中国乡村振兴研究评述与展望［J］．地理科学进展，2023，42（8）：1437-1452.

［3］石培华，翟燕霞．改革开放以来的中国旅游业：演进历程、伟大成就及经验模式——基于 WSR 系统方法论视角［J］．西南民族大学学报（人文社会科学版），2022，43（1）：23-35.

［4］方鸣，丁家友，裴洋．文旅融合背景下的档案信息资源整合研究——以苏州市为

例［J］. 档案学通讯，2020（6）：54–60.

［5］宋子千，马晓芬. 国内文化和旅游融合发展模式及机制研究述评［J/OL］. 旅游论坛：1–10［2023–09–23］.

［6］江凌. 文旅新业态的生成机制、发展逻辑与高质量发展路径［J/OL］. 贵州师范大学学报（社会科学版）：1–17［2023–09–23］.

［7］周国华，龙花楼，林万龙，等. 新时代"三农"问题和乡村振兴的理论思考与实践发展［J］. 自然资源学报，2023，38（8）：1919–1940.

［8］宋子千. 从国家政策看文化和旅游的关系［J］. 旅游学刊，2019，34（4）：5–7.

［9］郑倩倩，唐承财，张瑛. 乡村文旅融合发展研究综述［J/OL］. 地理与地理信息科学：1–8［2023–08–31］.

［10］史玉丁，李建军. 乡村旅游多功能发展与农村可持续生计协同研究［J］. 旅游学刊，2018（2）：15–26.

［11］刘奇. 乡村旅游：中国农民的第三次创业［J］. 中国发展观察，2016（4）：43–46.

［12］孙九霞. 中国旅游发展笔谈——乡村旅游与乡村文化复兴［J］. 旅游学刊，2019（6）：1.

［13］陈志军，徐飞雄. 乡村旅游地旅游发展对乡村振兴的影响效应与机理——以关中地区为例［J］. 经济地理，2022，42（2）：231–240.

［14］李一格，吴上. 乡村旅游引导乡村振兴的机理阐释与典型模式比较［J］. 西北农林科技大学学报（社会科学版），2022，22（5）：82–90.

［15］徐虹，张行发. 乡村旅游社区新内源性发展：内在逻辑、多重困境与实践探索［J］. 现代经济探讨，2022（1）：114–123.

［16］刘颖洁，李若曦，李伯涵. 乡村振兴背景下旅游人才培养模式与路径探析［J］. 湖南包装，2023，38（2）：204–207.

［17］李卓，刘天军，郭占锋，等. 乡村走向全面振兴过程中的多元组织机制及其制度逻辑——基于陕西省袁家村的经验研究［J/OL］. 农业经济问题：1–14［2023–08–31］.

［18］《2021 世界旅游联盟——旅游助力乡村振兴案例》编写组，编.2021 世界旅游联盟——旅游助力乡村振兴案例［M］. 北京：中国旅游出版社，2021.

［19］史玉丁，李建军. 乡村旅游多功能发展与农村可持续生计协同研究［J］. 旅游学刊，2018，33（2）：15–26.

［20］赵雪情. 乡村旅游人才现状、需求与对策［J］. 人才资源开发，2020（3）：16–17.

［21］刘立红，刘增安，张素娟. 职业教育服务乡村旅游人才培养存在的问题与策

略［J］. 教育与职业，2021（23）：70–74.

［22］刘军，李庆婕，刘兴智. 旅游人才结构对区域旅游经济增长的效应研究［J］. 经济与管理评论，2018，34（6）：151–160.

［23］古恒宇，沈体雁. 中国高学历人才的空间演化特征及驱动因素［J］. 地理学报，2021，76（2）：326–340.

［24］李涛，李萍萍. 乡村振兴战略背景下乡村旅游人力资源开发研究——以句容市省四星级乡村旅游点为例［J］. 中国商论，2019（3）：82–83.

［25］蒲冠州，马志霞. 略论习近平青年人才思想及指导意义［J］. 思想理论教育导刊，2016（12）：25–28.

［26］中共海南省委　海南省人民政府关于印发《海南省中长期青年发展规划（2018—2025 年）》的通知. 海南省农业农村厅，2019–04–25.

［27］张强，张怀超，刘占芳. 乡村振兴：从衰落走向复兴的战略选择［J］. 经济与管理，2018，32（1）：6–11.

［28］农业农村部　国家发展改革委　教育部　科技部　财政部　人力资源社会保障部　自然资源部　退役军人部　银保监会关于深入实施农村创新创业带头人培育行动的意见. 中华人民共和国中央人民政府，2020–06–13.

［29］白长虹. 文旅融合背景下的行业人才培养——实践需求与理论议题［J］. 人民论坛·学术前沿，2019（11）：36–42.

［30］曲正，张广海. 乡村振兴背景下我国乡村旅游人才培养研究——以山东省为例［J］. 山西农业大学学报（社会科学版），2021，20（2）：51–58.

［31］朱丽，李伟，余伟. 乡村旅游高质量发展背景下返乡旅游就业吸引力提升策略研究［J］. 商展经济，2023（17）：124–128.

［32］张香港. 共同富裕视阈下乡村旅游人才支撑与培养机制研究——基于政府职能的视角［C］// 中国旅游研究院 .2022 中国旅游科学年会论文集：旅游人才建设与青年人才培养 .2022：7.

［33］左芬，郭璇瑄. 文旅融合背景下高职旅游人才培养与旅游产业融合发展研究［J］. 长春师范大学学报，2022，41（1）：162–167.

［34］林瑾. 乡村振兴背景下文旅人才培养改革探索［J］. 文化创新比较研究，2023，7（19）：133–138.

［35］张毅：就业形势总体改善 重点群体保障有力. 国家统计局，2021–01–01.

［36］任静，雷志佳，夏小华. 乡村人才流失的归因及其回流路径分析［J］. 云南农业大学学报（社会科学），2022，16（2）：45–51.

［37］中共中央办公厅　国务院办公厅印发《关于加快推进乡村人才振兴的意见》. 中华人民共和国中央人民政府，2021-2-23.

［38］关于印发《乡村工匠“双百双千”培育工程实施方案》的通知 . 国家乡村振兴局，2023-08-10.

［39］文化和旅游部办公厅　人力资源社会保障部办公厅　国家乡村振兴局综合司关于持续推动非遗工坊建设助力乡村振兴的通知 . 国家乡村振兴局，2021-12-17.

［40］中国非物质文化遗产传承人研修培训计划实施方案（2021—2025）. 文化和旅游部，2021-10-09.

［41］乡村文化和旅游带头人支持项目实施方案（2023-2025 年）. 中华人民共和国文化和旅游部，2023-06-06.

［42］2021 年度乡村文化和旅游能人开始推荐 . 中华人民共和国文化和旅游部，2021-08-10.

［43］黎娇，韦文杰 . 乡村旅游人才培养的创新模式研究［J］. 教育教学论坛，2020（27）：9-11.

［44］梁永国，谢战军，李少云，等 . 基于“专创融合”的旅游管理专业创新型人才培养模式研究［J］. 创新创业理论研究与实践，2023，6（13）：189-194.

［45］郝丹璞，徐姣 . 乡村振兴战略下旅游创新人才培养路径探析［J］. 农业与技术，2022，42（12）：148-151.

［46］董柯茵 . 乡村振兴中基层领导干部短板问题分析［J］. 学理论，2020（11）：42-44.

［47］王颜齐，孙楠 . 数字经济赋能乡村发展：脱贫攻坚成果同乡村振兴有效衔接的助推机制及路径［J］. 电子政务，2023（8）：120-132.

［48］王昕玥 . 乡村振兴战略背景下乡村人才培养的实践策略［J］. 农村实用技术，2020（9）：50-51.

［49］陈然，张圆刚，季磊磊，等 . 戏曲类非遗旅游地文化认同影响路径与组态研究——基于模糊集定性比较分析［J/OL］. 资源开发与市场：1-15［2023-09-23］.

Part 4

外来企业赋能乡村人文发展的典型案例分析

南开大学旅游与服务学院
焦　彦

在国家乡村振兴战略和脱贫攻坚的政策背景下，发展旅游已然成为改善民生、发展乡村经济的重要渠道，乡村也是众多都市人远离喧嚣、亲近自然和舒缓身心的绝佳选择，可见乡村旅游具有极高的市场潜力和投资价值。与此同时，乡村的建设和乡村旅游的开发需要大量资金，有时会存在政府无法给予足够的资金支持或乡村无法通过内部经营获取资金的情况。因此，出于对现实情况的考虑以及对长期投资价值和企业利润增长的目标需求，企业往往会介入乡村旅游场域，并占据主导位置，成为乡村旅游规划和实施的主体，本文选取三种极具代表性的企业参与模式进行案例研究：全面参与乡村旅游的华侨城"美丽乡村"模式，形成村中相对独立发展空间的乡伴文旅理想村模式，专注单一产业形态纵深发展的携程度假农庄模式。

一、华侨城"美丽乡村"模式

（一）华侨城与中廖村的基本概况

华侨城集团成立于 1985 年，是隶属于国务院国资委管理的大型国有中央企业，拥有旅游、房地产、通信电子三项均位居行业前列的核心业务。近年来，华侨城集团始终坚持立足国家发展大局、融入国家战略部署，一以贯之担当中央企业政治责任和社会责任，立足文化和旅游主业特长，充分发挥文旅运营和产城综合开发优势，结合帮扶地区实际，健全“六个迈向”定点帮扶长效机制，创新实践美丽乡村、美育帮扶、自然教育等特色帮扶模式，目前已经持续打造了数个行业内标杆项目，逐步形成了助力乡村振兴的“华侨城方案”。

“美丽乡村”系列项目是华侨城集团充分利用城市综合开发运营、新型城镇化、文博文创等多业务特长和全国布局优势，以及通过文旅融合赋能持续助力乡村振兴的重要实践。截至目前，华侨城已建设和运营近三十个特色小镇和美丽乡村项目，一批批美丽乡村在全国落地，如从籍籍无名到“全国乡村旅游重点村”的海南文门村，唤醒600年渔耕记忆的昆明呈贡乌龙古渔村以及将农业和康旅完美结合的四川南岸美村等。

其中，位于三亚的传统黎族村落是众多“美丽乡村”中的典型代表，是标杆示范项目。在开发中廖村过程中，华侨城深入挖掘、传承和创新优秀传统文化，深化文旅融合，在保留当地好水好景、尊重地域发展文化脉络的基础上，就地取材，避免大拆大建，通过对乡村民居的保护性修缮和创新性活化来传承在地文化，塑造文化IP，打造黎夫彩园、村上书屋等产业品牌，以及以“山水黎歌”为代表的乡村演艺品牌，最终以乡村旅游实现富民惠民。

（二）华侨城参与中廖村乡村旅游发展的方式

1. 政府牵线搭桥、积极引入

华侨城参与三亚中廖村乡村建设的发展得益于我国对创新乡村发展模式的探讨以及三亚市政府的引进扶持。在中廖村起步初期，为了改善营商环境，提高投资可能性，当地政府一方面科学编制规划，委托研究院精心编制《三亚市吉阳区中寥村美丽乡村建设规划》，将村庄具体划分为“五带五区”，另一方面完善公共服务配套和基础设施，投资用于村庄入口修建、主干道路面硬化、绿化景观提升、榕树广场的修缮、临时停车场和民俗休闲园修建以及黎族特色民居庭院的改造等。在政府两期工程的努力下，中廖村具备了一定的发展潜力，考虑到后期村庄发展的持续性，政府充分发挥引领作用引进华侨城参与当地的旅游开发，并牵线搭桥助力其与中廖村村委签订合作协议。自此，华侨城成为中廖村旅游开发的重要主体，获得当地的旅游开发权。与此同时，政府逐渐让渡发展主导权，更多是通过向村民提供补贴的形式来推动企业的开发。

2. 企业发挥优势、积极作为

在政府投资建设的基础之上，华侨城将市场理念应用于村庄发展，开始全方位投资参与到当地的旅游开发、营销、运营和治理中。华侨城按照景区模式建设中廖村，但和景区不一样，中廖村景区式的运营不会影响村民的正常生产生活，是建立在尊重村民生活习惯和民俗的基础上的。华侨城先后投入资金逾 5000 万元，对中廖村各类资源进行科学统一规划，整体布局，系统建设。一方面，华侨城深入发掘中廖村黎族文化元素，不仅提取黎族传统民族文化中大力神图腾视觉符号并对其形象进行创新性改造，结合海南特色文化打造出“大力神廖廖”“椰壳怪”“槟榔族”三大 IP 形象，而且据此衍生开发了一系列互动性强的文旅产品，将黎族图腾、竹篱笆、黎锦编织、黎族歌舞、黎族美食等黎族文化元素渗透进中廖村的多元旅游业态中，打造了黎乡田园、村上书屋、黎家小院、大榕树广场、南非叶茶坊、艾鲁工坊等文旅场所，建设了民宿、星空帐篷、游客中心等服务设施；另一方面，华侨城充分挖掘中廖村村庄特产，营造花海景观、推出“中廖黎物”品牌，包含中廖土鸡蛋、中廖山兰酒、中廖鸡、中廖鹅等系列产品。

3. 企业与村委、村民的合作

在此过程中，作为乡村旅游发展中的他组织主体，华侨城在深入参与时需要妥善处理和以本地村委以及村民为代表的自组织主体之间的关系。就村委而言，和村委的合作贯通整个旅游开发阶段，前期和村委签署了合作协议，并在村委的帮助下和部分村民达成了合作，在项目开发阶段，通过村委来协调处理和村民之间的一些矛盾以及加速项目的建设等，在后期的运营管理中，通过和村委共同制定了《中廖村自治章程》和《中廖村对违规建筑的处理办法》来参与到当地的治理中，共同推进中廖村美丽乡村的建设。

华侨城鼓励村民融入景区建设，以主人翁的姿态参与美丽乡村建设，真正享受到美丽乡村的发展成果。前期主要是以租金的形式向村民租赁土地或民宅用于改造酒店民宿、演艺书吧等配套设施以及花海景区的建设和瓜果蔬菜的种植。同时，通过聘请部分村民作为民宿的服务员、保洁员，免费开展村民旅游服务技能及民族歌舞培训，使培训后的村民就近上岗就业等方式拓宽与村民的合作。到旅游发展后期，华侨城鼓励村民将土地或民宅入股旅游项目，享受旅游项目未来持续收益。同时，由于企业项目的示范和旅游项目的日益成熟，村民会自主拓宽乡村旅游参与路径，一方面会售卖各种旅游纪念品和农产品土特产，另一方面会自主经营旅游业态如民宿、农家乐和采摘园等。

（三）华侨城“美丽乡村”模式对当地人文发展的影响

1. 人文发展效用

华侨城的参与在短期内可较为快速地缓解当地发展资金、人才缺乏等难题，促进文化、旅游资源的开发和结合，推动当地产业的发展，提高村民的就业和可支配收入，从而增强居民幸福感，村民不仅可以通过房产、土地租赁获得不菲的收入，还可以通过摆摊卖农特产品、在景区打工等方式获得长期稳定的收入。村民年人均收入从2016年的6800元，到2019年的12000元，再到2020年的20050元。

在华侨城的扶持下，中廖村逐步走入大众视野，市场知名度不断提高，游客来访量不断增加，当地村民也在旅游发展中提高了自己的服务技能和文明素质。综合来看，自2015年建设美丽乡村以来，中廖村曾获评“2016中国美丽休闲乡村”“第二批中国少数民族特色村寨”“第五届全国文明村”“海南省五星级美丽乡村”“海南省五椰级乡村旅游点”等荣誉称号，游客日接待量约500人。

2. 人文发展局限

人文发展是系统性和全方位的，尽管前期中廖村的发展取得了重大成效，但当地的乡村旅游发展依然面临着诸多人文挑战，尤其是在旅游开发后期。其一，由于企业在开发过程中的绝对主导和乡村社区的能力有限，村委会在此过程中角色定位有所缺失，缺乏参与机会，没有充分发挥自身在村民与旅游开发企业及上级政府部门之间的桥梁和纽带作用。村民在开发中的主体地位也并未得到足够尊重和重视，他们的能力增长较为有限，诉求也未得到完全满足，从而导致村民有限的话语权以及后期比较低的积极性和参与度，甚至出现满意度逐渐降低的现象。其二，政府在引进华侨城集团与中寥村村委会达成合作协议后，后期在一定程度上存在缺位情况。后期政府缺乏有效的引导和协调，这使得一方面村民的利益得不到有效保障，乡村的无形资源被企业以较低成本的形式开发利用，社区较难建立起对资源的正确认知和判断，另一方面村民和企业之间的矛盾和利益冲突无法得到有效解决，相关利益主体之间的权力和利益分配出现不均衡。其三，现有利益主体合作不足，同时缺乏新增利益主体。企业和村委以及村民的合作模式较为单一且基础，相关主体之间很难建立公平稳固的合作关系。

二、乡伴文旅“理想村”模式

（一）乡伴文旅与计家墩村的基本概况

乡伴文旅集团专注于精品乡村建设全程的服务运营，以高度专业化的设计研发能力、系统管理能力，完成新时代乡村的转型升级。

理想村项目是其核心业务，基于城市近郊乡村建设而成的多元化高交互文旅示范村。乡伴文旅通过改造村容村貌基础环境建设，打造当地特色运营空间，全面运营观光研学、品牌IP等一系列深层次文旅活动，用“理想村”的新模式为乡村赋能。截至目前，乡伴文旅已在全国建设了28个理想村。理想村是心怀“乡村情怀”的同好者的理想空间，乡伴文旅希望从平台层面打通各个环节，通过一系列措施为该群体提供一个可落地的场域，切实解决个体进入乡村所遇到的现实问题。理想村里，所有具有田园乡村梦的人都能在其中找到自己的诗与远方，想要开设民宿、手工坊、咖啡馆的经营者可以悠然自得，想要享受悠闲乡村生活的体验者也能怡然自乐。

昆山锦溪镇计家墩村是乡伴文旅理想村项目的代表案例。原来的计家墩虽有秀美的水乡风景，但特色并不突出，且村中几乎没有二、三产业，年轻人外出打工，“空心化”现象严重。2015年，锦溪镇政府选择与乡伴文旅集团合作。乡伴文旅在保留乡村原有肌理风貌的基础上，引入多家品牌民宿以及各类特色旅游休闲企业，形成以“民宿+”为特色的多旅游业态积聚的乡村旅游综合体。2019年至2020年，计家墩村共计接待游客20余万人次。2020年，“锦溪——计家墩理想村”突出重围，被评选为“中国美丽休闲乡村”。

（二）乡伴文旅参与计家墩村乡村旅游发展的方式

1. 政府牵线搭桥、积极引入

锦溪镇政府选择与乡伴文旅达成战略合作之后，政府负责牵线引导，提供财政支持；乡伴文旅切实紧扣政府需求，以专业的规划能力和乡建资源主导实施。基于政府的支持与放权，政企合作的模式快速推动了理想村各项措施的提出与落地，具体有确认村落整体规划、改善基础设施、厘清土地关系等。在理想村日渐成熟之后，当地政府牵头规划、出资出力，通过创设创客指导中心、建立与高校的合作关系、加强计家墩党建、规划艺术稻田等措施，进一步推动理想村的长远多元发展。

2. 企业打造乡村生活体验示范区

2015年，锦溪镇政府选择与乡伴文旅集团共同合作，对彼时的计家墩村进行改造升级。对于计家墩，乡伴文旅将改造升级的着力点置于吸纳更多乡村旅游参与者的平台建设，即“理想村”建设。乡伴文旅通过与政府合作，采取租赁村集体用地的方式，进行新乡村生活体验示范区的重塑、建设和运营。

经过专业科学的规划布局，在最大限度保留计家墩原始乡村特色的基础上，乡伴文旅对建筑风格、业态布局、容积率等方面都提出了明确的要求，在最大限度守护乡村肌理的基础上，通过打造特色民宿、做实环境基础、培育文明乡风，用现代手法“复原”乡村生活。乡伴文旅发挥乡村景观建设、乡村建筑设计的优势，打造民宿集群，通过首先引入乡伴自有民宿品牌“原舍”，快速建立起标杆，引入初始游客，形成市场影响力和网红效应，进而吸引了更多民宿品牌和多元创客，形成了民宿集群、特色餐饮、展览文化、手工体验等业态集聚的新乡村生活体验示范区。

乡伴文旅为这些外来的经营者与投资者提供了“一点接入”，以专业能力统筹负责外部环境的建设维护及交涉事项，使外来群体可以更好地落地自己的乡村情怀，在理想村中与志同道合的人共创共振，一起构成“乡村生活共创集群”。乡伴文旅在创设之初就制定了大家需共同遵守的新村约、新村规，达到培育乡村新文明、统一乡村文化观念的目的，这也能更好地帮助外来群体融入。

3. 企业与村委、村民的合作

乡伴文旅与计家墩村委的合作也推动了理想村项目的发展。村委代表村民与乡伴文旅进行商讨，牵引村民积极顺应企业的措施，协调“理想村”区域内村集体资源和村民资源的整合，最终形成了村企共创共建的合作机制。项目前期，企业和村委签订相关协议，由村委出面与村民沟通，以此帮助企业推动土地规划、建设民宿等措施；项目后期，村委通过督促村民遵守企业制定的村约村规、助力增设农业体验相关项目等举措，帮助实现计家墩理想村的兴盛与持续发展。

就村民而言，很多当地村民原本已搬离农村，或只在村中从事农业生产，乡伴文旅通过政府与村委对计家墩的闲置土地进行集中规划，使村民获得土地的租金收益；之后，企业又采取“公司＋农户”的模式，从以往分散的耕作方式变为当地村民统一耕种。除此之外，部分当地村民在企业带来的新业态中谋求职位，更有当地村民在政府与企业的积极引导下在本村创业，更深入地参与到理想村建设之中。

（三）乡伴文旅“理想村”对当地人文发展的影响

乡伴文旅运用更符合新时代理想乡村的软硬件引导、构建了一个新的乡村场域。在改善村貌与生态环境、提升村民收入、促进产业结构转型的同时，计家墩展示了新的乡村生活形态。该场域内的文化氛围、业态组合和项目特征势必对村民产生示范性，影响村民对乡村旅游的认知，提升村民的人文发展水平。乡伴文旅所创造的乡村场域，其所产生的市场吸引客观上为乡村其他业态与其他区域引流。除了主打“民宿＋”的旅游业之外，计家墩利用游客流量不断拓宽周边业态的产生与发展。计家墩以创客学堂不断吸纳引入青年力量，以举办农耕体验活动等形式补充业态空缺，推动农旅融合，以及进一步形成旅游、文创、手工业互补共生的多业态互补互促的局面，“乡村生活共创集群”已粗具雏形。

然而，该场域更多地吸纳的是怀抱乡村情怀梦想的外来组织或个体，主要由民宿业主、文创商户以及计家墩微民宿长租业主这三类人群组成。前两者通过政府与乡伴文旅联合打造出的平台进入村庄，在当地从事民宿、文创、餐饮、休闲等多元新业态，推动理想村进一步成为乡村旅游综合体。对于微民宿长租业主，该群体通过居住、耕种、观光等行为进一步体验乡村生活，享受田园生活。目前来看，理想村更多是属于这部分群体的理想村，而非当地村民的理想村。一方面，当地居民并不具备经营理想村新业态等相关专业知识，大部分群体从事着附加值不高的工作，对这一乡村旅游综合体的参与度相对较低。另一方面，这些具有乡村情怀的群体本身就是乡伴文旅所瞄准的目标群体，理想村模式是他们心目中的新时代乡村，但或许对于当地村民而言，这并不是他们心目中最佳的“理想”之村。如何进一步促进二者相融，构建大家心中共同的理想村，或许是这一模式可以继续提升的重要着力点。

三、携程“度假农庄”模式

（一）携程度假农庄陕西佛坪店的基本概况

携程成立于1999年，是集酒店预订、机票预订、旅游度假、旅游资讯服务于一体的一站式旅行平台，向用户提供全面的旅游产品、服务及差异化旅行内容。近年来，携程积极促进乡村文旅融合、产业振兴和乡民幸福。自2018年起，携程管理团队，通过数据研究，深度分析城乡差异、全民共富等话题，充分认识到推动乡村振兴的重要性。2021年，携程推出“乡村振兴五年行动”，计划通过五大乡村旅游赋能措施，全面推进乡村振兴战略，依托自身优势，推动协调发展，投入大量人才、技术和资金，以实际行动助力产业发展。

携程度假农庄项目是“乡村振兴五年行动”中的重要一环，旨在通过打造五星级度假农庄作为“样本”来为目的地补齐住宿短板，依托美丽乡村的自然生态、田园景观和民俗文化，把农业、非遗文化和旅游深度融合，以消费者品质体验为导向，以增加农民收入、拉动目的地经济为目标，加快乡村旅游高质量发展速度。携程计划到2025年规模化赋能100家乡村度假农庄，培养万名乡村发展人才。携程集团发布的《乡村旅游振兴白皮书（2022）》显示，携程已在全国11个省份布局21座农庄，助推目的地周边民宿产业“品、价、量”多方提升。

陕西省佛坪县位于秦岭和坐拥上百种野生动植物资源，随着高铁开通交通便捷，旅游业逐渐成为当地的支柱产业。尽管佛坪拥有丰富的旅游资源，由于缺乏品牌效应，佛坪作为旅游目的地热度一直以来并不算高，主要原因是旅游配套产业、基础设施等载体的欠缺。此外，还有文旅融合的深度不够、游客深度体验欠缺等限制因素。旅游业作为发展当地经济的一个良好手段，如何完善高端乡村民宿的配套，提高游客停留时间，带动过夜经济，也成为振兴当地乡村旅游的关键。2022年年初，携程团队经过多次实地考察、项目勘测、可行性调研、当地旅游潜力等综合评估后，决定将第三座自营携程度假农庄落地于佛坪县长角坝镇沙窝村。沙窝村毗邻国家4A级景区熊猫谷，区位优势明显，生态旅游资源丰富，已建成红军旧址、百亩花海、山茱萸生态观光园、冷水鱼现代农业观光园、亲水长廊、旅游服务中心等景点和基础设施，是“省级旅游度假区”秦岭佛坪国宝旅游度假区的重要链点之一，也是“全国乡村旅游重点村”“陕西省100处红色旅游地”、第三批“全国红色美丽村庄建设试点村”。佛坪总占地面积44.6亩，一期占地面积20亩，总投资5000万元，并于2022年12月正式开业。

（二）度假农庄落地佛坪的方式

1. 企业与政府通力合作

携程陕西佛坪度假农庄是首家由携程与地方政府共同投资建设的农庄，开启了政企合作的新“佛坪模式”。

在项目规划初期，携程与当地政府共同考察规划，并签订相关土地管理条约，避免了因土地产权问题而致使资产无法进行商业流转问题。当地政府还成立了“携程度假农庄佛坪项目专班”，来明确各部门的相关任务，打通配合。在项目建设中，为了将农庄打造成精品示范工程，当地政府积极协调解决水电路信等各项工作，确保项目的顺利推进。此外，在整个旅游景区的规划中，当地政府将农庄与周边的大熊猫基地、金丝猴基地作为整体进行了配套规划。

2. 企业打造一站式乡村度假体验

携程采用EPCOM模式开发度假农庄，即携程全程参与前期项目选址——设计—建设—投入市场运营，项目建成后携程集团进行10年的全程免费技术及运营指导，将所有净利润留给地方政府。

（1）农庄规划和硬件建设。携程以高端、团建式、家庭聚会、亲子出游和结伴出游人群为主要目标市场，结合当地的资源特色，以大熊猫等“秦岭四宝”为核心设计理念，以100亩红色花海革命田野与绿色、金色为三色基底，携程打造了红旅融合创新传承的乡村度假区域，集休闲、娱乐、观光、餐饮等于一体。项目占地面积44.6亩，一期占地面积20亩，总投资5000万元，建设了大熊猫竹鸣、朱鹮舞翼、羚牛花海等“秦岭四宝”元素的休闲度假屋20栋和综合服务岛、营地帐篷区、儿童活动区、休闲廊亭、景观雕塑等功能性区域。考虑到当地生态环境的保护需求，农庄采用装配式建筑，相较于传统土建，建造周期更短，产生的粉尘、建筑垃圾也很少，更为绿色环保。

（2）农庄特色活动设计。农庄硬件建设完成后，在餐饮与体验活动等配套服务方面，携程团队进行了因地制宜的延展。考虑到当地餐饮业目前在发展上也较为落后，农庄同步研发更高品质的餐饮服务，通过精心策划设计农庄的菜品亮点，提供特色的中西餐。针对不同类型的游客，设计丰富多样的周边玩乐产品以及农庄周边景区旅游线路安排，打造以农庄为中心，辐射周边区域的所有旅游产品的链条，例如，面向高端游客打造徒步线路；面向亲子市场设立熊猫相关的研学旅游线路，通过建立熊猫博物馆，开发研学基地，探索珍惜动物保护的延展性教育。同时，农庄也在因地制宜研发农文旅创新产品，通过探秘佛坪四宝、研学、农耕体验、露营等方式，将旅游产品进行串联，吸引客人在当地的二次消费和延长停留时间；对当地特色农产品做二次创新，比如，佛坪最出名的山茱萸，食药同源具有一定的食用价值，还有木耳、香菇等山珍，将它们重新设计包装，并利用携程旅物和携程商城的自有渠道和营销推广等方式，帮助售卖当地农产品。

（3）农庄日常运营管理。携程利用平台优势为度假农庄提供了完善的预订系统支持和营销支持，同时建立了一整套服务系统对农庄进行管理监督，充分保障高品质的住宿服务质量。

3. 企业与村委、村民的合作

度假农庄的开业，为当地村民提供了众多的就业机会，吸引村里的原住民参与乡村旅游及外出打工的村民回村就业，盘活了当地的劳动力。农庄运营过程中，优先录用当地居民，在当地县、乡、村领导的积极鼓励下，越来越多的村民成为农庄工作人员。

农庄还通过专业、系统培训帮助员工不断丰富自身技能。提高村民的民宿服务的专业水准，带动当地其他自营民宿口碑提高，带动当地住宿服务标准的提升。在携程度假农庄高品质标杆的带动下，当地的经营者看到了游客对高品质旅游体验的需求，也开始计划对自己经营的民宿进行改造升级，对本地的农家乐和民宿来说这不是一个冲击，而是一个机会。

随着高端乡村民宿落地，游客停留时间增加，佛坪村民也迎来了更多增收窗口。携程也通过农庄项目把种植业、养殖业、畜牧业等相关产业相结合，帮助村民进行农副产品的销售，带动从事其他产业的村民收入增长。

（三）携程度假农庄对当地人文发展的影响

1. 创造就业，带动经济增长

携程度假农庄通过吸纳当地村民就业，使得本地居民人均工资较当地原先工资水平有所上涨，也为本地年轻人留下来和返乡的选择，增加了一份经济上的吸引力。农庄附近的酒店民宿通过对标农庄高品质服务，完善不足之处，带动房价的整体提升，同时还带动了新高端民宿的成立，住宿业营业收入增长明显。由各项民俗文化体验活动带动的相关农业消费，也进一步助力农民增收，地方经济发展向好。截至2022年年底，佛坪全县共有民宿、酒店、农家乐等103家，其中，民宿44家，2022年全县民宿年营业收入达到1790万元。通过携程度假农庄的品牌效应，以及携程平台的引流，未来将会吸引更多企业进入到佛坪，引导更多民间资本参与到当地的乡村旅游，共同助力高质量发展。

2. 标杆示范，带动从业者经营理念提升

携程度假农庄充分挖掘乡村旅游资源禀赋，运用生态化和专业化的理念对乡村资源进行深度开发和整合，构建了一个既尊重乡村自然文化肌理，又适应当前市场高品质需求的乡村旅游产品样板，不仅让从业者看到了乡村旅游市场前沿的产品特点，也让他们看到了这种产品实实在在的市场价值。因此，在携程度假农庄高品质标杆的带动下，当地农家乐已经开始计划改造升级。一场民宿转型升级的热潮已经在沙窝村开启，沙窝以及佛坪正迎来更多增收的窗口。

3. 管理赋能，助力人才培养

首先，农庄通过专业、系统培训帮助员工不断丰富自身技能。提高村民参与民宿服务的专业水准，带动其他自营民宿口碑提高。在农庄雇员中女性员工占比达到70%，为乡村女性提供了更多就业机会和成长可能。其次，携程度假农庄通过向当地经营者传授成熟的管理概念和经营理念，全面提升了当地经营者的经营管理水平，实现当地民宿产业的服务质量升级和软实力提升。此外，企业有意识地培养村里的年轻人逐渐成为管理新业态的“乡村 CEO”，让他们在实践中逐渐接受现代的管理理念和培养技能，成功构建一套针对乡村旅游业人才发展的培养体系，有效避免乡村人才断档的问题。

四、典型案例比较分析

通过前述对三个不同典型案例的分析，我们发现，虽然企业选择介入乡村旅游建设的方式不同，但每一种方式事实上都回应了他们对现阶段乡村旅游建设所存在的制约性短板的共性认知，只是各企业自身优势资源的差别和商业思路的差异使其采取了不同的方式，并为乡村的人文发展带来了不完全一样的助力效果。

（一）企业围绕乡村发展旅游产业的短板助力乡村旅游

根据乡村旅游的发展需求，乡村旅游建设的主要内容可以被总结为基础设施建设、乡村物理环境和硬件设施的规划建设、乡村旅游经营项目的运营三个方面。从当前我国大部分乡村的情况来看，乡村自身能够投入乡村旅游建设的资源主要包括乡村自然田园景观、能够参加乡村旅游建设的体力劳动者和少数开展自主旅游经营活动的村民，这些资源加上国家乡村振兴背景下一系列基础设施建设的成果，乡村旅游的雏形在很多乡村已然形成：自然田园的物理景观有一点、乡土性的服务项目有一点、基础设施满足基本进入需求。但很显然，大部分资源是自然生长的，并未在乡村旅游发展的新需求下被专业地整理和开发，其资本价值并未被充分认知。因此如果只靠这些自有资源，乡村旅游的发展水平是非常受限的，并不能满足游客的乡村旅游需求，更不能满足以乡村旅游振兴乡村的目标要求。这样的发展能够给村民带来一定的收入增长、一定市场经营能力的提升，但改变程度和范围都是极其有限的，村民的资本结构并未有明显的改变。正是基于这样的现状，更具市场经营能力、资源整合能力的企业介入乡村旅游的发展。

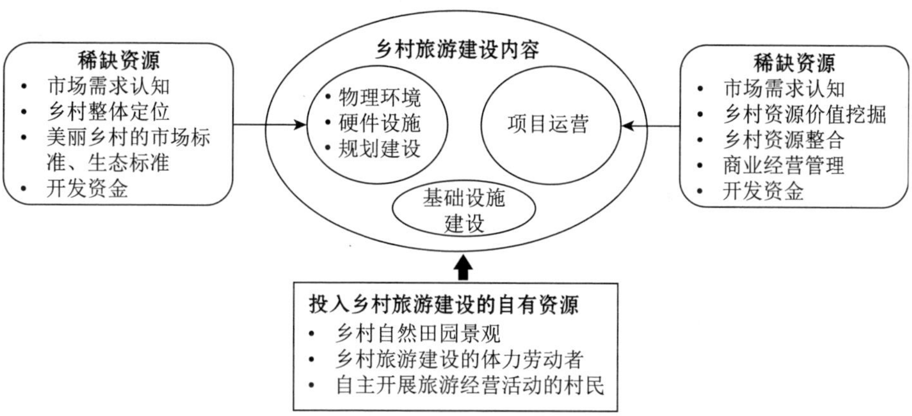

图 1　乡村旅游建设内容与乡村资源的匹配

资料来源：作者绘制

从本文研究的三个案例来看，华侨城、乡伴文旅、携程在介入乡村旅游发展时非常清楚目前乡村存在的短板：乡村不够美，乡村缺乏符合市场期待和乡土特色的物理环境、硬件设施；乡村不好玩，乡村缺乏有乡村特色的、满足不同层次游客需求的高质量休闲娱乐和接待项目。这些短板的存在事实上正说明目前乡村对一些资源的稀缺，三个案例企业的介入事实上是对这些稀缺资源的补充。

携程将高端市场的认知能力、乡村资源的旅游价值挖掘和产品转化能力、以度假项目为依托的资源整合能力、针对特定市场的经营管理和服务能力以及必要的开发资金带到了度假农庄，运营了一个符合市场期待、彰显当地特色和资源价值、体验活动丰富、经营管理专业的乡村民宿项目。乡伴文旅将乡村景观规划设计能力、乡村建筑设计能力、乡愁情怀群体需求和乡村旅游市场需求的认知能力及必要的开发资金带到了理想村，希望构建一个对多元创客和移居乡村生活的城市居民有吸引力的乡村场域。和携程、乡伴文旅不同，拥有更多元能力的华侨城参与乡村旅游建设更早、想要对乡村的改变也更大，不仅对乡村景观进行了重新规划和建设，而且规划运营了多元的乡村旅游项目，将中廖村的民族文化资源、本地土特产资源等转化成了旅游产品。虽然三个案例企业与当地政府的合作模式不同，但是争取政府政策支持和财政支持完善乡村基础设施建设、请政府及村集体出面协调解决乡村资源归属和使用的相关问题是各企业共同的诉求，这也成为他们在介入某个乡村旅游发展之前要慎重评估和明确的内容。

（二）企业助力乡村旅游的人文发展效应

如图 2 所示，企业助力乡村旅游发展，通过乡村基础设施建设和乡村景观建设可以直接改善村民的生活环境，这些建设工作和各种多元商业形态的出现也直接增加了村民在当地从事建筑、装修、景观维护、旅游服务等基础性工作的机会并由此带来收入的增加。同时企业助力乡村旅游势必在短时间内增加乡村的旅游吸引力、增加游客流量，这不仅会增加从事旅游经营的村民的收入，而且会吸引更多村民参与到一些简单的经营活动中。在企业助力乡村旅游的发展过程中，企业的资源和能力需要嫁接到村民或村集体本身的资源上发挥作用，村民因此获得了租金收入和权益收入等经济资本。

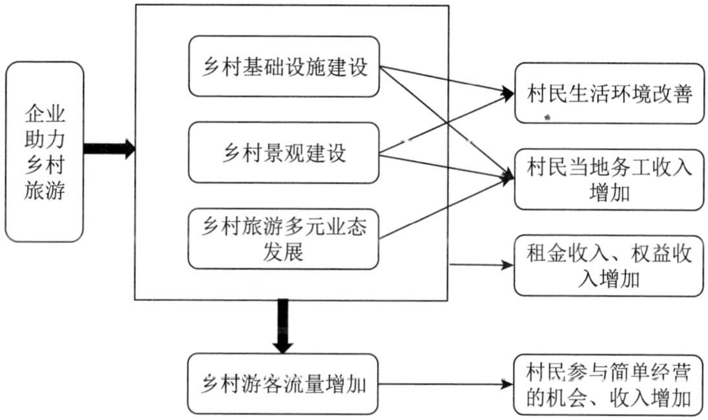

图 2　企业助力乡村旅游的直接效应

资料来源：作者绘制

不可否认，除了这些直接的、快速的人文发展效应，随着乡村旅游的持续发展，从长期来看，村民各方面的能力有可能在其中得到潜移默化的提升，但是，大部分情况下，这种提升是粗放的，是未被充分准备、设计和引导的。大部分企业快速从外部补足了乡村自身所稀缺的资源和能力，但是并未建立将这种资源和能力植入乡村、转变为乡村自有资本的机制，因此大部分情况下，虽然乡村旅游发展了，当地村民的收入也增加了，但是村民的潜能并未在这个过程中被激发，或者说只有很少的潜能被激发、获得很有限能力的提升。在本文所研究的三个案例中，华侨城的全面助力为中廖村的旅游发展建立了更好的发展基础，无论是乡村环境、田园景观还是乡村旅游项目业态布局都有较完整的架构，但是从村民所参与的内容来看，村民于其中发现更多商机、整合开发更多乡村资源的情况非常有限。从中廖村目前的旅游产品来看，在华侨城的帮助下“有没有”的问题已经解决，但“好不好”问题的解决显得乏力，明显受制于外部企业的战略布局和战术能力。同样，乡伴文旅本希望以新的乡村理念和硬件支持吸引更多新老村民参与乡村旅游，但从目前的情况来看，更多参与经营的都是外来组织或个体，而且乡伴文旅的理念和硬件支持并未能解决具体项目经营的问题，这就对当地村民参与提出了更大的挑战。相对来说，携程度假农庄虽然介入乡村旅游的空间范畴是最小的，他们主要围绕乡村的一个民宿项目运营做文章，但是他们在这个过程中明确了携程度假农庄要发挥的示范作用和培育当地村民成为更专业的经营者、服务者的使命，因此他们在乡村旅游项目运营实践的同时还建立了类似实践教学的培训机制，充分考虑到了对村民能力的提升问题。

（三）企业助力乡村旅游发展中的潜在矛盾

外来企业参与乡村旅游发展，让更多乡村实现了快速发展乡村旅游、提升乡村居住环境、增加旅游经济收入的机会，可以说外来企业发挥了非常重要的杠杆作用，以企业外部资源撬动了乡村自有资源，启动或加速了乡村旅游建设的进程。尽管企业之于乡村整体的作用是显而易见的，甚至有时是不可或缺的，但是对于单个村民来说，企业的作用并不一定能够被充分、客观地认知。虽然企业从工作要求角度对村民形成基础工作能力上的外部驱动，有的是原有能力的本地发挥，如建筑、种植、饲养等村民本就擅长的能力，有的是原有能力的新场景提升，如卫生清洁、接待服务能力等，通常来说，这些能力是村民日常生活中就很擅长的，只是在旅游场域下，会有一些新的要求，因此这种外驱有助于村民的收入增长，但对于村民的资本结构变化和能力提升是非常有限的，村民和企业的资本仍然处于不平衡状态，村民和企业的相对位置并未发生改变，这会让原本应处于主体和中心位置的村民感知到被边缘化的风险。尤其当村民认为企业利用自己掌握的经济资本享受乡村公共自然资源的红利，却并未为此支付符合市场价值的成本，或者认为企业利用资本优势与自己开展了不公平交易时，都会强化村民的被剥夺感。这些不愉快的感知都会直接促发村民与企业的矛盾。此外，企业的示范效应会影响村民的认知，企业发展乡村旅游的模式会影响村民对乡村旅游的认知，企业对乡村资源价值的态度会影响村民对乡村“自然资本”的态度，企业发展乡村旅游的过程中面对不同资源所进行的价值平衡会影响村民发展乡村旅游时的行为选择，当这种示范效应最终将企业和村民引入单纯的竞争关系时就可能引发双方的矛盾。

五、管理建议

（一）企业助力乡村旅游要落实乡村社区人文发展的终极目标

基于乡村社区人文发展的全面性和长久性，企业助力乡村发展旅游，不能仅仅满足于短期的收入增加和经济发展，需要有更深远的考量。一方面，要着重协调处理好与当地村委和村民之间的关系，重视村民的主体价值和效用发挥，创新和乡村社区的合作模式，将带有现代化和公平性的合作规则和制度引入乡村社区的组织参与中，切实保障村民的合理利益。另一方面，企业要注重参与和主导的转型，尤其是在后期的旅游开发中，企业应当充分发挥示范效应，采取措施鼓励当地的社区参与和引入新型的乡村他组织主体，激发不同组织的创新活力，从而强化当地的组织治理和联结度。最值得警惕和注意的是，企业主导可能会过度依赖以现代理念和文化知识为代表的文化资本，而村民由于其学历教育经历的欠缺，他们的民间智慧和乡土知识等文化资本并未被给予充分重视，村民的文化潜能被低估，未被激发，这使得村民主体在旅游开发过程中缺少文化话语权，同时村民自身存有的消极心理和观念仍影响着他们参与乡村旅游的态度以及积极心理资本的获得，乡村的开发亦会因缺少乡土性而陷入过度商业化和千篇一律的状态。因此，企业在乡村旅游开发过程中，不能只着眼于短期利益，要承担社会责任，树立回报社会、村民至上的态度，尊重乡村的原始生态和原真文化，落实有益于乡村和企业可持续发展的有效方式。

（二）政府要明确乡村旅游资源的价值和交易规则

1. 建立评估乡村旅游资源的标准

在中国式现代化的目标实现中，乡村的发展被置于重要的战略高度，乡村的资源越来越受到重视，乡村性是乡村旅游资源的重要特征呈现。在乡村中，乡村性主要体现为以聚落形态、自然环境、绿色田野及清新空气为代表的乡，以传统文化、地方习俗、地缘特质和一定仪式为代表的土，体现农事生产的历史、现状和场景及由其衍生出的生产文化和农业知识的农。表现乡土农特色的资源均可以在旅游开发中得到利用，因此，地方政府需要明确新时代背景下乡村不同于城市的特色和旅游资源的内涵和价值，尤其是无形的潜在价值，重视乡村生产资源和吸引物权属的多重复杂性，建立合理的旅游资源评价体系和标准，有机结合乡村旅游资源的现实力、影响力和潜力，充分考虑旅游资源的开发条件和与其他产业的融合发展。

2. 建立乡村资源与不同资本交换的基本规则

由于乡村发展基础的薄弱性和地方人才建设的缺乏性等现实因素的影响，乡村的发展和资源的开发需要开展多元主体的合作。当下很多村集体作为乡村资源的所有者并不清楚乡村资源参与市场交换的资本价值，这就需要地方政府根据地方经济发展水平和乡村资源特色制定交换规则、明确交换原则。就村民而言，需要和当地村民明确乡村旅游资源的所有权、使用权以及利益分配权，明确资源要素的权属界定，保障村民的合法收益；就以企业为代表的外来营利组织而言，需要明确旅游资源开发的责任主体，结合在地乡村资源的价值评价和平等公开的市场规则，合理分配企业的权力和责任，避免出现干涉过多和以低成本享用乡村资源的问题。随着乡村旅游资源的深入开发，参与到乡村的资本会逐渐多元，地方政府要充分发挥优势，提高相关工作的统筹力。

（三）政府的政策补贴要与人文发展贡献挂钩

人文可持续是乡村旅游发展的软实力、硬支撑和终极目的，人文资源的开发、人文环境的优化及人文生态的改善是乡村开发利用的基本重点和关键原则。地方政策的发布要始终贯彻人文发展原则，具体而言，在引进外来企业前期，要对其参与动机、社会背景和企业作为有所考察，不仅要重视其资本优势，同时也要兼顾企业的社会责任；在发展中期，政策要充分发挥引导功能和监管责任，鼓励企业对当地人力资源的利用和促进基础设施建设、公共服务保障等社会民生的改善，政策要体现出公平性，可以较好地协调外来企业和本地组织及个人之间的关系；在发展后期，政策要建立合理的评价考核体系，对人文发展有一定的侧重，基于企业在乡村旅游发展中的人文发展贡献给予政策补贴和社会荣誉，充分发挥政策的鼓励作用和组织的示范作用。

参考文献：

[1] 韩建成，朱洪妮.华侨城集团：潮涌长三角 奋进新征程 [J].企业文明，2023(1)：13-15.

[2] 徐绍玲.基于利益相关者理论的中国乡村旅游发展模式研究——成都"农家乐"与三亚中廖村的比较分析 [J].商业经济，2020(8)：93-96.

[3] 杨轶华，祁晓民.公共协商：企业参与农村社会福利供给的路径探索与共同富裕——基于吉林省白山市某案例的实证研究 [J].北京行政学院学报，2022(2)：110-12.

[4] 中青旅携手IDG红杉投资乡伴 解密乡村文旅"理想村"模式 [EB/OL].https://baijiahao.baidu.com/s?id=1597006101137143373&wfr=spider&for=pc，2018.

[5] 乡伴文旅：三次升级践行乡村振兴初心使命 [EB/OL].https://baijiahao.baidu.com/s?id=1744990520440923588&wfr=spider&for=pc，2022.

[6] 我们村这十年丨从空心村到"理想村" [EB/OL].https://baijiahao.baidu.com/s?id=1745148220078497770&wfr=spider&for=pc，2022.

[7] 昆山计家墩：乡村振兴下的理想村 [EB/OL].https://baijiahao.baidu.com/s?id=1714833662279176629&wfr=spider&for=pc，2021.

[8] 刘绍文.田园综合体多元主体治理研究 [D].华东政法大学，2020.

[9] 朱胜萱，郑光强，卫宏健，张晴晴.计家墩理想村：文旅视角下的乡村振兴实践 [J].风景园林，2018，25(5)：54-59.

[10] 乡村旅游振兴白皮书(2022) [EB/OL].https://www.traveldaily.cn/article/170008.

[11] 乡村旅游热度提升349% 携程与乡村笔记推出独家乡村游学项目 [EB/OL].https://cs.com.cn/xwzx/msxf/202104/t20210416_6158208.html.

[12] 乡村旅游需求恢复至疫情前九成携程将赋能日光旅文"百村振兴计划" [EB/OL].https://baijiahao.baidu.com/s?id=1752156680714484764&wfr=spider&for=pc.

[13] 陕西首家携程度假农庄动工，落地"熊猫县"佛坪 [EB/OL].https://new.qq.com/rain/a/20220620A0C2AU00.

[14] 携程集团第三座公益性质度假农庄落地陕西佛坪 [EB/OL].https://new.qq.com/rain/a/20221212A07S8V00.

[15] 韦夏怡.唤醒"沉睡"的旅游资源 [N].经济参考报，2022-07-08(008).

[16] 携程：积极践行"共同富裕""全身心"帮扶地方经济 [J].中外企业文化，

2021，625（12）：13–14.

［17］携程 CEO 孙洁：乡村旅游振兴女性顶起不止半边天［EB/OL］.https：//baijiahao.baidu.com/s?id=1726875179639798056&wfr=spider&for=pc.

Part 5

基于乡村美学价值挖掘的旅游空间品质提升研究

——以蔡家坡村艺术节为例

南开大学旅游与服务学院

杨德进　张婉芸　陈佩瑶

乡村是满足人们美好生活向往的承载区，是美学消费场景营造的理想载体，也是文旅高质量发展的空间依托。从美学价值挖掘角度出发，对乡村进行升级更新，为打造高品质乡村文旅空间提供新的方法与策略，已成为当前乡村建设的重要任务和趋势。从我国乡村美学价值深度分析入手，聚焦艺术介入乡村建设实践的现象，以艺术节介入蔡家坡村为具体案例，深入研究乡村旅游空间品质的提升问题，对当前乡村旅游高质量发展具有重要的现实意义。

一、乡村美学价值与艺术乡建活动

（一）乡村价值取向与乡村之美

乡村是“生命、生存、生产、生活、生态”融汇一体的复合体，携带着中华民族五千年文明基因，延伸出了多元化的价值取向。乡村在价值取向上一般呈现出丰富的人居价值、经济价值、生态价值、社会价值、文化价值、美学价值、情感价值，具有多重现实意义。理想而隐逸的人居环境令人向往，农业生产的经济功能不断增强，优美的生态环境体现着人与自然的和谐共生，乡村建设的治理已成为和谐社会的形成之核，乡土文化和农耕精神凝聚了乡村之魂，乡村大地的融合环境之内外气韵展现出了独特的美学意境，深切思念家乡的忧伤的心情化作“乡愁”是一种对家乡眷恋的情感状态。未来乡村发展的价值取向将更加遵循人本化、田园化、生态化、数智化、共享化、现代化、情感化的方位，实现乡村价值内涵的不断传承、迭代与发展。乡村之美是一种状态，也是一种生产力，对乡村旅游发展起到越来越大的内在驱动作用，正成为乡村文旅融合和高质量发展的“引擎”。乡村“美”的本质是自然之美、地域之美和朴质之美，是人工与自然的和谐美、传统与现代的融合美、朴质与精致的细节美，在人们日益改变的消费需求下，乡村建设逐渐从基础的功能性提升转变到了审美需求的提升层面。以美学塑乡景、以美学展乡韵、以美学唤乡情，驱动着乡村振兴新实践，展示着乡村生态美、生产美、生活美的繁荣图景，给游客带来美的深度体验，推动乡村旅游高质量发展。突出乡村美学价值不仅是要让乡村变得“好看”，更要让乡村变得“耐看”，从而达到“形神兼备”的审美意象境界，让市民游客被“美”吸引、为“美”驻足。

（二）乡村美学概念与美学价值分析

乡村美学是美学学科体系的一个分支，在乡村生产生活实践中产生和发展起来的，是人类关于乡村美、乡村美感、乡村美的创造、乡村美育规律及乡村美学经济研究的一种新兴的美学门类；乡村美学不是形而上的艺术美学，而是一种与乡村生产生活方式相适应的存在，区别于城市的喧嚣，以恬静、原真的情感与生活在乡村中平静的存在。当代乡村美学的基本内涵包括了经济、环境、社会三个层面，具体可以归纳为村落美、产业美、景观美、文化美，从生命、亲情、生活等最本质的情感出发认识乡村的美学价值，将乡村视作一种美学的存在。如今村庄不只是一个物质世界，也是一个意义世界；不仅象征一个与城市空间相异的生活空间，也意味着一种生活方式和价值选择。乡村美学价值，可以概况为六个方面（如图 1 所示）：一是乡村因生命、生态、生活而凝聚的生境美学价值，乡村多样化动植物所构成的生态系统与人类生活所呈现出的繁荣景象，构筑了丰富的生境体验美学环境。二是乡村村落、建筑和景观构成的形态美学价值，形成了时空穿越的原真性美学环境。三是乡村文学、诗画、故事、艺术所积淀的文艺美学价值，让我们能够走进乡村的精神世界，形成底蕴深厚的美学环境。四是乡村质朴的感染、人情的共鸣和场景的诗意美学价值，质朴的乡村风格、共情的乡里乡亲、诗意的乡村场景、农耕和手艺人制品凝聚的文化之美，形成了情感交互的美学环境。五是乡村物产、物品与物料的丰物美学价值，从土特产到非遗、从用品到美食，乡村之物品、物料形成了独特的物质美学价值。六是乡村文化活动、民俗表演、艺术节等节事节庆展现出了活力的美学价值，形成了独特的民俗风情美学价值。

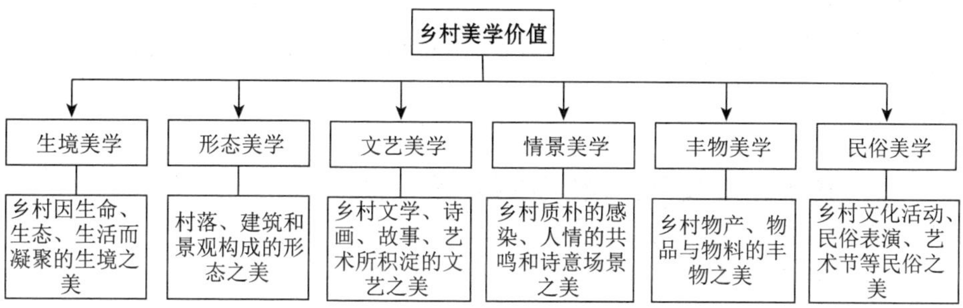

图 1　乡村美学价值分析

（三）乡村美学指导的艺术乡建

乡村美学是研究乡村美以及人对乡村的审美和创造的一个新的视域，乡村美学概念的提出为艺术乡建和乡村振兴找到了可以归依的理论基础。2022年，无锡在中国农民丰收节江苏省活动期间发布了《无锡市乡村建设美学导则》，由清华大学与无锡市农业农村局联合编制，创新性地提出了“乡村美学”概念，明确要以“美”为线索统筹考虑乡村规划设计、经济发展和精神文明建设，避免乡村建设出现碎片化、同质化、重物轻人等问题，形成了乡村美学指导艺术乡建的基本依据。乡村美学指导下，随着乡村振兴战略全面实施，广大美术工作者、设计师、建筑师共赴田野，以艺术助力乡村振兴，探索出许多富有创新性、艺术性、可持续性的乡建路径。美术工作者、艺术家和设计师，在感知乡村生活、挖掘乡土文化、调研乡村发展、考虑村民诉求的多重思维下，遵循乡村美学原则和理念，联合当地政府、村民和创新创业主体，有组织、有计划、有步骤地推进乡村建设，以此实现乡村美学价值创造性转化、创新性发展。在广西壮族自治区桂林市阳朔县，设计师将老糖厂改造为集自然、工业、建筑、历史之美于一体的艺术主题酒店并实施艺术家驻地计划，让当地人气越来越旺；河南省修武县利用农村闲置空间，打造出一批村级乡村美学综合体，并以该综合体为依托，开展社会服务和旅游接待；浙江天台的灵溪村，依托非遗资源发展艺术乡建，打造出集“逛千年古村，练奚家长拳，闹状元游街，吃三尺垂面”为一体的特色乡村度假体验地；在山西太行山脚下的许村，靠着艺术家的想象力和激情投入，修复老房子、操办许村国际艺术节、开办国际艺术公社，制造了一个又一个打破日常壁垒的境遇和奇观，使得当地乡民和络绎而来的中外艺术家互相赞叹和欣赏。

二、艺术介入乡村实践的相关研究进展

艺术介入乡村的实践最早出现在西方发达国家，随着实践的进展逐渐引发学术研究者的注意，兴起了艺术介入对乡村社区的影响、介入局限等议题的综合研究。在社区影响方面，相关研究和实践已经证实艺术作为有价值的资源能够带动农村地区的可持续发展，在经济、文化与社会等各方面都产生了积极影响。经济层面，艺术实践为乡村引入了外部的发展资金、拓宽了乡村经济发展的路径、扩大了乡村产品与服务的辐射范围；文化层面，艺术实践被认为能够丰富乡村社区的文化生活，激发农民生活中的创造力，地方特色文化在雕塑、表演和摄影等不同形式的实践中被激活；社会层面，艺术实践正向影响着社区协作网络的建立、推进社区内外的包容与互动并强化乡村居民的地方感和社区认同感。在介入局限方面，有学者提出，乡村已有的创意产业政策几乎完全专注于城市作为创意产业发展的场所，忽视了有关政策与乡村发展特点的匹配问题，致使已有政策无法解决乡村创意产业面临的特

殊问题；也有研究表明，在吸引人才方面，管理人才不会因经济利益或职业发展而被吸引到乡村地区，这意味着艺术介入乡村可能面临对外来管理人才吸引力不足的问题；此外，治理和资助当局的持续支持，也是艺术实践活动得以长期维持的关键力量和影响因素。

近年来，伴随着中国城乡格局由乡土中国向城乡中国加速演变，长期沉寂的乡村开始重新走入人们的视线，乡土美学与农业精神得到了重新审视与重视，一批怀揣乡村田园梦的有志之士重新进入乡村，通过艺术创作实践在乡村这片沃土上实践其对艺术和生活的理解。从关系视角出发，艺术介入乡村的实践被定义为以艺术为载体，重建人与人、与自然、与神之间的关联，探索城乡建设和社区营造新路径的实践。艺术介入通过修复乡村的礼俗秩序和伦理精神，激发实践主体的参与感和主观能动性，从而推进乡村价值的回归和乡愁中敬畏与温暖情感的绵续。因而，在国内，艺术介入被认为是乡村建设的第三种路径，受到了艺术学、社会学、人类学、地理学等学科学者的广泛关注，艺术介入乡村的中国研究正在兴起。研究内容涉及艺术介入乡村的概念界定、效益分析、发展模式、实践经验总结、现状问题和对策建议等方面。

国内的艺术介入乡村，是在乡愁情怀和“礼失而求诸野”的文化理想驱动下，艺术家、设计师、学院团体等艺术个体或团体将创作目光由城市的博物馆或展览馆转向乡村的广袤大地，与政府和社会资本共同以“介入、修复、振兴、拯救、活化”之名在乡村开展的各类艺术实践，因艺术的社会性、自律性等特性，艺术介入具有政策背景战略性、参与主体多元性和效益多级性等属性，发挥着实现乡村景观重构、综合经济效益、社区营造治理、地方文化传承与促进村民参与和集体认同等作用。不同于 20 世纪二三十年代以社会改造、文化转型为目标的乡村运动和 21 世纪初以“致富”“小康”为社会理想的新农村建设，“艺术介入”被认为是一种更“温和的”内生型乡村建设方式，艺术在其中起着触媒的作用。根据推动主体的不同，有学者将艺术介入乡村建设的模式划分为艺术家模式、艺术节模式和艺术村模式，三种模式互为基础并相互成就，也有学者将其划分为艺术家主导型和资本主导型，两种模式在不同层级的效益发挥上具有显著不同；此外，根据艺术介入乡村建设程度的由浅到深，有研究将其逐级划分为艺术导入、艺术介入和艺术合作模式。在艺术介入乡村的实践中，处理好艺术与乡村、艺术与乡村生活和艺术与乡民之间的关系被认为是艺术介入乡村实践成功与否的关键，否则将会造成艺术发展与乡村本土生活脱节，乡民被排除于艺术发展之外、乡村建设同质化、样板化等问题，对乡村及其可持续发展带来不可逆的伤害。对此，艺术与当地自然和人文环境融合、促进当地村民的主动参与和交流互动，避免艺术以强制性、启蒙式和学习借鉴式的姿态介入乡村等策略，是已被学者和实践者证实的可能解决方案。

综上所述，艺术介入乡村的国外研究侧重以案例研究的方法从微观某一特定视角出发，以小见大地深度剖析了艺术实践对乡村发展的作用机制与影响。而国内艺术介入乡村研究起步于地方实践者的工作语录，目前尚处于研究的初级阶段，相关研究主要集中在对艺术介入乡村实践案例的经验描述和问题反思，理论层面的研究显著落后于地方的实践发展。艺术介入与乡村旅游发展间的关系、艺术介入乡村的特性、介入模式、过程机理、作用规律及其影响效应等尚缺乏学理层面的深入研究，艺术介入乡村的复杂现象和问题亟待理论的支撑与阐释。理论与实践领域的相关研究普遍将艺术节视为艺术集中表达与展示的一种形式，是艺术介入乡村复兴、推动乡村振兴的干预手段。本研究将以艺术节介入乡村旅游为切入点，期望通过探究艺术节介入乡村旅游的过程、规律与特征，为艺术介入乡村研究的深化提供思路启发。

聚焦到艺术节与乡村旅游的关系探讨，陈锐等（2016）以日本濑户内海艺术祭为研究对象，提出艺术介入是乡村复兴的局部干预手段，并提出艺术介入型乡村复兴机制的核心内容在于艺术文化的柔性介入和治理主体的多元参与；任亚鹏等（2018）提出，日本“大地艺术节—越后妻有艺术三年展”是以艺术为纽带，探讨和解决了城市化进程中乡村振兴的诸多社会问题，以产业旅游带动了区域经济的振兴；李志强等（2019）提出，用“艺术”或其他方式进行乡村振兴将成为乡村建设的有力手段之一，对乡村构建与推广具有重要价值；李大伟等（2022）提出，日本新潟县越后妻有的大地艺术节以公共艺术为纽带，有效解决了城市化进程中乡村衰落危机，推进了乡村文化认同、带动了乡村文旅产业的发展、促进了乡村人才引进并有效保护了乡村的原真性，成功推动了当地乡村振兴。上述研究表明，艺术节是艺术集中表达与展示的一种形式，是艺术介入乡村复兴、推动乡村振兴的干预手段。

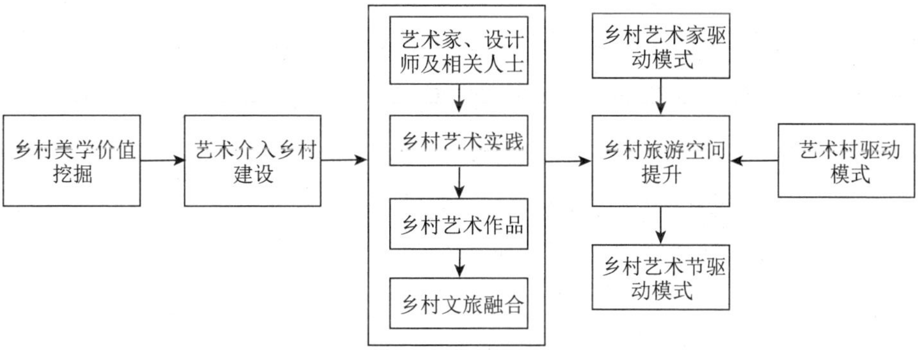

图 2　国内外艺术介入乡村实践的基本逻辑

三、艺术节介入蔡家坡村阶段与过程分析

（一）蔡家坡村发展现状分析

蔡家坡村位于陕西省西安市鄠邑区石井街道，地处秦岭北麓半山区，距西安市城区 30 千米，距咸阳市城区 25 千米。全村 10 个村民小组，1056 户，3910 人，全村总面积 8800 亩，其中平原耕地 3708 亩，主要种植葡萄、猕猴桃等经济作物。村内有东部将军山驿、南部金龙峡风景区两个旅游胜地，西安环山公路横贯东西，曲峪、谭峪两条河流穿村北流，区位优越、风景宜人、自然与人文资源丰厚。2018 年，西安美术学院实验艺术系主任武小川带领学生做关于关中民风民俗的调研时，被蔡家坡村的秀丽风景、丰厚的人文资源和优越的地理位置所吸引，产生了让艺术与乡村联系、让村民与艺术结合、在乡村的麦田中举办艺术节的构想。随即，艺术家、政府、艺术院校、社会机构等多方主体一起，以艺术的方式打开蔡家坡村发展振兴的新思路，为蔡家坡村注入新的生机与发展动力。如今，“关中忙罢艺术节”已成为鄠邑区最具特色和影响力的文化旅游 IP，以“艺术项目 +”的模式带动蔡家坡村及其

周边村落民宿、餐饮、有机农产品等全产业的提升发展。

以“关中忙罢艺术节”的举办为契机，蔡家坡村坚定不移地走文艺赋能乡村振兴道路，高品质打造乡村文艺游产业发展体系，大力推进“艺术项目＋民宿＋餐饮＋有机农产品＋忙罢衍生品”等乡村艺术游的全产业融合，蔡家坡村内人居环境风貌得到了显著提升，公共基础设施得到不断完善，文化娱乐旅游设施逐步齐全，相继获得了“陕西省美丽宜居乡村”“陕西省乡村旅游示范村”“全国乡村旅游重点村”等荣誉称号。至2022年年底，蔡家坡村已成功举办4届“关中忙罢艺术节”，相继举办了“世界乡村电影放映季”“麦田艺术展”“麦田交响之夜”“忙罢艺术节庆典晚会”“麦田戏剧之夜”“麦田秦声之夜”“蔡家坡村晚”等系列文化艺术活动，获得了新华社、《人民日报》、中央电视台等中省市媒体报道160余次，荣登2023年中央电视台春晚封面，入选国家“基层公共文化服务高质量发展典型案例”、第一批全国“一县一品”特色文化艺术典型案例，已成为鄠邑区最具特色、最有影响力的文化旅游IP和鄠邑区建设“诗画鄠邑，品质新区”的有力抓手，是艺术带动乡村产业振兴、文化振兴的典范，受到了省内外社会各界的广泛关注和高度肯定。

（二）艺术介入蔡家坡村的阶段划分

蔡家坡村旅游发展自20世纪末开始，除将军山古镇在2016—2018年的昙花一现外，在艺术节介入前村落的旅游发展一直处于不温不火的状态，直至2018年第一届关中忙罢艺术节的举办，蔡家坡村乡村旅游迎来了新的发展曙光，随后5年4届的艺术节举办成功打响了蔡家坡乡村旅游的知名度，蔡家坡一度被评为全国旅游重点村和陕西省乡村旅游示范村，村落旅游空间在艺术节介入的这段时期发生了翻天覆地的变化，其大气舒适的村落布局、美丽整洁的村落环境、充满艺术气息的景观小品登上了2023年央视春晚的舞台，成为全国艺术介入乡村的典型案例。综上所述，蔡家坡村在关中忙罢艺术节赋能下的“草根”发展历程、内含其间的多元社会关系及其发展所带来的多维度影响使其成为研究艺术节介入乡村旅游空间生产历程及其特征与影响的典型对象。按照第一届关中忙罢艺术节开始筹办、鄠邑区区委区政府以主办方身份正式主导蔡家坡关中忙罢艺术节的筹办和举办为时间节点，将艺术节介入下的蔡家坡村旅游空间演变分为艺术节介入前（即2018年以前，对应关中传统村落的自然发育阶段）、艺术节介入初期（即2018—2020年，对应艺术家自发组织阶段）和艺术节介入后期（即2020年至今，对应乡村旅游与文化创意产业融合发展阶段）三个阶段。

（三）艺术介入蔡家坡村的阶段性特征分析

艺术节介入前的阶段乡村旅游空间特点：基于旅游从业和农业生产生活而构建。艺术节介入前，在周边将军山古镇和金龙峡风景区的带动下，蔡家坡村乡村旅游有所发展，主要方式是村民返乡受雇于两个景点的经营企业，从事保洁、服务员、保安等旅游服务工作和作为经营主体租用景点内场地经营小吃摊。蔡家坡村的村落空间基本为传统的、自然的农业生产生活空间，将军山古镇的“昙花一现”和金龙峡风景区的“独自美丽”并没有对蔡家坡村落空间带来显著影响，空间演进的主要动力为地方传统习惯和现代化与城市化的冲击，围绕农业生产生活构建、随着现代化进程发生微弱变迁是这一时期蔡家坡村空间发展的主要基调。

艺术节介入初期阶段的乡村旅游空间特点：开启了由传统乡村空间向文化艺术空间变迁的新章程。2018年，西安美术学院实验艺术系主任武小川老师带领学生来到蔡家坡村，被蔡家坡村的秀丽风光、开阔地势、背靠巍峨秦岭、南山与麦田相连等优美的自然景象和当地淳朴厚重的民风民俗所吸引，产生了将艺术与乡村联系、让群众与艺术结合的想法。在忙罢艺术节举办的推动下，蔡家坡村的实体空间开始了大范围的艺术化改造，蔡家坡村被注入“艺术”的新鲜血液，开启了由传统乡村空间向文化艺术空间变迁的新章程。

艺术节介入后期阶段的乡村旅游空间特点：全面景观化和艺术化促进乡村振兴。第三届艺术节在参与主体、辐射范围、影响力、目标战略等方面都与前两届有着明显差异，政府自上而下的主导和大力支持为蔡家坡村投入和吸引大量的资本、人才，以打造“文化艺术村”为目标迅速集聚展开对蔡家坡乡村旅游空间的全面提升工作，乡村旅游空间的文化艺术氛围实现提升。这一时期，艺术家、游客和其他利益相关主体的进入和村民共享着同一空间，构成了更加多元复杂的社会关系，村民生产生活在这一阶段受到艺术节举办更广泛的影响。蔡家坡村更加宜居宜游，更加符合“文化艺术村”的构想，产业发展、收入提升和精神文化丰富进一步提升了村民的审美意识和能力。

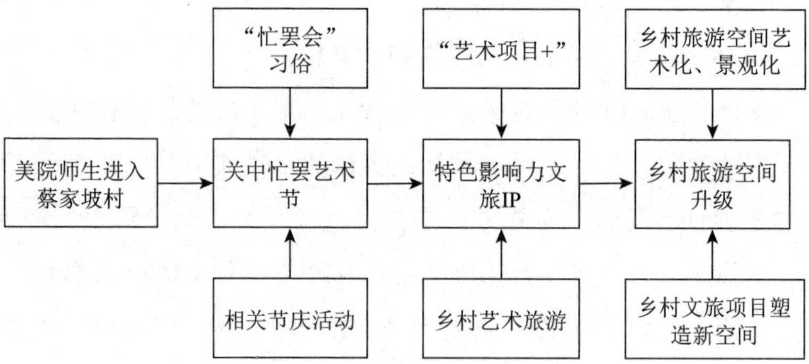

图 3　艺术节介入蔡家坡村的基本过程及影响

四、艺术节介入蔡家坡村后的旅游空间特征分析

（一）艺术节介入蔡家坡村后的不断升级

2021 年 12 月 4 日，“西安市鄠邑区艺术村长聘任新闻发布会”召开，聘任中央美术学院实验艺术学院院长邱志杰、清华大学美术学院雕塑系主任董书兵、广州美术学院跨媒体艺术学院副院长刘庆元、西安城市记忆博物馆馆长宋群、陕西省美术工艺大师傅强、西安美术学院实验艺术系主任武小川分别担任栗元坡村、下庄村、栗峪口村、蔡家坡村、龙窝村艺术村长和 2022 年第四届关中忙罢艺术节总策划。2022 年 5 月 23 日，由西安美术学院、西安音乐学院、鄠邑区区委区政府主办，西安美术学院实验艺术系、西安音乐学院艺术实践系、西安文理学院音乐学院、关中艺术合作社、local 本地艺术机构、鄠邑区文化和旅游体育局、石井街道、西安鄠邑建设集团有限公司和西安鄠邑乡村文旅建设发展有限公司承办的第四届忙罢艺术节如期而至，分为终南戏剧节、终南生态艺术项目和乡村社区艺术项目三大板块。由全国艺术界的翘楚作为第四届忙罢艺术节的总策划，忙罢艺术节的知名度和影响力达到了前所未有的高度。终南诗赋朗诵会、麦客主题展、“秦岭 · 秦人 · 秦腔”——

西安易俗社专场晚会、画美乡村、美好乡村和田野乡村等系列文化艺术活动在蔡家坡村落地开花，推动乡村文化事业和文化产业迅速繁荣，成为文化引领乡村振兴的典范模型。这场历时半年的艺术盛宴在终南山下精彩上演了28场大型文艺活动，一直持续到11月，为游客和村民带来了难忘的艺术享受。其中，新设的大地生态艺术节由西安美术学院负责，实验艺术系师生完成的乡村壁画实践——画美乡村，涵盖革命历史题材、终南生态自然环境、特色农产品、本地贤达和对未来的憧憬，由西安美术学院实验艺术系开展的乡村社会艺术实践——麦田艺术，旨在让艺术创作返回自然现场和社会现场，在丰富的自然场域中传递艺术的价值。2023年7月8日，第五届关中忙罢艺术节暨“原境：闽陕民间艺术‘对话’展演项目”开幕。本届艺术节活动分设终南戏剧节、大地生态艺术节、社区艺术计划、中国农民画双年展4大板块；落日戏剧之夜、终南山水志、画美乡村、麦田艺术、乡村思想史、山水乡人等8个项目；同步推进“美好生活”计划、“乡产农创”计划、“民艺工坊”计划、“乡村美育研学”计划、石井沿山乡旅片区导视系统、艺术节系统设计、中国文联文艺研修院“2023筑梦计划”、城乡互惠计划、院校乡村工作实践基地建设项目9项计划。艺术节活动从6月持续到10月，实现了进一步的升级，标志着艺术节作为文旅IP的影响力和知名度进一步提升。

（二）艺术节介入蔡家坡村后的旅游空间表征

艺术节介入丰富乡村旅游空间的文化功能。忙罢艺术节的举办重塑了乡村的艺术氛围、激活了蔡家坡村的传统文化并促进了乡村文化价值的有效转化。首先，艺术节的举办推进了蔡家坡村史馆、艺术村长之家、村美术馆等公共文化和艺术空间的相继落成，艺术墙绘、艺术装置等艺术作品在村内遍地生花，各类大大小小的文化艺术活动频繁开展，显著提升了蔡家坡村的整体文化艺术氛围，村民的精神文化涵养也在耳濡目染的艺术熏陶中得到明显提升。其次，艺术作品的在地融入与创作、艺术活动的全民参与和艺术项目的合作举办，以直接的传统文化元素融入和间接的传统文化呈现方式将蔡家坡传统文化再次活跃在蔡家坡文化艺术的大舞台上，以现代艺术形式为传统文化增添新的生机。例如，麦田艺术展中一直保留“艺术家+村民合作艺术”

板块，艺术作品创作和艺术项目推进坚持在地性原则，文化墙绘以关中传统文化为创作元素、文艺活动传承和创新关中文化为主要目标。传统文化的繁荣进一步地促进了以农民为主体、政府引导、多方参与的乡村特色文化产业的涌现和发展，使乡村文旅资源实现了社会价值、经济价值的有效转化。

艺术节介入推进乡村旅游空间优化。景观和建筑作为乡村人文地理的第一特征最能引起艺术家的关注，是艺术介入乡村建设最大的可视化成果。忙罢艺术节介入后，以创建文化艺术村落和发展文化艺术旅游为目标，蔡家坡村开展了一系列物质景观美化和人居环境改善工作。首先，以关中自然风光、民俗风貌和文化精神为主题的艺术墙绘、艺术装置散布于蔡家坡村的居民院墙、水塔、农杂具放置屋、麦田地等处，形成了一道道亮丽的风景，显著提升了蔡家坡村的观赏度；其次，随着艺术节赋能乡村振兴的成效越发凸显，蔡家坡村发展陆续获得了政府的大力支持和外来资本的不断进驻，带来的充裕的财政、资本等推动了村内道路黑化、房屋建筑立面美化、村民院落花园化、村落整体环境绿化、环境卫生保护强化等工作的开展，使蔡家坡村内景观和人居环境得到彻底的重整和优化。此外，在艺术家的建议和实践引领下，村民的审美水平得到明显提升，并将其践行于自己房屋的规划和建设中，村落的建筑形态实现了美观和统一。

艺术节介入实现乡村旅游空间的意义再生。空间意义的再生表现为作为“空间”本身的乡村意义再生和空间中文化与精神的意义再生。一方面，对于作为空间本身的蔡家坡村，关中忙罢艺术节的介入是其用文艺引领乡村振兴的一次实践，也是具有地方特色的鄠邑探索，艺术以其独特的艺术审美视角对乡村的在地性价值和地方美感进行了全面、深入的挖掘，乡村的在地文化在艺术为媒介的激发下实现创生和价值回归，乡村地空间在艺术的赋能下重焕生机与活力，完成了从原本行将没落的小山村到乡村振兴示范村和全国旅游重点村的蜕变，乡村的空间意义增加了乡村美学传播、乡村传统民俗复兴、乡村振兴示范点、乡村文化旅游消费高地等。另一方面，艺术视角的发现、艺术语言的表达和艺术思维的创作，让乡村成为激活人们重新思考人与人、人与物、人与自然间关系的物质载体，通过重建乡土文明的现场，促使人们重新发现生命之美、生活之美，探寻乡村最本真的文化与精神意义。

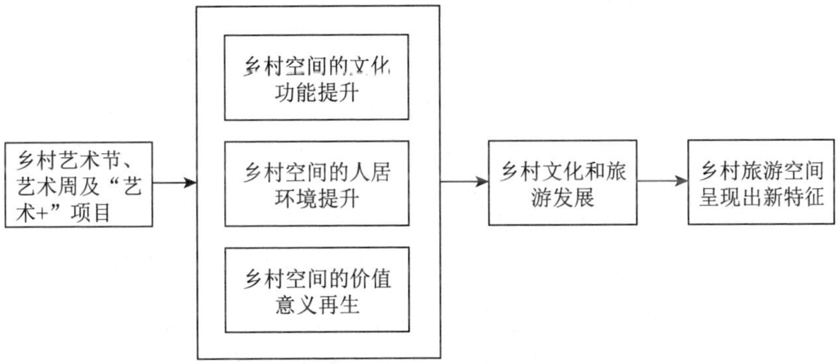

图 4　艺术节介入蔡家坡村后的旅游空间特征分析

（三）艺术节介入蔡家坡村后旅游空间提升的原因分析

不同于其他艺术介入型乡村旅游发展，蔡家坡旅游发展尚未出现乡村文化弱化、乡土空间异化、乡村活动脱域化等空间异化现象，反而随着发展进程的推进将艺术与乡村发展更加紧密的结合，使得艺术深深扎根于乡村又赋能乡村，其成功背后的原因具体为以下几点。

艺术介入的姿态。以艺术院校师生为代表的艺术家在进入蔡家坡村的开始，便确定了艺术创作的三大原则（在地性、生态化、实用性），坚持艺术柔和“融入”而非强硬“介入”，以艺术社会学为方法逻辑，走向田野去涌现问题、发现问题、倾听问题、凸显问题并以合作协商为带入，扎入社会和历史的现场，和村民进行有效的、坚定的和深度的交流，在与村民的“合作—协商”中推进艺术实践，将在地性深入到土地的有机情境中。

政府的坚定引导。我国政府的权力性质决定了政府的各项制度与规定必须以最广大人民的利益为重，确保“自上而下”的表征过程能够与“自下而上”的过程保持一致。蔡家坡村委参与到艺术节举办的初衷便是探索村民致富、村庄发展的新路径，随后的石井镇、鄠邑区等各级政府的参与和主导始终将艺术节举办的目的定位为带动乡村振兴、为乡村谋发展、为村民谋幸福的可持续路径，在多元政策变化中的初心始终不变。

村民的稳固权力。无论忙罢艺术节介入前后，村民对蔡家坡村的土地和文化始终具有稳固的持有权。一方面，蔡家坡村土地所有权归村民集体所有，村民对土地具有完整的所有权，艺术家、资本和外来游客的进驻，都必须以“租用”的形式从居民处获得一定期限的土地使用权，任何主体都无法在未经村民同意的情况下非法强制占有和变更土地形式。另一方面，忙罢艺术节所立足的文化是扎根于乡村大地的村民世代留存和积累的，村民始终保留文化的持有权、创造权和使用权。这两点让蔡家坡村的村民有最坚实的底气影响政府、艺术家、资本等强势主体对艺术节和乡村的有关规划与决策，并在强势主体“构想空间”与日常生活关系产生较大冲突时有底气抗争。

村落的功能布局。如前所述，蔡家坡村落布局因农业生产利益而成“大散居、小聚居”的分组团形式，艺术节举办的核心场地——乡剧场位于蔡家坡村落中心的原废弃水库上，自古以来就被村民认为是“脏地方”而极少有人进入，距离各村民小组都比较远，这种既处于地理中心又远离生活组团的特殊位置，使忙罢艺术节的举办既能最大限度地将发展红利辐射到各个村民小组，又不会对居民的正常生产生活带来太大干扰。

综上所述，艺术介入的姿态、政府的坚定引导、村民的稳固权力和村落的功能布局等因素共同导致了忙罢艺术节介入蔡家坡村成为艺术介入乡村、促进乡村发展振兴的成功典范，为当前艺术介入型的乡村旅游发展和其他旅游地文化艺术转型提供了有益借鉴。但是，蔡家坡村的文化艺术旅游尚处于初级阶段，随着游客和外来经营主体的大量进入，蔡家坡村如何权衡传统文化与现代艺术、游客需求与村民需求、经济效益与社会文化效益以及利益分配等问题，仍值得相关管理主体持续关注与探索。

五、艺术介入蔡家坡村案例研究的结论与启示

（一）艺术介入蔡家坡村产生了良好的综合效应

艺术作为一种媒介，在参与乡村空间生产的过程中弥补了政治、经济政策的不足，以其艺术化的手段和形式将地方文化激活和符号化的同时，也在以流量关注为核心逻辑的当下将政府权力、外来资本、游客凝视共同汇集于乡村空间，从而有效改善村容村貌、提升村民文化素养、保留村庄原始风貌、

增加乡村视觉美感、实现公众参与和吸引多元人才共建乡村。忙罢艺术节介入蔡家坡村的旅游空间，产生了带动地方产业发展、促进乡村文化繁荣、推进乡村空间优化、提升乡村治理水平、实现空间意义再生综合性效应。第一，带动地方产业发展方面。虽然一开始忙罢艺术节并无意于介入蔡家坡村的经济发展，然其对当地文化、自然资源的呈现与宣传，吸引了大量来此考察、旅游的人，推动了大量优质资本、人才和政策等的集聚，人流、物流、资金流、政策流、信息流等的高度汇聚带动了蔡家坡村旅游的发展并进而推动了地方产业结构的优化升级和村民收入的多渠道增长。第二，促进乡村文化繁荣方面。忙罢艺术节的举办重塑了乡村的艺术氛围、激活了蔡家坡村的传统文化并促进了乡村文化价值的有效转化。艺术节的举办推进了蔡家坡村史馆、艺术村长之家、村美术馆等公共文化和艺术空间的相继落成，各类大大小小的文化艺术活动频繁开展，显著提升了蔡家坡村的整体文化艺术氛围，形成了乡村文化繁荣的多元化空间载体，也为乡村旅游空间注入了文化的灵魂，对乡村文化繁荣做出了重要贡献。第三，推进乡村空间优化方面。忙罢艺术节介入后，以创建文化艺术村落和发展文化艺术旅游为目标，蔡家坡村开展了一系列物质景观美化和人居环境改善工作。以关中自然风光、民俗风貌和文化精神为主题的艺术墙绘、艺术装置散布于蔡家坡村的居民院墙、水塔、农杂具放置屋、麦田地等处，形成了一道道亮丽的风景，显著提升了蔡家坡村的观赏度，人居环境也随之实现了全面提升。第四，提升乡村治理水平方面。忙罢艺术节的介入从自上而下的基层党建提升、自下而上的运营水平提升和多元主体共治两个维度提升了蔡家坡村旅游空间的治理水平。自上而下层面，从保证艺术节成功举办到以艺术节为抓手推进乡村振兴，蔡家坡村基层党组织不断自我改革，充分发挥蔡家坡村“两委”班子的党员带头示范作用，以“党员身份亮出来，党员意识树起来，党员责任担起来”的精神面貌引领村民与本土企业合作创新，以市场化的方式开展策划规划、投资融资、招商引资、基础建设、生态治理等工作，不断创新政府工作机制。第五，实现空间意义再生方面。对于作为空间本身的蔡家坡村，关中忙罢艺术节的介入是其用文艺引领乡村振兴的一次实践，也是具有地方特色的鄠邑探索，艺术以其独特的艺术审美视角对乡村的在地性价值和地方美感进行了全面、深入的挖掘，乡村的在地文化在艺术为媒介的激发下实现创生和价值回归，乡村地空间在艺术的赋能下重焕生机与活力，完成了从原本行将没落的小山村到乡村振兴示范村和全国旅游重点村的蜕变。

（二）艺术节介入蔡家坡村案例中的美学价值挖掘

从前期美术学院调研入驻蔡家坡村到忙罢艺术节活动的举办，艺术介入蔡家坡村体现了对乡村美学价值的识别、挖掘和重塑过程。尤其是通过“艺术节 +”的融合发展模式，对蔡家坡村乡村美学价值进行了全方位的挖掘、利用与转化。第一，美术工作者、艺术家、设计师、文艺团队等外来主体，对乡村美学价值的识别、发现和梳理具有重要作用。西安美术学院实验艺术系主任武小川带领学生做关于关中民风民俗的调研时，被蔡家坡村的乡村美景、美感、美物等要素深刻吸引，这种有别于城市审美的体验让师生们有所感悟，基于自身的艺术理论和美术视角，他们逐渐开始对蔡家坡村这个调研对象产生专业化的思考，结合乡村振兴的背景和忙罢会习俗的深刻认知，形成了蔡家坡村乡村美学价值点的识别过程。在此基础上，更多艺术家、政府、艺术院校、社会机构等主体的一起进驻，以艺术的方式打开蔡家坡村、以乡村美学价值全面挖掘、以乡村节庆活动为主线的振兴的新思路逐步形成。第二，以“艺术 +”的乡村美学实践路径被不断强化和践行，形成了美学价值从挖掘到利用的深入。通过五届艺术节活动的举办，“关中忙罢艺术节”已成为鄠邑区最具特色和影响力的文化旅游 IP，以“艺术 +”的模式带动蔡家坡村文化和旅游发展得到认同，艺术节产业链和周边项目不断延伸，艺术化的乡村和大地景观得以不断优化，农艺、花艺、厨艺、非物质文化等融合性项目不断涌现，艺术家形成的文创、乡创项目不断增多，艺术带动民宿、餐饮、特产、购物、休闲等业态不断蝶变，富有艺术感的接待与服务水平不断升级，围绕“关中忙罢艺术节”的特色 IP 所形成的乡村美学价值挖掘呈现出全面开花的态势。第三，乡村美学价值在挖掘利用过程中，不仅仅是梳理、保护与传承，更多的是实现了创造性、创新性生产，丰富了乡村美学价值新内涵。艺术节介入蔡家坡村，对乡村生境美学价值、乡村形态美学价值、乡村文艺美学价值、乡村情景美学价值、乡村丰物美学价值、乡村民俗美学价值等进行全面挖掘利用的同时，也进一步丰富了新时代乡村美学价值体系。如乡村旅游美学价值、乡村农艺美学价值、乡村文创美学价值、乡村场景美学价值、乡村工艺美学价值、城乡邻里美学价值等。第四，乡村美学价值挖掘为旅游发展和乡村振兴持续赋能的效应显著，呈现出乡村美学经济引领的新驱动模式。艺术节介入蔡家坡村的最大影响是促进了乡村旅游的发展，通过乡村艺术节、艺术品、艺术项目的打造，实现了乡村文化、艺术与旅游的深度融合，促进了乡村文化体验和旅游功能的升级，吸引了更多的游客纷至沓来，蔡家坡村旅游产业实现了跨越式发展，进而推动乡村振兴迈入新阶段。可以说，乡村美学价值挖掘、利用和再生所形成的驱动力，对乡村旅游发展和乡村振兴有着重要的现实意义。

（三）基于乡村美学价值挖掘的旅游空间品质提升建议

乡村美学价值的转化需要借助艺术的生产与表达，而艺术介入乡村旅游对空间品质的提升具有显著作用。从艺术节蔡家坡村介入案例分析可以看出，乡村美学价值挖掘的旅游空间品质提升有五个方面的启示和建议。第一，加强对乡村美学价值的识别、保护和艺术化表达，提升乡村旅游空间艺术化氛围。重视对美术工作者、艺术家、设计师、文艺团队等外来人才吸引，引导他们对乡村美学价值重新认识和发现，创造艺术人才入驻、调查、创作和持续服务的乡村环境，搭建与乡村成长、村民联系、农业发展的多元化平台，促进乡村美学价值的艺术化表现、表达和展示。第二，构建集“艺术创作、文化创意、设计创新、科技创造”为一体的乡村氛围，培育“美创乡村”的旅游空间魅力与活力。从“艺术 +”的融合发展到“美学 +”的创新创意，集结艺术创作、文化创意、设计创新、科技创造的多元力量，促进美学乡创的全面发展，打造乡村美学产业与经济发展的空间载体，持续推进旅游发展与乡村振兴。第三，注重乡村美学在改善人居环境、推动农业发展、促进生态文明、实现组织振兴等方面的作用，加强乡村旅游空间功能的提升。乡村美学的价值挖掘与再生，能够赋予乡村人居环境、农业田园、生态文明和社会组织的新意义，对乡村旅游空间的旅居度假功能、休闲农业功能、生态观光功能、服务接待功能等具有显著优化和内涵丰富作用，能够提升乡村旅游空间的综合品质。第四，突出乡村美育和研学价值，打造乡村美学体验新场景、新业态和新项目，不断强化乡村旅游空间的特色吸引力。建设乡村旅游美学研究基地，研发乡村美育研学课程，打造乡村美学体验场景，设计乡村美学展示线路，深度促进乡村旅游审美消费，全面体现乡村旅游空间的美学感、场景感、成长感和仪式感。第五，按照乡村美学原则，做好乡村旅游发展规划，优化乡村旅游空间布局。组织艺术学、美学、农学、旅游学、城乡规划学、建筑学等多学科背景的团队，编制乡村旅游发展规划，明确乡村美学定位、设计乡村美学产品、开发乡村审美路线、开展乡村美学空间布局、提出乡村美学服务品牌和设施建设方向。

参考文献：

［1］程馨，郝晨，冯学钢．以乡村美学价值提升沪郊游品质［J］．上海农村经济，2023（5）：31–32.

［2］刘启明．浅析美丽乡村旅游建设中的审美取向问题［C］//天津市社会科学界联合会．天津市社会科学界第十六届学术年会优秀论文集 中国特色社会主义制度和国家治理体系显著优势（下）．2020：221–225.DOI：10.26914/c.cnkihy.2020.063219.

［3］沈晨阳．乡村美学视域下的民族村寨规划研究［D］．西南科技大学，2022.

［4］曹倩颖．基于乡村美学的历史文化村镇景观整体性保护框架研究［J］．建筑与文化，2020（3）：36–37.

［5］潘鲁生．美在乡村［M］．济南：山东教育出版社，2019.

［6］Anwar–Mchenry J，Carmichael A，Mchenry M P .The social impact of a regional community contemporary dance program in rural and remote Western Australia［J］.Journal of Rural Studies，2017：S0743016717306307.

［7］Mahon M，Hyyrylinen T .Rural Arts Festivals as Contributors to Rural Development and Resilience［J］.Sociologia Ruralis，2019，59（5）.

［8］Markusen A .A Consumption Base Theory of Development：An Application to the Rural Cultural Economy［J］.Agricultural and Resource Economics Review，2007，36（1）：9–23.

[9] Waitt G，Gibson C .The Spiral Gallery：non-market creativity and belonging in an Australian country town [J] .Journal of Rural Studies，2013，30 (Complete)：75-85.

[10] Balfour B，Fortunato W P，Alter T R .The creative fire：An interactional framework for rural arts-based development [J] .Journal of Rural Studies，2016：S0743016716305502.

[11] Mchenry J A .Rural empowerment through the arts：The role of the arts in civic and social participation in the Mid West region of Western Australia [J] .Journal of Rural Studies，2011，27 (3)：245-253.

[12] Julia Anwar McHenry.Rural empowerment through the arts：The role of the arts in civic and social participation in the Mid West region of Western Australia [J] .Journal of Rural Studies，2011，27 (3)：245-253.

[13] D Bell，Jayne M .The creative countryside：Policy and practice in the UK rural cultural economy [J] .Journal of Rural Studies，2010，26 (3)：209-218.

[14] Seet P S，Jones J，Acker T，et al.Shocks among managers of indigenous art centres in remote Australia [J] .Management Decision，2015，53 (4)：763-785.

[15] Julia Anwar McHenry.Rural empowerment through the arts：The role of the arts in civic and social participation in the Mid West region of Western Australia [J] .Journal of Rural Studies，2011，27 (3)：245-253.

[16] 方李莉 .论艺术介入美丽乡村建设——艺术人类学视角 [J] . 民族艺术，2018 (1)：17-28.

[17] 梅策迎，刘怿 . 青田计划——艺术介入乡村振兴的路径与经验 [J] . 美术观察，2020 (7)：67-68.

[18] 渠岩 . 艺术乡建：中国乡村建设的第三条路径 [J] . 民族艺术，2020 (3)：14-19.

[19] 黄诗雨，李险峰 . 艺术参与下的乡村空间重构 [J] . 地理研究，2020，39 (3)：709-720.

[20] 赵容慧，曾辉，卓想 . 艺术介入策略下的新农村社区营造——台湾台南市土沟社区的营造 [J] . 规划师，2016，32 (2)：109-115.

[21] 陈锐，钱慧，王红扬 . 治理结构视角的艺术介入型乡村复兴机制——基于日本濑户内海艺术祭的实证观察 [J] . 规划师，2016，32 (8)：35-39.

[22] 庄诺亚，杨忍，陆进锋，翁时秀 . 艺术介入乡村：两种乡村发展转型典型模式的多级效益比较分析 [J] . 热带地理，2022，42 (3)：396-408.DOI：10.13284/j.cnki.rddl.003451.

[23] 陈可石，高佳 . 台湾艺术介入社区营造的乡村复兴模式研究——以台南市土沟村

为例［J］. 城市发展研究，2016，23（2）：57–63.

［24］姚艳玲 . 艺术介入乡村公共空间的经济表现——以甘肃石节子村美术馆为例［J］. 吉首大学学报（社会科学版），2019，40（S1）：107–109.

［25］葛蔚初 . 艺术振兴乡村目标下村级美术馆建设的实践与思考——以宁波市江北区半浦村美术馆建设为例［J］. 浙江纺织服装职业技术学院学报，2022，21（1）：66–69.

［26］韩凝玉，张哲，王思明 . 艺术唤醒乡土：传承农业文化精神的智慧之路——以日本乡村振兴模式之濑户内国际艺术祭为例［J］. 城市发展研究，2019，26（4）：103–109.

［27］邓小南，渠敬东，渠岩，等 . 当代乡村建设中的艺术实践［J］. 学术研究，2016（10）：51–78.

［28］林卓 . 艺术介入乡村建设模式研究［J］. 公共艺术，2018（5）：96–103.

［29］刘姝曼 . 艺术介入乡村建设的回首、反思与展望——基于“青田范式”的人类学考察［J］. 民族艺林，2017（4）：5–13.

［30］刘姝曼 . 乡村振兴战略下艺术乡建的“多重主体性”——以“青田范式”为例［J］. 民族艺术，2020（6）：135–143.

［31］叶洪图，田佳妮 . 乡建——浅议中国当代艺术介入社会的一种可能性［J］. 美术大观，2018（8）：106–107.

［32］杨茜好，翁时秀 . 公共艺术介入乡村建设失效过程分析及影响机制研究——以云南省元阳阿者科村“哈尼娃”为例［J］. 地理科学进展，2022，41（2）：264–276.

［33］季中扬，康泽楠 . 主体重塑：艺术介入乡村建设的重要路径——以福建屏南县熙岭乡龙潭村为例［J］. 民族艺术研究，2019，32（2）：99–105.

［34］叶洪图，田佳妮 . 乡建——浅议中国当代艺术介入社会的一种可能性［J］. 美术大观，2018（8）：106–107.

［35］任亚鹏，崔仕锦，王江萍 . 日本浅山区振兴策略调查研究——以越后妻有艺术节为例［J］. 风景园林，2018，25（12）：41–46.

［36］李志强，吉皓哲 . 艺术节对于乡村构建与推广的价值研究——以衢州柑橘文化节为例［J］. 装饰，2019，（4）：43–47.

［37］李大伟，原雨舟 . 公共艺术赋能乡村振兴的海外经验——以日本越后妻有大地艺术节为例［J］. 创新，2022，16（5）：30–38.

Part 6

中国式乡村旅游发展中的天津实践探索

天津市农业科学院农村经济与区划研究所
史佳林、李　瑾、郭　华、刘　悦、董　霞
天津市农业农村委员会
时会芳

党的二十大在擘画全面建成社会主义现代化强国宏伟蓝图时，对农业农村工作进行了总体部署，明确提出全面推进乡村振兴。牢记嘱托，砥砺前行，天津把实施乡村振兴全面推进行动，列入着眼未来五年的“十项行动”，旨在全面贯彻落实党的二十大精神，扎实推动乡村产业、人才、文化、生态、组织全面振兴，为加快建设农业强国贡献天津力量。2023 年 2 月《天津市乡村振兴全面推进行动方案》（以下简称《方案》）正式出台，乡村全面振兴的蓝图细化为“施工图”和“任务书”。《方案》明确提出实施乡村旅游提级工程，并将其作为全面推进乡村振兴的重要抓手。在天津全面推进乡村振兴、加快建设国际消费中心城市、积极构建“双城”发展格局、纵深推进京津冀协同发展的时代背景下，高质量发展乡村旅游，将成为城市更新、乡村振兴、人民幸福的重要支撑。

一、天津乡村旅游资源基础与发展现状

（一）资源基础

天津依山傍海、河湖纵横，耕地丰富、林田掩映，物产多样、品牌知名，

文化多元、非遗传承，为乡村旅游发展提供了丰厚而坚实的基础。

1. 自然景观资源

天津拥有山、海、河、湖、泉、湿地等丰富的自然景观资源。狭长的山地、广袤的平原、辽阔的海域，构成天津自然景观的基本风貌。拥有盘山、八仙山、梨木台清幽的自然生态景观，以及古老地质历史的中上元古界保护区，海退后滨海平原的贝壳堤和湿地景观，山地景观、河流景观、湖泊景观、海滨景观、温泉景观、湿地景观等。近年来，中心城区与滨海新区之间建成736平方千米绿色生态屏障区，为天津自然生态景观系统再添亮丽。

2. 农业生态资源

天津农业类型丰富多样，农林牧渔业均衡发展。全市现有耕地494.34万亩，主要分布在宝坻区、武清区、宁河区、静海区、蓟州区；园地55.38万亩，主要分布在蓟州区、静海区、滨海新区、武清区；林地222.39万亩，主要分布在蓟州区、武清区、静海区、宝坻区；湿地49.08万亩，主要分布在滨海新区、武清区、宁河区；水域473.62万亩。目前，全市粮食种植面积稳定在250万亩以上，其中小站稻种植达到100万亩，菜田面积稳定在50万亩。丰富的种养殖资源不仅构建了农村地区的产业体系，还成为乡村特有的景观资源，一望无际的田野、整齐美观的设施、绿意盎然的菜园、姿态万千的果园、波光粼粼的鱼塘，都已成为乡村旅游发展的基础。

3. 特色产品资源

天津特色农产品种类繁多。传统特色农产品和区域公用品牌农产品有小站稻、沙窝萝卜、茶淀玫瑰香葡萄、宝坻黄板泥鳅、七里海河蟹、蓟州农品、田水铺青萝卜、黄庄大米、“弘历福”台头西瓜、崔庄冬枣、西翟庄金丝小枣、王口炒货、杨家泊对虾、胡张庄葡萄、欢坨西红柿等。干鲜果品主要有蓟州核桃、板栗、柿子、苹果、红果、梨、葡萄等，尤其是盘山柿子、燕山板栗、大棉球红果、黄崖关蜜梨、野生酸枣和猕猴桃，质优味美，驰名中外，享有盛誉。近年来，依托多兴庄园蔬菜、齐心菌类、“换新”水产品、“梦得”奶制品、“学清公社”杂粮、“日思”小站稻、“三鹰”辣椒、“劝宝”宝坻大蒜、后赶庄西红柿、“凤鸣园”鸡蛋等众多优质特色农产品，培育形成了212

个“津农精品”品牌。

4. 乡土文化资源

天津乡村拥有丰富的乡土文化资源。底蕴深厚的农耕文化、薪火相传的红色文化、精美绝伦的民间工艺品和源远流长的民俗文化，共同构筑起天津乡村璀璨而厚重的文化根基。农耕文化底蕴深厚、类型多样、特色鲜明，是新时代乡村旅游开发的重要载体，农业文化遗产（津南小站稻、崔庄冬枣）作为其中最具代表性的篇章，充分彰显了津沽大地农耕文化的魅力。红色文化百年辉煌，以宝坻冯家庄，蓟州联合村、常州村、东水厂村、青山岭等村为代表的冀东抗战文化，以宁河解放村（于方舟烈士）、北辰中河头村（安幸生烈士）为代表的共产党早期革命文化，薪火相传，弦歌不辍。乡村民间工艺品精美绝伦，泥人张彩塑、风筝魏风筝、刻砖刘刻砖、杨柳青木版年画、塘沽版画、北辰民间绘画、宝坻农民画、汉沽飞镲、蓟县皮影雕刻、特种榫槽工艺、抟土艺术以及面塑、木雕、石雕、根雕、剪纸、彩灯、地毯等民间工艺美术作品，名扬海内外。民俗文化源远流长，民间花会、宝坻评剧、京东大鼓、独乐寺庙会、葛沽宝辇会、挠秧号子以及各类风物传说等璀璨华彩，至今仍润泽乡间。同时，作为乡土文化资源保存最为完整的“活化石”，天津历史名镇名村（杨柳青古镇、葛沽镇、西井峪村、小辛码头村等）汇集传承了盐业、码头、妈祖、科举、漕运、渔业、农耕、美食、建筑、宗教、民俗、京畿等多种文化，原汁原味、多姿多彩，是乡村旅游的重要载体。

（二）产业现状

天津乡村休闲旅游，以精品线路为纽带，以休闲农业示范园区和示范村（点）、乡村旅游重点镇村为载体，以农家乐、企业、合作社、村集体为主体，持续推进休闲农业“9123”载体建设工程，搭建起乡村休闲旅游的产业体系、经营体系和政策体系，实现了乡村旅游由微到众、由散到聚、由自发到设计、由单一到多样的转变。

1. 产业规模与效益

目前，天津从事乡村旅游的经营主体有4400余家，其中蓟州区占一半以上。历年来，累计向农业农村部推出了武清区河北屯镇李大人庄村、北辰区青光镇韩家墅村等30个中国美丽休闲乡村，创建了蓟州、宝坻、武清3个全国休闲农业重点县；向文化和旅游部推出了6个乡村旅游重点镇、28个乡村旅游重点村，创建了58个天津市乡村旅游区（点）。新冠感染疫情前的2019年，全市休闲农业接待人数为1900万人次，综合收入68亿元。疫情期间，营业收入下降明显，特别是2022年，出现断崖式下跌，仅为30亿元左右。2023年以来，乡村旅游市场迅速恢复，“五一”“端午”两节期间接待人数达到843万人次，营业收入21.4亿元，达到历史同期最好水平。未来，随着市场的进一步放开、政策的持续支持、乡村环境的不断完善，乡村旅游将进入蓬勃发展期。

2. 产业模式与类型

结合山水自然资源利用和旅游休闲功能开发，推动乡村旅游从资源驱动向创新驱动转变。天津市乡村旅游逐渐发展包括现代农业展示、市民农事参与、生态旅游观光、乡村民俗文化、农家生活体验、休闲度假娱乐等几种模式。经营主体类型主要有休闲农业园区、休闲农庄、露营基地、乡村民宿、农家乐等，满足多元化的休闲旅游市场需求。现有农家院（含民宿）4200家以上，民宿业发展势头良好，达到400家左右；有各类农业产业园、种养园、生态园、科技园、苗圃基地等200多个；59个国家级和市级“一村一品”示范村镇为乡村旅游发展提供了良好基础。与此同时，围绕不同季节、不同主题、不同模式、不同类别的乡村旅游项目，分别推出春赏花、夏纳凉、秋采摘、冬拾趣四季休闲精品线路，每年发布40条以上休闲农业精品线路、10条以上乡村旅游精品线路，串联起80多个项目节点，为游客提供了精彩的乡村休闲度假体验。

3. 产品体系与品牌建设

本着念好“产业经”、打好“融合牌”、走好“创新路”的发展思路，大力开发乡宿、乡游、乡食、乡购、乡娱等乡村休闲产品，推进乡村旅游向高端化、特色化、精品化发展，形成了郭家沟、毛家峪、小穿芳峪、小辛码头、李大人庄、木头窝等旅游村庄品牌，以及小站迎新、水高庄园、墅外桃源、曙光水镇、春光家庭农场、一芳田童趣农庄等一批休闲农业园区品牌。以全市212个“津农精品”特色农产品品牌为基础，形成较为完备的乡村旅游产品体系，主要包括：沙窝萝卜、小站稻米、七里海河蟹、大港冬枣、茶淀葡萄、罗阁庄梨、宝坻“三辣”、蓟州干鲜果品等特色地域农产品；七里海河蟹面、武清咯吱盒、潮白河大锅炖鱼、桑梓豆片、东马房豆腐丝、东塔驴肉、北塘虾酱、独流焖酥鱼、杨村糕干、蓟州农家菜、汉沽八大馇等乡间美食产品；年画、泥塑、苇编、空竹、核雕、风筝、刺绣、剪纸画等民间手工艺产品。

二、天津乡村旅游面临的形势

（一）中国式现代化下乡村旅游的迭代要求

1. 单纯自然资源秉赋依托已逐渐失去旅游产业带动能力

从目前产业发展水平来看，天津乡村特有的山水文化资源开发利用广度、深度不够，新型业态、新经济模式欠缺，在全时空利用、全季节打造上缺乏深度开发，周末经济、夜间经济、后备箱经济、冰雪经济、沉浸式体验经济项目数量少，市场拉动性还不够强。从目前已经形成一定影响力的乡村旅游产品来看，仍然存在旅游多元要素开发不足、乡村旅游产业链较短等问题，旅游场景设计与建造有待升级，软硬件设施品质、管理、服务业态、产品开发还有差距，与现阶段客户群体对乡村旅游的期待存在一定差距，需进一步开发留得住人、留得下钱的特色项目。

2. 乡村旅游项目开发亟须与现代化大都市定位相匹配

目前天津大多数乡村旅游项目个体规模小，缺乏知名度高、吸引力强、承载力大的核心吸引物的带动，与天津现代化大都市发展定位不相称。乡村旅游的数字化、信息化手段运用不足，与数据结合的新业态开发不足，适应新时代、吸引多维度多年龄段的新经济模式仅仅初露端倪。乡村闲置资源的盘活利用不足，闲置农房、学校、厂房等尚未得到充分利用，资源共享合作机制有待加强，乡村旅游发展涉及的管理部门、金融机构、中介组织、互联网企业之间信息共享、沟通交流欠缺，影响产业的进一步升级。

3. 都市地区乡村旅游发展的资源瓶颈问题依旧突出

首先是土地瓶颈依旧存在。从乡村旅游发展实践来看，用地政策难以落地，国家和市级层面制定了产业发展的宏观用地政策，但计划建设用地指标难落实，规划立项、办理手续、获取施工许可的周期较长，用地成本高等问题，导致中小型项目主体难以承担，急需探索适用于乡村旅游发展的合理用地政策。其次是人才瓶颈制约长期发展。农村大量青壮年劳动力和大中专毕业生外流，乡村人力资本相对短缺，特别是缺少规划设计、经营管理、市场营销等方面的人才，导致乡村旅游项目可持续性不足。最后是资金来源渠道较少。乡村旅游初期投入大，见效相对较慢，但又不同于生产性农业可获得专项扶持资金，目前的投入主要依靠投资者自有资金或信用贷款，缺乏多样化投融资渠道，专项资金、金融产品、发展基金等尚不充分。

（二）中国式现代化下乡村旅游的发展机遇

当前，天津乡村旅游产业正处于提档升级的关键时期，面临多种机遇叠加。

1. 乡村振兴战略全面推进

随着经济增速的放缓以及其他领域投资回报率的下降，加之乡村振兴战略全面推进，调动优质要素流向乡村，乡村文旅产业已逐步成为资本市场投入的新选择，成为各级政府发展地方经济的优先领域。作为推动新时代乡村振兴战略有效实施的重要动力源、破解当前农业农村发展难题的重要手段的乡村旅游业，不仅土地、金融等政策供给上会有各种利好措施，由此也吸引了大量社会资本投资，他们带来了新的经营理念，新的技术手段，盘活了农村闲置资源，加之配套的产业政策，为乡村休闲产业发展赋能提速提供机遇。

2. 京津冀消费市场潜力巨大

京津冀人口达到 1 亿以上，消费群体巨大，且高端消费群体占比高，乡村休闲需求旺盛。2019 年国庆节黄金周期间市文旅局市场调查显示，天津乡村旅游客源构成中本地游客占比 69.86%，北京客源 11.48%，河北省占比 10.53%，其他省市占 8.13%。由此可见，天津市乡村旅游将主要面向京津冀城市群。随着社会经济的发展，人民生活水平的提高，未来国民休闲需求也会随之改变，乡村旅游“景美人少、休闲放松、车程短、花费低”的周边游、乡村休闲，将成为都市居民出游的普遍首选，京津冀巨大的消费市场为乡村旅游提档升级提供了有利条件。

3. 现代信息技术激发乡村旅游新动能

世界新科技革命浪潮风起云涌，新一轮产业革命和技术革命方兴未艾，生物技术、人工智能在农业中广泛应用，5G、云计算、大数据、区块链等新一代信息技术向乡村休闲旅游各环节渗透，“云旅游”“云直播”“云销售”等新模式、“乡村休闲旅游大数据”等新平台必将推动乡村休闲旅游业迈向智能化、信息化、高效化发展，为乡村休闲旅游业注入新活力。

综合判断，在可以预见的未来，乡村旅游将迎来新一轮快速发展。与此同时，随着人们消费理念的转变和消费手段的更新，以云消费、场景化、数字化、沉浸式、个性化、原生态、高颜值、新媒体等为特征的新消费时代即将来临，城乡要素流动日益密切，乡村旅游不仅市场前景广阔，业态拓展的领域也更加广阔。

三、天津发展中国式乡村旅游的思路与路径

（一）发展思路

围绕实施天津市委部署的“十项行动”方案，着力打造“津城”“滨城”双城发展格局，树立“大旅游”发展观，以全面推进乡村振兴为根本，以兴业态、树品牌为重点，依托天津山、海、林、田、运河、湿地自然资源，充分挖掘乡村多种功能，建立农文旅融合发展机制，开发“乡村 +”系列产业，酝酿“+ 乡村”系列主题，以“大美津郊”为形象主题，以山、水、林、田、河、海、湿地自然资源和文化旅游资源为依托，充分挖掘乡村多种功能，走特色化、差异化、多元化的乡村旅游发展路径，推进以津沽文化为魂、山河湖海为境、田园风光为韵、村落民宅为形、富农增收为本的乡村旅游发展模式，构建乡村旅游“全域全季跨界”时空格局和目的地体系，促进乡村产业升级、文化繁荣、环境美化、生活富裕、品位提升、保障有力，为天津率先基本实现农业农村现代化和建设现代化大都市提供有力支撑。

（二）遵循原则

坚持乡土为本。以乡土资源为依托，加快农业多种功能和乡村多重价值深度挖掘，以“津农精品”、地理标志产品等“土特产”为核心，发展优势明显、特色鲜明的乡村休闲旅游业，促进农业高质高效、乡村宜居宜业、农民富裕富足。

坚持生态优先。依托津郊自然山水、美丽田园，坚定不移地走生态优先、绿色发展之路，把“绿水青山就是金山银山”的发展理念贯穿于乡村旅游发展的全过程和全领域，不断扩大乡村生态环境容量，提高生态环境质量。

坚持市场导向。充分发挥市场在资源配置中的决定性作用，激活要素、市场和各类经营主体。围绕不同消费群体对特色化、高品质乡村休闲旅游产品的市场需求，突出差异化、品牌化建设，形成差异竞争、错位发展格局。

坚持跨界融合。发挥旅游的平台交换作用，鼓励农文旅多维度融合，开发“乡村 +N”系列产业和“N+ 乡村”系列主题，实现农业、工业、商业、服务业跨界融合，电子信息、会展交易、高端商务、文化创意多元聚集。

坚持联动发展。以旅游的食、住、行、游、购、娱六要素作为依托，吸引资本、人才等要素向乡村聚集，推进产品、乡愁等要素向城市流动，实现城乡的联动发展；优化发展环境，创新发展模式，破除地域限制，实现京津冀跨区域联动发展。

（三）实现路径

在中国式现代化背景下，天津乡村旅游的实现路径可概括为：鼓励根据资源禀赋和市场需求，通过农旅结合、农教结合、农文结合、农商结合等发展模式，因地制宜创新乡村旅游业态，打造“乡村 +”新型产业体系，重点创建一批高品质旅游镇村、特色园区、主题民宿、露营基地等乡村旅游载体，推出一批特色农产、乡间美食、伴手礼等农文旅产品，举办一批民俗节庆、农耕体验、研学教育、户外运动、冰雪赛事等高水平活动，着力开发夜间经济、周末经济、研学经济、高端商务经济、庭院经济、“后备箱”经济等乡村旅游新经济模式。按照以上路径，经过 5 年左右的建设，力争使得天津乡村旅游高质量发展取得实质性成效，在资源开发和业态丰富、要素融合和全链打造、文化传承和创意设计、场景打造和项目建设、品牌培育和产业升级、设施配套和服务改善、规范管理和宣传推介上实现重大跨越，努力走在京津冀乡村旅游发展前列，有效保障乡村振兴全面推进行动落地实施。

“乡村 + 文化”产业。推进文化赋能乡村振兴行动，深度挖掘妈祖文化、漕运文化、红色文化内涵，充分利用相声、时调、大鼓等曲艺文化，创新发展年画、泥塑、粉彩、葫芦等一批传统技艺，对接产业发展、品牌培育等需要，寻找市场机遇，以建设村史馆、文化馆、博物馆，开展耕读传家活动等形式，打造乡村特色文化产业。

“乡村 + 艺术”产业。以村庄、园区、民宿为载体，依托生态资源和历史底蕴，吸引艺术家入村创作，植入多元文化活动，让乡村更具标识度、更有吸引力，借助艺术节、音乐节、摄影节、手工艺坊、文创市集等业态植入，加快对非物质文化遗产、特色农产品等的改良传播、价值转化，真正促进乡村产业多元化、可持续发展。

“乡村 + 教育”产业。紧密结合大中小学科普教育基地、劳动教育基地、技能实训基地的建设，发展亲子农业、培训农业、教育农业，促进农业与科普、教育、体验的结合，打造自然课堂，开发自然课程，盘活利用乡间资源，使学习寓教于乐。

“乡村 + 运动”产业。建设一批山地生态体育公园、森林健身步道、山地滑雪场、河滨自行车道、水上运动基地，传承乡村地域特色文化，紧扣农耕体验、民俗体验，突出趣味性、健身性、参与性、观赏性，举办各具特色的乡村赛事活动。

“乡村 + 健康”产业。加强生态旅游资源与养生养老、疗养保健、康复休闲等服务项目的深度融合，加强“互联网 +”健康服务等康养新技术、新模式的推广应用，大力开发具有康养核心文化内涵的运动康养、温泉浴养、森林颐养、消夏纳凉、中医药康养等生态康养旅游产品，打造一批品牌知名、良性循环、融合发展的健康服务产业集群。

“乡村 + 电商”产业。充分发挥区镇级电商公共服务中心作用，以“区镇村三级公共服务渠道 + 农产品上行”为应用模式，面向农村电商创建集“电商运营+仓储物流+创新孵化”为一体的综合服务体系。完善物流体系建设，特别强化农产品冷链物流体系建设，提升农产品物流效率、成本与质量。注重提升农民信息素质培训，助力培育“新农人”，强化农业领域核心技术研发与应用。

四、天津构建中国式乡村旅游的空间布局探索

天津乡村“依山、沿河、傍绿”的自然资源，“近城、远郊、滨海”的区位特点，“津卫、古韵、乐达”的人文情怀，构建“两极两廊两区六组团”乡村旅游空间布局，形成具备高端会奖承接举办能力、中端度假品质接待能力、大众休闲娱乐承载能力的乡村旅游目的地体系。

（一）两极：乡村旅游发展极

1. 北部山水乡村旅游发展极

充分发挥蓟州区山林景观、人文古迹、库区生态、山货农家等资源，推进全域农文康旅深度融合示范模式，率先培育山野气息特色浓郁、旅游业态丰富、消费层次多元的乡村旅游示范极。

2. 东南滨海乡村旅游发展极

深入挖掘渤海湾渔港码头、渔农特产、主题乐园、北塘古镇等资源，依托滨海新区快速发展和濒临渤海的区位优势，对接高端商务、特色度假和运动休闲市场，培育海洋主题、航母主题、科技主题、水娱乐主题，打造以农渔体验、滨水度假、渔水风情为特色的高端休闲旅游目的地。

（二）两廊：文化与生态廊道

1. 运河民俗文化廊道

依托运河沿岸古树名木、实物遗存的民俗文化景观，将民俗婚庆文化、服饰文化、年节文化、忠孝文化与沿岸古村落保护相结合，培育妈祖祭典、非遗传承、游船观光、河畔民宿等遗产廊道的文化旅游目的地。

2. 双城绿色生态廊道

依托生态屏障区内农耕生态景观、森林花田绿植景观、荷塘堤畔亲水景观，深入挖掘屏障区生态价值，开展国际会展服务接待与津南五湾亲水休憩

结合的商务旅游项目，培育森林户外拓展运动与田园慢生活结合的生态旅游目的地。

（三）两区：特色发展区

1. 环城精品乡村旅游发展区

以环城四区现代农园、文创基地、古镇民俗、艺术街区、主题小镇等为依托，以农业生产、乡村风貌、村民劳动和生活场景作为休闲旅游活动的主要吸引物，秉承津味郊区的主题性，立足高端、高品质，精心设计打造，将各种农民艺术、农业高科技、乡村休闲、文旅服务融合起来，带动承载情感和文化内涵的乡村土特产品，促进城乡交流，提高服务品质，培育农耕体验、高端商务、科普研学、休闲康养乡村旅游目的地，以及崇文尚武民间技艺、主题创意津卫文化乡村旅游目的地。

2. 远郊田园乡村旅游发展区

依托宁河、宝坻、静海、武清四区的七里海湿地、潮白河湿地、永定河故道、青龙湾自然保护区、了凡文化、佛罗伦萨小镇等优势资源，以回归自然、享受生命、修身养性、健康身体、颐养天年为宗旨，以田园风光游览、生产参与体验、休闲餐饮娱乐、文化传承体验等为主要方向，将田园与艺术相结合、休闲与农作相结合，培育水岸湿地观光游、稻渔立体生态游、农家生活康养游、时尚休闲购物游等乡村旅游目的地。

（四）六组团

在两区的基础上，彰显资源优势和聚合作用，重点打造西南民俗技艺特色组团、宁河生态文化特色组团、宝坻渔农稻耕特色组团、静海健康生活特色组团、武清时尚文化特色组团、北辰营地度假特色组团“六组团”，最终形成不同层级、不同主题、不同场景、点线结合、特色鲜明的乡村旅游目的地体系。

1. 西南民俗技艺特色组团

在文旅发展空间格局引领下，以各行政区所承接的文化旅游功能为纽带，打造以杨柳青大运河国家文化公园为核心，崇文、尚武两大品牌文化为两翼，推动文旅与民俗、戏曲、音乐、民间技艺、民间舞蹈、民间美术等融合，重点打造大辛口镇、精武镇、王稳庄镇、小站镇、八里台镇等农耕特色小镇，突出常青藤艺术小镇、小站迎新民俗文化村等一批重点文旅项目的作用，打响西南文旅 IP，提升民俗技艺品牌形象的知名度和美誉度，打造独具特色的乡土文化特色旅游区。

2. 宁河生态文化特色组团

以板桥镇、廉庄镇和七里海湿地实验区为主的生态文化村和湿地特色景观带，依托宁河区良好的农业基础和生态湿地自然资源，以及宁静清幽的乡村氛围，坚持农文康旅“多业并重”，塑造乡土文化与湿地游憩组团，重点推进板桥镇盆罐庄村和廉庄镇木头窝村两个生态文化旅游村建设，开发环七里海、沿蓟运河生态线路，组织河蟹节、丰收节等乡村节庆文化活动，打造宁河全域旅游新标地。

3. 宝坻渔农稻耕特色组团

依托潮白河良好的生态景观资源，打造百里潮白河风情旅游带。依托箭杆河畔的文化底蕴和自然风光，打造箭杆河文化旅游特色区。依托青龙湾自然保护区、青北森林公园，打造青龙湾运动休闲旅游观光区。依托黄庄洼、小辛码头稻香文化，打造稻香农耕、立体生态稻田渔农旅游体验区。

4. 静海健康生活特色组团

以天津体育学院、天津医科大学、天津中医药大学和康宁津园新型养老综合体落户静海，全运会场馆和健康文化资源集聚为基础，结合当下备受关注的运动休闲和大健康理念，打造“体育 + 康养”组团，确立运动休闲、智慧健身、骑行文化和特色养老四大特色，以及温泉、生态湿地、有机种植等为核心的康养体系。将团泊湖体育旅游工程、温泉度假旅游工程相融合，依托团泊湖周边的体育产业资源、医疗资源、温泉资源、湖泊资源，打造环团泊湖国际体育圈，形成体育产业和康养产业依托的健康生活特色组团。

5. 武清时尚文化特色组团

以京津城际铁路武清站为轴心，辐射武清新城、南湖绿博园、黄庄街永定河故道和港北森林公园。以武清区新城旅游片区建设为契机，重点发展时尚休闲购物、主题娱乐、休闲度假等旅游产品以及北运河和龙凤河的水上沿岸旅游项目。依托武清高铁站、佛罗伦萨小镇、V1 汽车世界、津北森林休闲旅游度假区、津溪桃园、永定河故道湿地公园、君利农业示范园、武清运河小镇等资源，打造京津地区时尚休闲旅游集散和服务中心。

6. 北辰乡村营地特色组团

以北辰区西堤头镇曙光水镇为核心，辐射周边多个村镇，定位“一流休闲旅游度假目的地”，构建“一湖二线五十六岛”生态景观，引入精品民宿、文创工作室，创建国家 4A 级旅游景区。提升改造北辰郊野公园；进一步优化小淀国际当代艺术街区、双口镇奶业小镇、双口镇安幸生故居，打造城市近郊乡村营地特色组团。

五、天津推进中国式乡村旅游的主攻方向

（一）建设和美乡村，打造全域旅游新场景

以特色乡村旅游重点镇村、美丽休闲乡村为依托，践行“绿水青山就是金山银山”的理念，以美景、美宅、美食、美物为核心，开发村镇资源，建设和美乡村。以镇、村全域乡村整体塑造为理念，推进有条件的镇村将乡村旅游发展为支柱性产业，积极创建国家级乡村旅游重点镇、重点村和中国美丽休闲乡村。

推进旅游小镇建设。以文化底蕴深厚、生态环境优越的镇乡为基础，保留独特景观特色和历史文化脉络，传承保护开发利用历史文化名村名镇、传统建筑、非物质文化遗产等文化资源，形成文化传承载体，推出具有文化特色的创意产品和旅游商品，打造农文旅融合、田宅景一体的乡村旅游场景，建设业态丰富多样、机制健全高效的旅游小镇。推出全国知名的乡村旅游重点村。将历史、文化、艺术、民族等元素融入乡村原有的村庄形貌和村落格局，营造乡味浓郁、惬意舒适的人文环境，设计体验性强、乐活健康的参与活动，推出优质安全、特色鲜明的乡土产品，发展宜居宜业和美乡村典范。建设一批具有休闲功能的美丽村庄。结合全市新一轮人居环境整治提升工程，树立“一村一品”“一村一景”“一村一韵”目标，将打造村民休闲空间、建设村庄公共绿地、倡议发展庭院经济等工作纳入乡村建设行动，打造功能特

色突出、文化内涵丰富、联结机制紧密，具有较强示范带动作用的美丽休闲村庄。

（二）兴办新农家，营建津味民宿聚集区

依托旅游景区景点、历史文化名镇名村，建设一批具有原乡味、原乡情的津味农家，培育一批特色鲜明、可复制、可推广的“民宿品牌”样板，打造一批集群成片的乡村农家民宿聚集区，高质量发展乡宿产业，显著提升乡村旅游高端产品供给水平。

推动农家院升级为精品农家。引导有基础的农家院提升改造，鼓励农户新建改造度假式住房，提升美丽庭院建设水平，营造精致、美观、雅俗共赏的院落环境和干净、整洁、舒适的居家环境。在村民意愿突出，地域特色显著，具有闲置乡宅基础，具有旅游休闲发展潜力的乡村，新建一批食住行舒适、游购娱便捷的精品农家。打造特色精品民宿。出台乡村旅游住宿地方标准，推动乡村旅游住宿差异化、特色化、品质化、品牌化发展，打造一批特色主题民宿。鼓励村集体经济组织牵头利用闲置宅基地和闲置住宅，采取自营、出租、入股、合作等多种方式发展民宿经济，引入山里寒舍、花筑、云上四季、博达安云居、山水间微酒店等高端民宿品牌，带动村民共享发展成果。建设精品农家休闲片区。以同一资源禀赋为片区主题发展方向，依托湿地、山地、林地等自然资源以及民俗风俗艺术等文化资源，拓展开发主题乡宿、特色餐饮、休闲康养、高端商务等产品业态，形成特色底蕴一致、跨村跨镇跨区的休闲片区，立足片区内自然、人文、农品、非遗等多元素综合，满足不同层次消费群体休闲需求，丰富乡村旅游产品体系，更大范围地推动“农房”变“客房”，“巷道”变“商街”，突出示范效应和集聚效应，扩大乡村旅游片区的辐射带动能力。

（三）升级特色园，挖掘都市农业新功能

以现代农业产业园为龙头，以设施农业园、特色种植园、规模养殖园、农业科技园、生态种养园、林下经济园、市民小菜园等现代都市型农业载体为核心，升级园区功能，以动植物生长周期规律为吸引点，以生态立体循环为融合点，开发农林牧渔科普项目、体验项目、劳作项目，深耕农业产业纵深融合，培育农林牧渔多元休闲体验型旅游产业形态。

打造高品质设施农业休闲园区。明确园区主导方向，突出功能特色，以农业生产、特色农品打造为核心，与科普教育、假日采摘、市民农园、“后备箱”经济等相衔接，提升园区的品质和经济效益。打造现代化休闲渔业园区。树立开发与保护并举、经营与文化并重的理念，加大渔业生态环境和物种资源保护力度，加大渔业科普、农渔体验、观赏鱼养殖及交易等项目的支持力度，发展休闲渔业。打造专业化休闲牧业园区。以大型养殖场为载体，在深化产学研开发的基础上，针对青少年人群，发展畜养殖参观、喂养体验以及特色品种的来源和演化过程展示等休闲科普项目，同时，开辟禽类观赏、饲养体验、趣味活动等研学科普项目。

（四）推出精品线路，融入区域旅游大版图

立足全域旅游资源，充分利用国家级景区的知名度和游客聚集优势，融合生态旅游、工业旅游、红色旅游、文化旅游等内容，对乡村旅游进行时空延伸拓展。以市内线路以及京津冀线路两个层级进行“点、线、面”串联，推出自然资源充裕，人文资源丰富，休闲资源多样，旅游体验多元的精品线路，融入京津冀乡村旅游大版图。

打造市内乡村旅游精品线路。结合天津山海河流等资源，融合各涉农区民俗文化、历史遗址、非遗技艺、节庆活动等文化资源，串联市域内多个节点，推出自然依托类主题线路、时节类主题线路、人文类主题线路，拓展全季全域乡村旅游，引导游客应时而动。进行主题化、特色化、联动式精品线路开发，形成半日游、一日游、多日游等不同线路组合设计，为游客提供全要素、全链条、全方位的出行选择。探索京津冀乡村旅游精品线路。借助京津冀协同发展战略，立足“山川、水韵、人文、历史、民俗、村居、产业”等资源禀赋，将天津乡村旅游融入京津冀大旅游格局，重点打造跨省市乡村旅游特色发展带，与北京、河北联手开发休闲项目、旅游线路以及节庆活动，推出一批两日到五日游精品跨区域线路和京津冀乡村旅游优惠产品。

（五）培育新经济，拓展休闲旅游新业态

根据资源禀赋和市场需求，加大特色资源、特色文化、特色产品开发，延伸、培优、补壮乡村旅游产业链价值链，依托北方地区四季不同的自然条件特征，面向求新求异的游客群体，细分消费市场，构建多维乡村休闲经济业态。

引育高端商务经济。借助天津海港、空港区位交通优势，配合国际消费中心城市打造，服务天津承办的国内国际展会奖会，以乡村空间服务城市商务活动，提升乡村旅游的产品品质、服务能力、接待档次，完善会议、展览、洽谈、考察、宴会等商务配套设施，打造高端商务旅游接待场所，推动商务经济发展。培育夜间经济。开发夜游、夜集、夜娱、夜秀等夜间消费产品和服务，打造灯光集市、灯光音乐会、灯光电影院、星空露营站等夜间旅游消费新场景，提高乡村旅游过夜率和驻游时长。做强周末经济。通过加大宣传力度、提高线上推送频率、推出团购活动、办理年卡通票等方式，开发超短途游览线路，活跃周末旅游市场，满足京津“驴友”短线游需求，做足乡村旅游周末度假经济文章。推广研学教育经济。依托现有农渔牧业产学研基地、红色教育基地等资源，发展中小学研学科普游、红色教育游，开发农业科普、农耕体验、户外课堂等研学课程，举办缅怀革命先烈、追寻英雄足迹等红色教育活动。开发露营经济。合理利用林下、草坪、山野等生态资源，突出开发与保护并重，推广露营基地、房车营地、星空营地等新型乡村旅游模式，发展露营产品、露营直播等新业态。发展冰雪经济。结合冬季旅游需求，打造冰雪旅游季，结合运动培训、装备展示、健康餐饮、亲子互动等延伸服务，实现乡村旅游淡季不淡、全年不休。

（六）玩转后备箱，升级乡村文旅伴手礼

坚持地域化、特色化、多样化发展方向，深入挖掘乡村绿色农产、特色美食、手工制品等资源，开发形式多样、独具特色、个性突出的乡村旅游产品。将“津味”文化融入乡村农产品、手工艺品，进行创意设计包装，打造“津”字头乡村伴手礼，丰富游客“后备箱”。同时，重拾集市传统风采，打造小众文创商品交易平台，丰富乡村购物体验乐趣。

推动“津农精品”向旅游商品转化。提高“津农精品”产品品质和品牌知名度，对特色地域农产品进行品牌化设计、精品化加工和精致化包装，丰富产品内涵；充分挖掘民间可用的旅游商品资源，特别是在民间传统手工艺等方面，形成多样化和特色化的民间艺术工艺品。建设乡村旅游后备箱基地。在全市乡村景区景点、乡村旅游重点镇村和园区内部及周边，选取农业生产条件好、设施装备齐、产品质量高的生产基地作为乡村旅游后备箱基地，鼓励和支持乡村旅游重点镇村、重点景区景点、旅游宾馆饭店、大型超市、高速公路服务区等设立本地特色农产品、特色纪念品销售专区，推动乡村旅游与电子商务融合发展，带动当地农副土特产品线上销售，打破“后备箱”的时空限制。探索发展乡村集市。与乡村大集、露营经济和节庆活动相结合，不仅进行农产品市集展卖，同时，鼓励游客合法经营售卖夜宵轻食、咖啡酒饮、文创手作、潮流玩具等，分享闲置物品，增进城乡交流。

（七）办热乡村节，焕发乡村时空新魅力

精心策划丰富多样的乡村节庆活动，以节促游、以节富民。结合乡村地域特色，紧扣农耕体验、民俗体验，突出趣味性、健身性、参与性、观赏性，举办各具特色的乡村赛事活动。与乡村现有资源、产业融合，引导演出项目与民间曲艺对接，促进乡村旅游和文教、体育、艺术、科技等领域融合，实现功能叠加，形成农旅、文旅、商旅、体旅、艺旅等多业态发展。

高质量举办地方特色节庆活动。按季度制订活动计划与策划，融合天津物产文化、稻耕文化、非遗文化、漕运文化、红色文化等文化内涵，打造以地域物产为核心的节庆活动和以民间手工技艺、民间美食制作等为核心的节庆活动，在现有的地方特色节庆活动基础上，不断融入新的旅游元素，让游客耳目一新、常来常新，带动乡村旅游经济发展。举办乡村赛事活动。通过与乡村现有资源、产业的融合与嵌入式发展，促进乡村旅游和文教、体育、艺术、科技等领域的融合，实现功能叠加，推出体育运动、艺术创造、农耕体验等多种形式的乡村赛事活动。

（八）讲好村故事，推出津卫文化潮品牌

深化津卫文化赋能乡村行动，依托非遗技艺，甄选民间艺术、民间美术、民间音乐、民间戏曲、民间美术、民间手工等，形成景点与文化遗产的对接，体验项目与手工传承的对接，参观项目与民俗节庆的对接，形成乡村旅游的津卫文化品牌。健全“线上+线下”组合推介营销体系，扩大天津乡村旅游品牌全国影响力。

以“实物+虚拟”的方式展现乡村文化。加大村史馆、文博馆建设力度，以实物、照片、影像资料为主展示天津独特乡村文化，开展耕读传家活动体验文化历史传承，同时结合 VR 技术，建立数字展馆，利用科技手段还原历史场景，使游客更加立体地感受乡村文化的丰富内涵。以文艺演出等方式活化乡村文化。引入专业创作团队，培育优秀乡村传统演出团体，加大对文艺演出团队的支持力度，突出对地方优秀传统文化的弘扬与传承，积极开发特色民俗表演项目，因地制宜地发展中小型、主题性、特色化旅游演出项目。以艺术设计等创意提升美誉度。加强地方特色农产品包装设计、乡村纪念品文创设计、家居日用品乡村创意设计，提升乡村旅游美誉度和农产品文化附加值，推动津味传统文化通过艺术元素应用到乡村伴手礼打造中来。开展线上线下乡村旅游特色品牌宣传。以宣传片、短视频等方式，广泛开展线上乡村旅游景点、项目、活动、产品和线路的宣传推介，线下举办黄崖关长城文化旅游宣传、大运河文化等采风活动，扩大乡村旅游影响力。推动乡村休闲旅游产品实现在线预订销售，完善旅游全要素、全方位智能化服务。

（九）优化旅游环境，塑造乡村旅游新体验

着力提升乡村旅游设施的人性化、快捷化、便利化水平，提升旅游体验水平，融入文化、教育、康养、云体验等新要素，营造全域乡村旅游大环境。完善旅游村综合交通服务功能，提升对周边区域旅游的辐射带动作用。在保障旅游基础设施全覆盖的基础上，打造小众游客群体旅游服务设施个性化新要素布设，形成乡旅环境优化、服务设施美化、公共设施便利化、配套设施特色化的多层级乡村旅游设施体系。

提升乡村景观设施支撑水平。将农村人居环境整治与乡村旅游发展相结合，改善提升村容村貌，建设与乡村旅游相匹配的美丽村庄、美丽庭院、美丽田园。以村庄、园区、民宿为载体，依托生态资源和历史底蕴，营造历史场景、生活场景、嬉戏场景等有看头儿、有说头儿、有玩头儿的乡村小品景观。提升服务设施配套水平。加快沿线旅游厕所、加油点、停车场、充电桩、标识标牌、游客服务中心、观景平台等服务设施建设；鼓励经营主体因地制宜兴建环境优雅的乡村美食餐厅、具有全球化时尚元素的购物消费中心、多元化风格化的娱乐休闲中心，布设创意美学融入的标识标牌、景区景点休憩亭廊等。提升基础设施保障水平。加大对旅游镇村、景区景点的水、电、路、信、网络等基础设施建设的支持力度，实现 4G/5G 网络和免费 Wi–Fi 全覆盖。与各大快递公司合作，确保重点村庄有物流布点，为游客购物提供便利的邮寄、快递服务。瞄准自驾、自助旅游需求，优先解决交通干道、城区到乡村旅游点、重点旅游景区到乡村旅游点的道路建设。

六、天津建设中国式乡村旅游的典型案例

案例 1：津南区小站镇迎新村乡村旅游发展案例——人、地、业、治的“四转”模式

迎新村位于天津市津南区小站镇南部，是一座历史悠久、位置优越、环境优美的村落。村庄距离天津市中心约 30 千米，与滨海新区直线距离不到 3 千米，且紧邻津岐公路，交通便利，出入方便。村庄占地面积 1.2 平方千米，人口总数约 1800 人。过去，迎新村主要以传统农业为主，20 世纪 50 年代在全国率先成立迎新水稻种植农业合作社，被评为全国水稻丰产社，受到中央人民政府嘉奖。但传统农业时期，迎新村由于人均耕地面积小，村民生活水平普遍较低。随着时代的进步，迎新村紧抓机遇，转变思路，迎难而上，迈小步、不停步，在村集体的带领下走出了一条独特的乡村旅游发展之路。

（一）迎新村乡村旅游的发展历程

1. 起步阶段

2008 年迎新村进行改革，在党组织领导下陆续成立了 8 个经济主体，并统一由村集体和村民共同持股的迎新聚合商贸有限公司管理，实现了村民向股民的转变。2010 年，村里的年轻人开始利用节假日组织农家乐活动，吸引了少量游客前来体验，村内旅游由此起步。村集体抓住这一机遇，由聚合商贸有限公司下设的迎新农业专业合作社牵头，开始逐步将村内产业向休闲旅游方向推进，发展农家乐、垂钓、采摘等项目，形成迎新乡村旅游 1.0 版本。

2. 发展阶段

2014 年，迎新农业专业合作社自筹资金建设现代农业园区，总占地面积 1100 亩。园区集设施生产、科普培训、农事体验、餐饮住宿等功能于一体，实现了乡村旅游产业的第一次升级。2015 年，迎新村成为天津市首批美丽乡村示范村之一，在一系列政策、资金和技术的支持下，乡村旅游获得较大提升。首先是旅游基础设施得到改善，村内道路、农业设施、娱乐设施不断提升，村庄环境日益美化，游客数量逐年增长。其次是业态和产品持续升级，智能温室条件下的“南果北移”试验成功，成为农旅发展的特色亮点；举办迎新草莓节、樱桃节，成为津南区乃至天津市都市型农业的亮丽名片；产教融合型乡村旅游模式逐渐确立，成功打造全国新型农民培育示范基地、全国农村创新创业孵化实训基地、天津市农民教育机构、京津冀等地的校外实训基地。最后是管理机制进一步健全，村集体成立了旅游开发协会，负责统筹规划和管理全村的旅游资源，为进一步促进乡村旅游事业的发展提供保障。由此形成了迎新乡村旅游 2.0 版本。

3. 升级阶段

2020 年，迎新村被评为国家 3A 级旅游景区，成为天津市著名的乡村旅游目的地。但随着周边地区乡村旅游的蓬勃发展，业态雷同、缺少特色、配套不足等问题日益凸显，特别是经历过“大棚房”整治和疫情的洗礼，迎新村在发展乡村旅游的道路上遇到了新的瓶颈。在这样的情况下，村集体毫不退缩，迎难而上，克服重重困难，积极探索转型升级之路，全力打造“民俗嘉年华”项目，深度挖掘地方传统文化，并通过创意设计、场景演示、互动体验等方式，赋予乡村旅游新的元素与内涵，从而实现了产业的又一次升级。未来，依托村内 800 亩建设用地资源，还将不断谋划田园综合体、民宿博览园、水美乡村、民俗灯会、露营小吃、市级书协美协艺术基地、职业农民培训基地、中小学科普实践基地、生态婚庆基地、打铁花娱乐岛、市民菜园一分田、文旅康养小院等项目，不断丰富乡村旅游业态，打造真正的永不落幕的嘉年华，形成迎新乡村旅游 3.0 版本。

（二）迎新村乡村旅游发展模式解读

2008 年起，迎新村对村经济管理体制进行改革，成立迎新聚合商贸有限公司，将原有村集体资产进行评估，量化到每个村民手里，村集体和村民共同持股经营，从此开启以村集体企业为龙头，统一规划、统一开发、统一管理、统一经营的村庄发展之路，对村庄壮大集体经济、发展乡村旅游具有里程碑意义。在这个过程中，人、地、业、治的“四转”模式，是其乡村旅游发展的基础条件和核心内涵。

1. 转变之一：人——由村民转股民

村集体企业——迎新聚合商贸有限公司成立后，把原来村里的集体资产进行评估后，量化到每个村民手里，每人折合 7500 元。然后把村民每人的二分多土地及 23 年经营权，进行集中流转，每人折合 1500 元，再由每个村民每人投入 1000 元现金，总计每人折合成 10000 元的股份，从而实现村民到股民的身份转变。

2. 转变之二：地——由资源转资产

迎新村拥有得天独厚的自然资源和丰富的文化遗产，主要包括农田及生产设施、池塘水面、民居民宅、商业街区等，此外，迎新村还有众多历史悠久的古建筑、革命纪念地等文化景观。聚合商贸有限公司成立后，将这些资源统一集中到村集体企业名下，根据资源类别进行规划开发，同时通过长期的村庄规划，逐步积累出 80 亩可供开发的建设用地，实现了由资源向资产的转变，为迎新村的乡村旅游发展提供了有力保障。

3. 转变之三：业——由资金转股金

公司成立后，全村 1600 人每人持 1 万元股份，合计 1600 万元，再加上村集体入股 400 万元资产，共计拥有 2000 万元的总资产。在强大的资产与资金支持下，公司在村党支部的直接领导下，提升已有业态，改造了村内早期各类市场，扩大了商户门脸建筑规模；开发新型业态，推进休闲农业、观光农业、运动康养、农事节庆、民俗体验等项目建设，实现了村庄的业态升级。随着时间推移，迎新村集体带领下的全民持股发展模式不断深化，并在其中引入了社会资本，以合理的股权量化方式扩大项目建设资金来源。在最新规划建设的水美乡村项目中，由村集体企业与专业运营公司合作运营，村民和社会资本参与投资分红，构建起“村民和社会资本入股资金＋乡村振兴金融融资＋乡村振兴政策扶持资金＋项目第三方合作资金＋村集体建设用地土地使用权质押担保贷款”的项目建设资金池，并按照村集体土地入股60%、村民及社会资本入股40%的比例进行配比，在为乡村旅游建设提供强有力的资金保障的同时，最大限度地保证了村民与社会投资者的权益。

4. 转变之四：治——由分散转集约

公司在行政管理和经营管理上，服从迎新村党支部的领导，将村内的各种资源资产统一规划、统一开发、统一管理、统一经营，避免了村民各自分散经营存在的规模小、同质率高、再投入难、规范性差等问题，各类项目由规划设计到筹集资金、招标建设、运营管理、售后服务，均在村党支部的领导下，由村集体企业按市场规则开展，并接受全体村民监督，从而实现了村内资源的集约化利用，确保效益的最大化。近年来，在实施乡村振兴的过程中，公司还将产业发展与村庄建设、文化传承、乡村治理紧密结合，按照天津乡村振兴示范村“三美”（美丽田园、美丽乡村、美丽庭院）的标准，全力推进村庄整体发展，从而形成了“党建引领、规划先行、产业支撑、治理有效、共同富裕”的良好局面。

（三）迎新村乡村旅游的经验与启示

1. 发展成效

在村党委的统一领导下，在村集体的努力奋斗下，村集体企业资产由2008年的2000万元发展壮大到2018年的3.4亿元，乡村旅游产业年接待游客30万人次，年旅游相关收入达到7400万元，年效益在1000万元以上。特别是2022年9月开始建设的小站迎新民俗嘉年华项目，通过营造水系，建设乡村旅游露营民宿和水美乡村民俗灯展，计划打造成为独具风格的水美乡村。2023年春节期间，占地400亩的项目一期建成运营，开放了民俗灯光艺术园、儿童无动力乐园、亲子雪场、非物质文化遗产打铁花表演、美食一条街、幸福之路大食堂、泡泡屋、篝火晚会等项目。正月初一至十六共吸引京津冀游客13.66万人次，实现总收入1522万元，成为同期天津市旅游景点榜首，一度火爆“出圈”。

2. 经验启示

（1）村集体是乡村旅游发展的坚实堡垒。一个村庄的发展走向与带头人的决策密不可分。在津郊一个没有特殊资源也没有突出特色的普通农村发展休闲旅游，既考验村集体带头人的眼光，也考验带头人的魄力与能力。20世纪50年代，曾被毛主席批示为“一个作风很好的合作社”的迎新村，始终坚持集体引领下的村民自主发展道路，历任村集体带头人都有着迎难而上、开拓进取、一心为民的革命精神。现任村支书和村两委成员，抓住新农村建设与乡村振兴的历史机遇，在全市率先瞄准近郊区区位交通优势和现代农业优势，以集体企业为龙头，提出发展休闲农业与乡村旅游的定位，并亲力亲为带领村民一起奋斗，以集体持股的方式保障村民利益，同时激发村民参与建设的积极性，开创了一条集体引领乡村旅游发展最终实现共同富裕的振兴之路。

（2）规划引领是乡村旅游发展的重要保障。在发展乡村旅游的过程中，迎新村始终坚持无规划不建设，从最初的多功能农业开发到如今的水美乡村建设，都将规划作为事业发展的引领和根本保障，在不同发展阶段，针对不同目标，先后制定了各类规划十多项，并逐项推动规划落地。目前，迎新村的各旅游项目均以该村村庄规划为根本遵循，严格按照规划中的土地类别与功能进行开发设计。正是在一次次的规划中，迎新村统筹全村旅游资源开发、基础设施建设、旅游市场推广、旅游产业融合等，避免资源浪费和重复建设；明确乡村旅游不同阶段的发展重点和优先发展领域，避免盲目投资和开发，降低开发风险；引导乡村旅游提升品质和档次，推动旅游产品创新和升级，提高游客的满意度和忠诚度，增加乡村旅游的吸引力和竞争力；引导乡村旅游开发与环境保护相协调，促进生态旅游和绿色旅游的发展，保护乡村生态环境和旅游资源的可持续利用，最终实现了乡村旅游的可持续发展。

（3）持续创新是乡村旅游发展的不竭动力。从最初的农家乐、采摘开始，迎新村不断摸索乡村旅游的新项目、新业态、新模式，在村民集思广益、对外学习借鉴的基础上，结合村内资源和政策导向，大胆创新，先后开发了稻田观光、农家住宿、果蔬采摘、家庭菜园、餐饮休闲、水上运动、节庆活动等多个项目。在村集体积累了一定规模的资金和土地资源之后，又尝试景观重塑和业态升级，紧跟时代步伐，着重文化赋能，提出露营民宿和水美乡村建设构想，打造迎新民俗嘉年华，开发游古镇、看小站稻、逛庙会、赏灯会、享美食、嬉温泉、露营、住民宿等多个新业态项目，组织乡村音乐会、民俗文化节等活动，为游客提供丰富多样的体验。正是这种“迈小步、不停步”的尝试与创新，使得迎新村无论是面对“大棚房”整治还是疫情困扰，始终保持活力，成为天津乡村旅游的知名品牌。

（4）共同富裕是乡村旅游发展的初心使命。迎新村乡村旅游发展之路也是村民共同富裕之路。乡村旅游的发展不仅改善了村庄环境面貌，更惠及全体村民。村集体企业股民每人每年能取得5000元分红，全村女性满55岁、男性满60岁以上的老人，每人每月还有700元的养老补助，村民的子女考上大学，村里一次性给予7000元助学资金，村民的医疗保险全部由村里负担，每逢重阳节、春节，全村的老人还有福利，现在全村每年用于村民福利的资金突破1400万元。此外，乡村旅游的发展为迎新村提供了大量的就业机会，目前村内有近一半的村民直接或间接从事旅游行业，一些外出务工的年轻人也因为乡村旅游的发展回到了家乡，从事旅游相关的工作。随着新项目的建成运营，迎新村还将实施新村民计划，提供450个村民就业岗位。通过多年的努力，迎新村的乡村旅游事业已经成为真正的富民产业，更促进了村民与外界的交流与互动，极大地提高了村民的生活品质。

案例2：蓟州区下营镇郭家沟乡村旅游发展案例——“人地共生—景村融合—区域协同—村企共建”模式

习近平总书记指出：“要抓住乡村旅游兴起的时机，把资源变资产，实践好绿水青山就是金山银山的理念。”郭家沟村是“绿水青山转化为金山银山”的最佳样板。该村位于下营镇中部，全村51户、180口人，党员16名，村域总面积1200亩，村北为郭家沟水库。旅游资源得天独厚，东临梨木台、西邻九山顶两大自然风景区。2013年至今，郭家沟村先后被国家相关部门授予美丽乡村、中国人居环境范例奖、全国最美休闲乡村、全国最宜居村庄、全国乡村旅游重点村、国家森林乡村等荣誉。21世纪初，郭家沟村仅有50余户人家、150余人，交通闭塞，人均年收入不到1000元，人均耕地低于1亩。进入新时代后，郭家沟村抓住新农村建设示范点以及从3A级景区向4A级景区提升改造的重大机遇，推进“一家一户”式农家院旅游向全景式乡村旅游转变，对现有村庄、民居、环境、景观进行改造提升，实现乡村旅游高质量发展，着力打造“蓟北水乡，山中不夜城”，成为天津地区有代表性的乡村旅游发展模式——郭家沟模式。

（一）郭家沟村乡村旅游的发展历程

1. 起步阶段——农家院（2003—2010年）

郭家沟村山清水秀，生态资源优越，具备了发展乡村旅游的基础。在生态资源的带动下，2003年，郭家沟村抓住全民休闲时代到来的机遇，效仿常州村发展农家乐。在村书记胡金领的带动下，6户村民利用自有农宅扩建、翻建为农家院，为游客提供服务配套，初步打开了郭家沟农家游发展局面，在农家院经营基础上打造“住农家院、吃农家饭、干农家活”为主题的系列生活体验活动，丰富乡村旅游活动内容，游客在享受惬意的山野采摘、溪边垂钓、登高爬山的同时，还可以品尝烤全羊、贴饽饽炖小鱼、豆腐宴、野菜宴等特色农家饭。该阶段乡村旅游处于自发式状态，为郭家沟乡村旅游1.0版本。

2. 发展阶段——精品民宿（2011—2020年）

2011年，郭家沟村抓住了新农村建设示范点的历史机遇，积极争取市、区、镇相关部门支持，编制了郭家沟乡村旅游提升规划，瞄准“北方民居特色的水乡旅游目的地”定位，兴建旅游接待中心、综合服务中心、旅游产品展销等旅游接待设施，提升改造园林景观、民居街道、污水处理、垃圾处理等基础设施，村庄人居环境得到了全面提升，成功创建集吃住农家、生态观光、果品采摘、水上娱乐为一体的3A级景区。2013年郭家沟村组建旅游服务公司为全村农家院经营户提供服务，实行统一营销推广、统一服务质量、统一采购支出、统一分配客源的联合经营模式，推动“农家乐”逐步向“民宿”转型升级。2018年，郭家沟村引入新理念和新管理，将村内的一处公共服务设施用地改造为高端民宿，与外部投资人共同打造了洛奇溪堂乡间酒店，向乡村民宿的高端市场迈进。到2020年，全村共有43家农家院，其中，外部投资经营的16家，高端民宿型占到11家。该阶段乡村旅游市场规范有序，处于自组织状态，为郭家沟乡村旅游2.0版本。

3. 升级阶段——景村共建（2021年至今）

近年来，郭家沟村周边同类项目和创新项目不断涌现，特别是水韵江南、吉姆乐园等项目投入运营，对郭家沟村既是机遇也是挑战。面临新常态，郭家沟村确立了全域、全产业链乡村旅游的新思路，以现有北方民居为基底，突出夜间经济和旅游度假功能，将郭家沟打造成为城市微度假旅游目的地。在实践中，郭家沟村坚持美丽乡村建设与旅游景区建设的共融、共享，打破景村界限，充分协调居民与游客的利益诉求，寻求乡村现代化与旅游乡土性、乡村景观保护与旅游产品创新、乡村生活服务设施均等化与旅游服务设施体验化的平衡，多方努力下，2022年郭家沟村成功创建为国家4A级旅游景区，"景在村中，村在景中"，真正实现了"美丽资源"向"美丽经济"的转化。该阶段乡村旅游处于高质量发展状态，为郭家沟乡村旅游3.0版本。

（二）郭家沟村乡村旅游发展模式解读

郭家沟在发展乡村旅游的整个过程中，经历了从初级的农家乐模式、精品民宿以及景村共建的不同阶段，在这个过程中，在人地业治框架内，对郭家沟村乡村旅游发展模式进行深度解读，为乡村地区探索农文旅高质量发展提供可复制可推广经验。

1. 基于农民主体性的内源性发展

"人"是乡村振兴与乡村旅游高质量发展的关键要素。发展乡村旅游，离不开农民自身的智慧和力量，必须紧紧依靠农民，充分调动其积极性、主动性、创造性。郭家沟村曾面临村庄空心化、人口外流的严峻现实，通过鼓励农家院发展吸引打工村民返回家乡，全村70%的农户开起了农家院，均为三星级以上，总床位达到600张。除去村民返乡创业之外，郭家沟村吸引大学生村官、本村知识分子、民间艺术爱好者等人员参与村庄发展，确保乡村旅游的"农民底色"。随着社会资本成为推动乡村振兴的重要支撑，资本下乡成为助力农业农村现代化的重要方式。郭家沟村积极引入外来资本，与天津市陶陶投资有限公司签订合作协议，利用他们在经营方式上的灵活性，可以对游客需求、产业环境及政策导向作出快速反应，盘活乡村资源，开发丰富多元的乡村游乐项目，满足多样化的市场需求，包括网红木屋、帐篷营地、商业步行街、温泉中心、无动力亲子乐园、滑梯、溜溜公园、萌宠乐园等，与本地村民经营的乡村民宿形成产业分工和产品互补，更有助于延长游客逗留时间，增加旅游消费。

2. 推动乡村旅游化用地创新配套

旅游用地矛盾冲突是实践中推动乡村旅游转型升级的重要瓶颈问题。郭家沟村拥有得天独厚的自然资源，为更好地推动乡村旅游的高质量发展，激活乡村产业新动能，郭家沟村充分利用政策，积极推动土地利用向乡村旅游化用地方式转变，满足乡村旅游多样式的建设需求和用途灵活多变的特殊性，充分利用农田及生产设施、池塘水面、林下空间、民居民宅、公共建筑等，不改变原来地性的同时，拓展原有功能，具体包括：鼓励村民将农家院升级为精品民宿；与外部企业合作，将村内一处公建场地改造为高端民宿；因地制宜，以配套建设用地形式，开发适合山地、林地的休闲游乐项目；由村委会协调，迁移村内 29 处坟地等；发展多元新业态的同时，也在一定程度上解决了农村集体经营性建设用地有限的困境。

3. 农文旅融合推动多元业态共生

郭家沟最初的乡村旅游业态主要为农家乐经营，为改变这种单一粗放经营局面，郭家沟通过积极制定规划，引入工商资本，通过项目合作、区域共建等方式，推动乡村旅游产业链、供应链、消费链不断优化升级，共同打造特色鲜明的郭家沟乡村旅游品牌。

在村庄运营中，郭家沟村积极探索以创新理念丰富村庄业态，促进农文旅融合发展，不断强化村庄吸引力。升级打造精品农家和高端民宿，打造诗意栖居地；根据市场需求，发展林下休闲经济，布局无动力攀爬乐园、萌宠乐园、水上乐园、丛林过山车等网红游乐项目；定期开展天文科普活动，联合西木帐篷营地举行星座观测、天文夜谈、露营音乐会等项目；根据各个节假日和客流高峰期举办乡村文化宣传活动及乡村音乐节；结合景区内地形优势，冬季开展乡村冰雪嘉年华活动。在这些措施和努力下，提升了郭家沟村的专业化和品牌化水平，在此基础上形成乡村旅游产业集群。

4. 多方平衡稳定的乡村治理结构

乡村旅游地作为一个复杂系统，其产业属性的特殊性和多元利益主体的交织极易引发场域内的矛盾冲突。郭家沟村通过一系列的正式制度和非正式制度，来平衡村内不同利益主体之间关系，包括村民之间、村民与游客之间、村民与外部投资者之间的各种竞争博弈关系。

村民之间：2013 年郭家沟村开始实行公司化管理，组建旅游服务公司为全村农家院经营户提供服务。公开招聘专业人员经营管理，实行“五统一”的联合经营模式。同时，区旅游局为全村农家院进行了星级评定，确定了统一的收费标准，避免村内村民恶性价格竞争。

村民与游客之间：通过创新服务理念、创新服务设施、升级服务水平、转型服务项目，形成民客互动、深度体验的创新型服务模式，实现了村民追求美好生活的愿望，又提高了旅游的体验感。

村民与外部投资者之间：以村集体的名义与外部投资者建立合作关系，健全村民对于旅游发展的参与和决策机制，保证全体村民利益。通过村集体旗下的旅游服务公司，采取“保底租金 + 分红”的模式，确保村民与外部投资者之间能够达到新的平衡，形成“政府主导 + 市场运作 + 村民参与”的多方融动的发展模式。

（三）郭家沟村乡村旅游的经验与启示

1. 发展成效

（1）经济效益。2020 年，全村旅游接待量 20 万人次，旅游综合收入从 2019 年的 3500 万元增加到 5000 万元，人均纯收入突破 8 万元。预计 2023 年年底，村民人均可支配收入可达到 10 万元以上，户均收入 30 万以上，村集体收入可达到 150 万元以上，实现区级留成税收 200 万元左右。

（2）社会效益。依托优美的生态资源、健全的制度优势，郭家沟村成功跨越了中低端定位、本村经营的乡村旅游经营壁垒，形成村企共建的良好合作模式——以本地村民为主，同时积极引进外部投资和先进管理手段。同时借助村庄的平台优势，村民成为有产业、有组织、有岗位、有资产的四有新农民，实现了全村劳动力充分就业和旅游业的全面协调可持续发展。

2. 经验启示

（1）人地共生。郭家沟村曾是典型的山区贫困村，但随着全民休闲时代的到来，郭家沟村抓住历史机遇，强化低碳、绿色发展，明确了环境提升、农家院（民宿）发展、公司化运营管理的“三步走”发展思路，将绿水青山转化为金山银山。

一是不搞大拆大建，郭家沟村始终坚持原来的河流草木与建筑特色，原有的田园村布局与风貌，在维持原生态的基础上进行适度的修复修补。二是保持微改造，实现精准提升。在保持整体格局和原有风貌的基础上对居民生产、生活和旅游接待设施，包括排给水、电、气、路、网、垃圾处理等户外设施及户内生活设施进行微观改造与精准提升。三是把人地和谐共生的理念以各种方式融汇到乡村旅游活动各环节，包括项目选址、农舍布局、内外结构、农事耕作、特色农产品、民间手工艺以及民俗文化等均体现人地和谐共生的基因。

（2）景村融合。“景村共建”的本质是把美丽乡村建设与旅游景区建设有机结合，以旅游景区的标准建设美丽乡村，并以旅游景区建设带动乡村发展，实现乡村景区化与景点化，构建空间互应、资源共享、设施互补的共同体，从而达到乡村与景区融合协调发展的目的。郭家沟村以“京津地区最具中国北方民居特色的水乡旅游目的地”为定位，对现有村庄、民居、环境、景观进行改造提升，实现景村共建，2022 年郭家沟村成功创建为国家 4A 级旅游景区。

一是空间互应。依托村庄本体，对国土空间进行开发利用，使景区和乡村在空间上相互叠合。全面盘活乡村资源，统一利用村庄土地，统筹农文旅三大产业，延伸旅游产业链，实现“以农推旅、以旅助农、农旅互动”的发展态势。二是资源共享。对村内自然景观和民居进行开发设计，布置增加游玩研学项目，包括民宿、村史馆、旅游服务中心、停车场、商业步行街、无动力乐园，实现村民资源为村民与游客所共享。三是设施互补。实现以路、水、电、文、教、卫等为核心的乡村生活服务设施与以食、住、行、游、购、娱等为核心的旅游服务设施的重合互补。结合美丽乡村建设，新建旅游接待设施，加强文化体育、公共照明、垃圾处理等旅游服务设施建设。

（3）区域协同。郭家沟乡村旅游的发展，不仅实现了本村产业发展和村民的共同富裕，同时也实现了周边村庄景区（团山子、青山岭、环山湖景区、吉姆乐园等）的协同发展，实现了从全域乡村旅游向乡村旅游聚集区发展，形成点线面层次分明、亮点突出、特色鲜明的全景式乡村旅游发展格局。一是主动衔接大景区，通过在交通、游线、市场资源、营销推广等方面的有效联动与互动分享，实现区域联动。二是打造有别于周边村庄景区的差异化，特色化的旅游产品体系和功能布局，形成“人无我有、人有我优”的产品体系。三是根据差异化资源及空间区位，确定不同的发展主题和功能，避免同质化竞争，提高彼此间的互动和联动。

（4）村企共建。在乡村旅游的发展过程中，地方政府、投资主体和村民之间的关系如何协调，利益如何分配就成了乡村旅游建设过程中的一大难题。郭家沟村引入上海景域驴妈妈集团、陶陶集团等有实力的旅游企业开展合作开发，企业通过投资、招商、运营、管理等环节深度参与乡村旅游开发，改善乡村旅游的供需水平，在创造经济效益的同时，也维护乡村未来的可持续发展。一是企业更加充分地深入乡村、贴近村民，密切与村民的联系和交流，将村民纳入利益联结机制中，吸纳大量农村富余劳动力就业，带动村民共同富裕。二是企业通过灵活的市场机制参与村庄经营，盘活了乡村潜在的旅游资源，在文化传承、遗产保护、生态建设等方面，激发村庄自我造血的内生动力。此外通过企业之间合作，不断引入外来资源，促进城乡要素流动，形成人才、资金、技术、信息等要素资源向乡村集聚的良性互动局面。

案例 3：宁河区七里海镇任凤庄村乡村旅游发展案例——村两委 + 农村职业经理人的内外结合模式

党的二十大报告明确指出，“培养造就大批德才兼备的高素质人才，是国家和民族长远发展大计”。群贤毕至，国运方兴。乡村振兴需要人才，面向社会招聘，积极引入有能力、懂农业、爱农村的职业经理人投身本地建设，就是用市场化手段解决农村经济发展过程中的人才问题，让农业农村成为创新创业的新天地，助推乡村振兴。在天津市宁河区，农村职业经理人成了推动乡村旅游发展的重要力量。这些职业经理人又被当地村民称为“乡村 CEO”，通常有着专业的旅游管理知识和经验，能够对村庄的旅游资源进行深入的开发和利用。目前，宁河区面向全国公开选聘的首批三名农村职业经理人已上任近一年，他们通过自身专业特长和对接市场能力，在升级乡村产业、改造乡村面貌、带领村民致富、打造乡村新形象等方面进行了积极探索与实践，取得了丰富成果。农村职业经理人项目的设立是天津推进乡村旅游的一种全新模式，旨在发挥高素质人才的作用，在充分发挥内生人力资源的优势下，积极引入外脑、外力，为乡村旅游的发展注入新的活力，开发新的亮点，并提供科学、规范、高效的管理和服务，从而为乡村地区解决发展中“人”的困境问题。该项目同时也是宁河区创新乡村治理体系、夯实乡村振兴基础的一次尝试。

（一）任凤庄村乡村旅游发展现状

任凤庄村位于宁河区七里海镇正北方向，地处津芦公路北侧，紧邻七里海生态湿地核心区，是宁河区七里海镇镇政府所在地。任凤庄村现有 1190 户、常住人口 4106 人。全村耕地面积 7000 余亩，大力推进稻蟹混养、设施园区，培育形成了七里海河蟹、芦花香果蔬、蟹田稻米等区域名牌产品，以及七里海河蟹面、清华豆腐等知名美食菜肴。

1.“三水”农业特色鲜明

任凤庄村农业形成了水稻、水果、水产三大特色产业。优质小站稻种植面积 7000 亩，以优 99、金稻 919 等优质稻品种为主，同时推广稻蟹综合种养模式，发展稻田养蟹生态农田 500 余亩，打造“七里海香蟹”品牌。葡萄、枣、核桃、桃等果林种植面积共计 650 余亩，在传统农业的基础上任凤庄村持续推广有机果蔬种植大棚等，着力打造绿色有机食品品牌。全村水产养殖水域面积共计 1000 余亩，水产养殖以鱼、虾、蟹为主，依托七里海河蟹品牌，依靠科技和人才支撑，成功繁育出高品质河蟹种苗。

2. 乡村旅游生机勃勃

任凤庄村临近七里海生态湿地，多条高速公路穿过村域，交通便利，具有明显的区位优势，且拥有七孔闸、百年梧桐树等历史文化遗迹。以党总支书记王会生为首的村两委发挥村庄生态、资源、产业与文化优势，从2010年开始逐步引导村庄产业向休闲农业和乡村旅游方向拓展。从最开始的生产条件改善，到村庄整体风貌打造，从简单的采摘垂钓活动，到食、住、游、购、娱一条龙服务，任凤庄村逐步实现了田园变公园、村庄变景区、民房变民宿、风景变“钱”景。目前，村内共建成精品民宿10余处，打造玖润、芦花香2个规模较大的农业园区，各类垂钓园、采摘园20余处，具有稳定的游客来源和良好的旅游业发展基础。为进一步统筹规划农文旅产业发展，任凤庄村创办七里海任凤庄村强村富民文化旅游发展有限公司，立足于任凤庄村旅游规划，对村内现有的民营农家乐加盟、村容村貌改善等事项进行统一管理。

3. 乡村治理优化环境

任凤庄村组织机构健全，村内设有党群服务中心、村委会、纪检联络站、新文明实践站、七里海溢新农副产品专业合作社等，各机构间职责分工明确。村“两委”班子共8人，在推进产业振兴、改造人居环境、建设数字乡村、创文创卫等重大工程中身先士卒，团结带领全体党员和村民投入到各项活动中，成为该村发展乡村旅游的强劲“火车头”。在村“两委”班子的带领下，截至目前任凤庄村共获得国家级荣誉3次、省部级荣誉7次、区级荣誉11次，获得全国文明村镇、全国美丽休闲乡村、天津市乡村治理示范村等称号，在天津市村庄评星定级中连续三年获评“五星村”。

（二）任凤庄村乡村旅游发展模式解读

1. 农村职业经理人项目基本情况

宁河区农村职业经理人项目是宁河区面向全国公开选聘乡村建设人才的一项政策。该项目选聘的农村职业经理人将主要负责所在村的项目经营、村民增收等方面的管理和服务，同时也会为村集体经济组织提供专业的市场营销、品牌建设、资源整合等方面的支持。

该项目的选聘要求包括但不限于：具有3年以上经营管理、投融资、农文旅等工作经验，具备相应的学历和职业素养，有良好的沟通协调能力和团队合作精神，以及有志于从事农村职业经理人工作等。该项目采用面试的形式进行选聘，并实行聘用制管理，首次聘用期一般为 1 年，续聘 2 年。

农村职业经理人的薪酬分基本工资和绩效工资两部分，基本工资为 6050 元 / 月（含五险一金等），由区级负责发放；绩效工资由所在村根据事先制订的考核办法及考核情况在年底一次性发放，由各村自行承担，一般不超过村集体经营性收益的 10%。

在聘用期间，农村职业经理人及团队成员还可享受相应的待遇，主要包括：聘用期间，农村职业经理人及团队成员人事档案纳入街镇管理，组织、工会等关系均迁入所在村，享受每年一次区级医院免费健康体检；有子女在当地就学需求的，由街镇负责协调解决。村属企业职业经理人及运营团队成员居住地在区外的，所聘村应为其落实可用于居住的集体闲置房产，但不享有宅基地权和农房所有权；有耕作需求的，由所在村以减免租金形式提供可用于耕作的土地，但不享有土地承包权。

2023 年 2 月，宁河区首批 3 名农村职业经理人经过公开选聘，从 59 名报考人员中脱颖而出，走马上任，其中履职七里海镇任凤庄村的岳振胜是一位电商营销达人。签订聘任协议后，“乡村 CEO”立即投入对乡村资源的重新梳理和再次发掘中，围绕村庄现实条件，利用自身优势和外部资源，组建了各自的工作团队，开展了一系列工作，积极将任凤庄村打造成天津市数字乡村试点单位。

2. 以人为本内外结合的乡村旅游发展模式

（1）内生人才——发挥村两委的带头作用。近年来，七里海镇任凤庄村两委班子不断夯实党建工作，充分发挥党总支引领作用，按照“大水、大绿、大美”的总体要求，不断改善农村人居环境，发展以旅游为引领的乡村产业，使村容村貌焕然一新。他们以“村民对美好生活的向往”作为奋斗目标，扎扎实实为村民办实事、解难题，积极推进新时代新农村建设进程，用匠心打造美丽村庄，发展美丽幸福事业。

一是村两委牵头组织制定任凤庄村的旅游发展规划，明确旅游发展的目标、重点和措施，充分考虑村庄的自然资源、文化底蕴和市场需求，合理安排旅游项目和活动。二是鼓励和引导农民参与旅游发展，提供相关政策和资金支持，帮助农民开办农家乐、民宿、垂钓园、采摘园等旅游接待点，组织开展对农民的培训和教育，提高他们的服务质量和经营水平。三是加强村庄整治和建设，村两委多年来持续组织村民开展村庄整治和建设，改善村庄的环境和风貌，提高农村的清洁度和美感，修建休闲设施和旅游接待设施，方便游客的游览和休息。四是积极推广任凤庄村的旅游品牌，提高其知名度和美誉度，定期举办美食大赛、垂钓大赛等节庆活动和民俗文化表演，充分运用网络宣传，吸引游客的关注和参与。五是加强旅游安全管理，村两委牵头制定安全管理规定，加强对旅游活动的监管，培训农民作为安全员，协助维护旅游安全保障游客的安全。然而，随着乡村旅游业态的不断升级和市场竞争的日益加剧，本土人才在运用新技术、新手段，打造新产业方面的瓶颈逐渐显现，任凤庄村党总支书记王会生就表示，曾在十多年前带领着村民搞垂钓的他，现在感觉自己的"脑子太落后了""希望有一个人能分担，帮助村里农文旅融合发展"。

（2）外引人才——职业经理人的拓展与提升。"70后"电商达人岳振胜看到宁河区发布的公开选聘农村职业经理人公告后，专门去任凤庄村考察了3天，查看村内道路等硬件设施，了解特色农产品，走访村民掌握第一手资料，为竞聘做足了准备。正式签约后，针对任凤庄村人多、地多、农产品丰富等特点，岳振胜逐渐勾勒出未来乡村的建设图景：建立电商直播基地，培养本村电商直播人才；打造任凤庄村农产品品牌，实现农产品标准化，对河蟹等特色农产品进行深加工，提高附加值；打造"赶大集"品牌，在大集上引进户外用品、钓具、文玩等商家，把1000多亩林地打造成宿营打卡地；挖掘七孔闸历史文化内涵，为拓展文化旅游做好准备。在这些设想的指引下，这名"乡村CEO"开展了一系列工作。

一是组织开展面向村民的电商培训班和视频制作扫盲讲座，帮助村民了解和应用这些新技术和设备，提高村民对接乡村旅游发展的能力。二是进行市场开拓，通过深入了解市场需求和竞争格局，帮助任凤庄村的旅游节点开发新的市场和销售渠道，推广新产品，提高盈利和发展能力；邀请外部机构、文旅企业、网红团队、金融公司等到村庄考察交流，为乡村旅游发展不断拓展市场。三是推进农业生产现代化，在村党总支的组织协调下，动员有意愿、有闲置土地资源或承包村集体土地的农户，选取16亩土地实施试验田种植工作，与中国农业大学等科研院校开展合作，引进新品种、新技术和新设备，规范生产流程，提高生产效率，增强村内特色产品的竞争力。四是进行旅游资源开发，依托天津七里海任凤庄村强村富民文化旅游发展有限公司，以“让城市人在农村有个家”为理念，考察调研任凤庄村各农户的闲置房屋，并与招商银行、建设银行洽谈高端客户引流工作，计划根据客户需求，邀请东方农道规划团队设计农家庭院，以长租的形式让客户长期体验农家生活、感受乡村风情。五是建立“七里海任凤庄村农副产品直播电商基地”“七里海农副产品电商直播带货展示选品基地”“七里海农副产品直播电商实训基地”，组织开展水果类农产品直播大赛，同步进行任凤庄村直播账号引流测试工作。经过半年多的努力，农村职业经理人与村两委、村民建立起有序合作、互相支持的良好关系，用新颖的理念补齐村庄发展乡村旅游在开发思路、产品打造、市场营销、经营管理等方面的短板，为乡村旅游规范化、专业化运作提供重要支撑。

（三）任凤庄村乡村旅游的经验与启示

1. 发展成效

在村两委的带领下，任凤庄村乡村旅游发展取得了丰富成果，通过精品民宿建设、农文旅融合项目建设、人居环境改善和旅游配套设施完善等方面的努力，提高了村庄的旅游吸引力和竞争力，为村民增加了收入，也为游客提供了更加优质的旅游体验。乡村旅游的发展促使集体经济实力不断壮大，2022年，集体经济收入达到259.5万元。村庄农文旅发展格局初步形成，以农业种植和水产养殖为主导产业，稳步推进建设特色民宿产业项目，村内已建成带状公园、党建文化长廊、垂钓园、有机果蔬种植大棚等项目，打造集采摘、垂钓、餐饮、休闲度假、电商直播、网红打卡等于一体的田园综合体，进一步带动群众致富增收，实现乡村产业、人才、生态和组织振兴。

2. 经验启示

（1）村党组织是乡村旅游发展的坚强堡垒。村党总支在乡村旅游发展中扮演着至关重要的角色，是推动乡村旅游发展的坚强堡垒。一是起到思想引领的作用。任风庄村党总支通过加强党的思想建设，引领村民转变观念，树立旅游发展意识；通过加强党员教育，提高党员的思想政治素质，使其更好地服务于乡村旅游发展；通过村两委班子的以身作则、率先垂范，带领全体村民认识乡村旅游、了解乡村旅游，并有意愿从事乡村旅游，形成了上下一股绳的合力。在与农村职业经理人的合作中，村两委班子本着从实际出发、为村民服务的思想，为职业经理人提供大量资源与支持，实现了合作共赢。二是起到组织协调的作用。在发展乡村旅游的过程中，任风庄村党总支通过发挥领导作用，协调各方利益，调动村民参与旅游开发的积极性，协调各方面的资源，包括人力、物力、财力等，推动乡村旅游发展。三是起到规划指导的作用，村党总支根据市场需求和本地资源情况，制定乡村旅游发展规划，指导村民合理开发旅游资源，还通过加强环保意识教育，确保旅游开发与环境保护相协调。四是起到服务群众的作用，任风庄村党总支在乡村旅游发展中，为村民提供技术指导、市场信息、资金支持等服务，提高村民参与旅游开发的积极性和收益水平，同时还负责维护社会稳定，保障乡村旅游的安全与秩序。

（2）人才是乡村旅游发展的关键因素。人才是乡村旅游发展的关键因素。乡村旅游的持续发展不仅需要一批熟悉当地情况、具有乡土情感的本土人才，也需要一批能够研发设计旅游线路、开发旅游项目的专家型、经营型乡村旅游人才。对于乡村旅游的发展，首先是要根据村庄的特色，挖掘其内在的文化底蕴和自然景观优势，形成有别于其他村庄的独特吸引力。这就需要本土人才深入了解村庄的文化、历史和自然环境，同时需要有一定的创新思维，能够将这些资源转化为具有吸引力的旅游产品和服务。同时，乡村旅游也需要具备一定商业知识和经营能力的人才，需要有市场观念，懂得如何将旅游产品推向市场，进行有效的营销和推广。此外，还需要有服务意识和专业知识的人才，能够提供优质的旅游服务，保证游客的旅游体验质量。另外，从政策层面来看，也需要制定相应的人才政策来吸引和留住人才，同时为人才创造一个宽松和谐的环境。宁河区首次尝试的农村职业经理人项目就是为本地发展引入一批有能力、懂农业、爱农村的人才，发挥多方人才的聪明智慧，让农业农村成为创新创业的新天地，助推乡村振兴。

（3）内外结合的良好机制是乡村旅游发展的保障。乡村旅游的发展需要内外结合的机制来保障，外部机制提供政策、资金和技术支持，内部机制则负责具体实施和运营。只有通过这种内外结合的方式，才能确保乡村旅游的可持续发展，并为游客提供更好的旅游体验。任凤庄村构建了以原著村民、村党总支为核心的内部机制，和以农村职业经理人及其团队为核心的外部机制。其中内部机制主要负责乡村旅游开发导向控制、资源资产管理使用、旅游市场监管、村民利益机制构建等，通过成立旅游公司、协会等组织机构，营造健康、稳定、规范、有序的乡村旅游市场环境。外部机制坚持“不求我有，为我所用”的原则，通过农村职业经理人团队的资源优势和市场经验，着力打造旅游综合体和经营模式，以实现村庄产业升级、全域旅游发展、拉长旅游时间、扩大经营收入、带动农民增收的目标。任凤庄村目前已形成的内外机制有序合作，充分发挥两种资源、两类人才的各自优势，形成互补而稳定的发展格局，可以更好地实现乡村旅游的规范化、高效化发展，提高了乡村旅游的社会效益和经济效益。

Part 7

案例1：云南文山普者黑——边疆少数民族“乡村旅游+”产业发展模式

南开大学旅游与服务学院
韩若冰

一、发展背景

普者黑景区位于云南省文山壮族苗族自治州，作为东部发达地区与云南省之间的陆路通道，文山州未来规划成为中国与越南经济贸易发展的重要节点，是一个具有民族地区、边境地区、贫困地区、石漠化地区、革命老区、原战区等多重定位的民族自治州。

文山州境内平均海拔1000米至1800米不等，气候温润，下设一市七县，拥有汉、壮、苗、彝、傣、回等11个世居民族，拥有丰富的民族旅游资源，同时其英雄老山品牌的塑造也不断深入人心，规模效益已经初步形成。

文山州旅游1992年起步，多年以来，全州的旅游环境日益顺应发展，旅游景区规划也不断完善，进一步扩大着旅游产品的知名度和影响力，一批以民族文化为主题的旅游景区景点已初步建成，如融入普者黑村、仙人洞村、白脸山彝族风情的普者黑喀斯特高原湖泊湿地风景区；广南地母历史文化旅游景区以及马碧村等传统村落；坝美世外桃源景区展现原生态的壮族民俗，在国内外积累了一定的知名度。

“十二五”和“十三五”期间是文山州旅游产业的快速发展时期。自“十二五”以来，文山州着力将旅游产业培育成为全州支柱产业和经济增长点，已取得了一定的实效。2010 年全州共接待国内外旅游者 486 万人次，实现旅游总收入 35 亿元；2017 年全州旅游总人数和旅游总收入分别超过 200 万人次和 220 亿元。旅游对经济的拉动作用不断增强，旅游经济效益也初步体现，但目前为止旅游资源仍未得到充分挖掘。2019 年，随着全面深化国家机构改革，“文旅融合”战略的提出，文山州文化和旅游局正式成立，2019 年以来，文山州以中国・广南 2019 句町文化旅游节、第二届“桃花节”、西畴女子太阳节等民族节庆活动为载体，依托民族团结促进文旅深度融合。近年来，随着经济增长和地方政府的支持，铁路、公路交通网络不断完善，在文旅融合的大背景下，探索从加强拓展文化活动与举办文体赛事两个方面实现与旅游的融合发展，发挥文化的灵魂和引领作用，把旅游这个载体做大做强，对实现文化和旅游的双赢具有重要意义。

二、云南文山普者黑景区发展状况

普者黑景区地处云南省东南部，文山壮族苗族自治州丘北县境内滇东南喀斯特山水文化旅游区，片区北部与滇东北、滇中旅游区相接，西部与滇中旅游区、滇西南大湄公河跨国旅游区相接、东连贵州、广西，南与越南接壤，属于滇东南岩溶区。景区核心区域普者黑村共有住户 2803 户，11321 人，下辖普者黑、仙人洞、水围营等 10 个村小组，距离云南省省会昆明市 280 千米，距离文山州府 103 千米，距丘北县城最近的普者黑国家湿地公园 3 千米，是云南旅游业“三线六区”中的昆明—石林—阿庐古洞— 普者黑—罗平滇东南片区的重要景区，与罗平峰丛峡谷、石林剑状岩溶、九乡溶洞、泸西阿庐古洞等同属于喀斯特岩溶地貌景观。

1996 年 10 月，普者黑景区被云南省政府批准为省级旅游度假区，2020 年 12 月，被评为国家 5A 级旅游景区，2023 年 8 月 2 日，普者黑村被列为文化和旅游部第三批全国乡村旅游重点村。

景区自然资源丰厚，旅游淡旺季分明，每年 5 月上旬至 10 月下旬荷花盛开之时为旺季，11 月至次年 4 月为淡季，由普者黑国家湿地公园、普者黑国家风景名胜区和国家级水利风景区摆龙湖三大部分组成，拥有典型的喀斯特“峰林湖泊”景观，以“水上田园、彝家水乡、荷花世界、岩溶湿地、湖泊峰林、鱼鸟天堂”六大景区特色而闻名遐迩。景区内有 312 座峰林、83 个溶洞、54 个湖泊，水面面积达 4 万亩，在云南省乃至整个西南喀斯特山水旅游区都具有一定的代表性。

除了得天独厚的自然条件，普者黑又有汉、壮、苗、彝、瑶、白、回 7 个民族交错杂居，少数民族人口占总人口比重过半。由于各民族的饮食起居、风土人情、婚丧嫁娶等民俗文化各不相同，形成了丰富独特的少数民族风俗文化，构成普者黑旅游文化的中流砥柱。

普者黑景区始终努力打造“世界喀斯特，中国普者黑”的旅游形象，同时作为带动自治州旅游发展的核心，也承担着“送戏、送书、送电影下乡”“荷花节”“国际旅游节”“花脸节”“壮族三月节”“特产文化节”等节庆活动。而作为景区核心区域的普者黑村是普者黑景区发展的主要受益村之一。

“十二五”以来，普者黑景区被作为地区旅游重点建设项目进行大量投资，旅游基础设施逐渐完善，景区规划面积从 1993 年的 165 平方千米扩展到现在的 388 平方千米，景区面积扩大了一倍；从开园仅有的核心景区扩展到拥有天鹅湖国家级水利风景区和摆龙湖普者黑国家湿地公园等多个附属景区，旅游接待人数翻番，客源市场结构相对稳定，省内客源市场以昆明、玉溪、红河等州市为主，省外客源市场以贵州、重庆、四川、广西、广东等省份为主，海外市场以东南亚、南亚的中国香港、中国台湾和越南等国家和地区为主。旅游收入增长率高，在旅游业经济迅速增长的带动下，相关产业均呈现出良好增长态势，旅游收入所占地区 GDP 持续攀升，逐渐成为地区支柱产业。

三、开发举措

（一）依托丰富资源类型，打造“旅游 + 影视”产业生态链

充分利用优质自然景观，“旅游 + 影视”提高景区知名度。自然资源方

面，普者黑景区内有被称“小香格里拉”的舍得草场、普者黑村的人工种植花海、在我国西南部滇黔桂喀斯特地貌中极具代表性的喀斯特湖泊湿地生态系统——普者黑喀斯特国家湿地公园、建于国家“总路线、大跃进、人民公社”三面红旗年代而被称为“红旗水库”的摆龙湖水库等景观类型丰富的自然资源，观赏价值高，摄影素材丰富，近年来更是吸引着影视剧、综艺节目等前来取景，深受摄影爱好者的青睐。2013 年，综艺节目《爸爸去哪儿》在普者黑景区选址录制，这里的山水风光初次步入大众的视野；2017 年，电视剧《三生三世十里桃花》中占有大量取景篇幅的女主人公居所选址在普者黑；《哪有这里更美丽》MTV、《冷箭》等影视节目的拍摄与录制工作后，普者黑再次受到大众关注，吸引游客前来打卡。

人文资源方面，由于普者黑有多民族世世代代居住于此，人口组成复杂，多种民族文化相互碰撞，留下了大量宝贵的历史和民俗文化遗产，为普者黑大力发展旅游业，吸引外来游客注入了内涵与活力。

（二）乡村旅游中“人”的治理

“景区带村”精准化发展，延伸旅游服务范围，缓解人手短缺，提供就业岗位。由于历史性的贫困问题，普者黑村居民谋生手段具有单一、落后、农耕生计依赖的特征，摆脱贫困是农户的内在愿望和需求。近年来，在普者黑旅游景区建设的辐射带动下，居民生计策略步入转型阶段，目前以旅游为主业的农户占比逐步提升，与非旅游型生计策略农户之间的差距逐渐缩短，且由于普者黑湿地流域自然保护区相关法律的限制，以及旅游开发对耕地面积的占用，原先依靠自然资源，以种植作物、养殖业、务工为主业的居民加入当地旅游产业发展、开展旅游服务创收的意愿较强烈。

目前，普者黑村内的旅游主营型农户主要在村庄周围从事民宿客栈、特色餐饮、旅游产品售卖、景区内交通运输、特色农家乐经营、观光采摘经营等旅游经营活动，在景区内旅游资源的吸引下，大量游客前来普者黑景区进行旅游消费，旅游主营型农户收入大幅增加。部分农户采取“养殖种植 / 务工 + 旅游”的组合生计方式，农闲时或旅游旺季参与景区内的旅游服务活动，缓解景区旅游服务人手短缺、乡村空心化问题的同时，增加了补贴家用的生计方式，农户年收入较单一传统农业和外出务工有了明显提升，有效带动村民致富振兴。同时，从中获益最显著的旅游主营型农户对经济、文化、旅游公平感知及对相关部门的信任度同步提高。

（三）“一地多用”，花卉产业与旅游产业交集，延伸旅游半径，提高创收能力

政府重视，政策支持，打造“五花产业”。依托得天独厚的自然资源和旅游资源，近年来，云南省政府着力推动打造“五花产业”，助力旅游扶贫，分别由荷花、玫瑰、樱花、菊花和油菜花“五朵金花”组成。通过给予政策支持鼓励普者黑村民种植花卉，吸引游客赏花度假，同时形成花卉产业生态链，花农从旅游和花卉副产品中获得收入，既有效解决了村民的就业问题，保障了村民收入，又提升了普者黑景区的整体旅游吸引力。“十二五”以来，文山州政府更是加大投资力度，扩大景区规模，围绕原先的核心区拓展延伸区，扩大景区规模，提高景区创收能力和规模效益。

四、存在的问题与对策

（一）主要问题

1. 景区旅游资源开发和规模化受到旅游屏蔽效应制约，宣传营销效果削减

受所处地理位置、交通状况、资源特点、管理水平等因素的影响，普者黑景区所处的文化旅游片区内部及周边有先于普者黑声名远扬的著名景区，如香格里拉、大理、丽江等，所以相较之下对游客的吸引力不足；且其所在的文山丘北县境内截至 2016 年还没有火车、高铁的通行，境内公路距离文山普者黑机场车程高达90分钟，相比芦笛岩、织金洞、桂林等性质相同的景区，交通起步晚，到达成本更高，到达便利性较低，故游客驻足概率降低。尽管近年来随着云桂高铁的通线和许多热门综艺节目及影视剧的取景，普者黑景区的旅游知名度有所提高，但其资源级别和品牌影响力方面的缺陷依旧突出，仍然处于区位屏蔽之下，旅游宣传效果短期内收效不佳。

除普者黑景区外，云南省还有阿庐古洞、石林、建水燕子洞、九乡等精

品的喀斯特旅游景区，与普者黑景区特别是秋冬旅游淡季的替代性竞争，造成了普者黑景区的客源分流。同时，观光型旅游者的旅游行为特点为在同类型景区优先选择地位级别、知名度最高的。普者黑景区所处的滇东南旅游区相较之西南地区的织金洞、黄果树瀑布、芦笛岩、桂林山水、武隆天生桥芙蓉洞、九寨黄龙等景区，高品质高级别的景区较少、已成规模的成熟旅游线路较少、旅游产品和服务设施相对落后，这也是减弱普者黑景区整体市场竞争力的原因。

2. 产品种类单一，同质化严重

尽管普者黑景区的喀斯特山水田园风光在同类景区中具有一定的辨识度，但资源开发水平却处于起步的模仿阶段，长期以来主要以观光为主，特色民族文化挖掘不够深入，旅游产品开发浮于表面。现有项目仅有民族生态村参观、游船戏水、赏荷、游溶洞等，观光为主，内容静态单调，大大降低了游客的体验感和参与感，造成同质化严重、游客滞留时间短、重游率低等问题。

3. 宣传营销策略存在缺陷，旅游亮点挖掘不深，淡旺季分明，旅游形象固化

在宣传营销过程中，普者黑主要以“激情水战，夏季赏荷”为宣传亮点，吸引力来源过于单调，旅游收入与客流量对荷花景观的依赖性强，每年夏季荷花开放时，旅游接待量接近甚至超过景区的最大接待容量，而荷花凋落时则游客稀少，可见整个普者黑景区的旅游业受荷花的生命周期影响大，淡旺季明显，游客容易形成夏季游普者黑的思维定式，固化了普者黑景区的整体旅游形象，不利于普者黑开展全年旅游营销。

4. 所处地貌土壤贫瘠，湖泊流域多空隙暗河，自然灾害较多，生态脆弱

喀斯特地貌由水对岩石的溶蚀形成，主要发育在碳酸盐类岩石尤其是石灰岩分布区，地貌复杂，稳定性低。独特的形成机制，使得生态地质环境异常脆弱。因此，普者黑在进行旅游开发时，更要重视生态保护，走可持续发展之路，制定长效化科学化的发展规划。然而，目前的开发带有一定的盲目性和短视性，逐渐出现水体污染、湖滨人工设施泛滥、垃圾增多等问题，严重影响了景观质量，对旅游资源造成不可逆的破坏，同时，也对喀斯特景区

整体品牌形象造成了不良影响。

5. 周边景区规模较小，景区内部点间距离较大，景观特征相似，未形成有效集聚效应和互补效应

普者黑旅游于20世纪末始开发，起步晚，缺乏系统长期规划。旅游业发展的速度与旅游投入匹配度不高。景区内各景点布局不合理，联系性低，不易连成片区，形成规模。同时周边各景区或者吸引力差距过大形成屏障，或景观相似度高，知名度一般，无法形成区域集聚效应。

（二）对策

1. 改善景区品质，丰富产品种类，打造优势品牌，发挥区域带动作用

保证景区品质是普者黑景区转型升级的核心。在全域旅游发展契机下，普者黑景区在转型升级过程中应该走绿色发展道路、不断完善基础设施、提升景区整体服务水平、丰富四季旅游线路，并深度挖掘地方文化特色以满足游客多样化、多层次的旅游需求，提高景区品位，提升管理水平，培养品牌旅游企业，才能使其成为滇东南旅游区乃至西南地区喀斯特地貌类型景区的龙头品牌，发挥区域带动作用，进而保证景区的可持续发展。

从单一的观光旅游转向休闲娱乐度假旅游，进行旅游产业的升级，需要始终以调整区内产业结构为前提，以整合集群型旅游产业链为核心，积极开发旅游产品。旅游产品供给侧应当对应游客旅游需求的多元化进行改革，创新旅游项目和产品，补充淡季旅游活动，比如，可以在淡季种植油菜花和蓝莓，以观赏油菜花和采摘蓝莓等活动来实现游客分散，从而有效缓解旺季旅游压力，平衡旅游效益分布。

2. 加强区域合作，重视品牌塑造和市场营销

要顺应全域旅游的潮流趋势，必须将景区发展建立在区域合作的基础之上，通过挖掘自身资源特色、优化合作机制、畅通合作渠道、有效整合资源、从而拓展旅游的层次和深度。普者黑景区拥有良好的喀斯特自然山水田园风光，可以借助喀斯特地貌类型整体的影响力进行宣传，突出普者黑独特的喀斯特“峰林湖泊”景观，塑造特色品牌形象。

在市场推广方面，为规避旅游屏蔽效应，应当及时调整策略与西南地区

及省内品质高、影响力大的同类型景区形成合作，探讨合作机制，商讨整体营销方案和营销机制，共同打造喀斯特地貌景区品牌，借力提高普者黑的知名度。

（1）普者黑所处文山地区与周边地区合作，开发满足游客多样化旅游需求的旅游线路。近几年，普者黑周边的红河州旅游发展势头强劲，“云上梯田，梦想红河”“云南旅游新方向”旅游宣传口号被广泛接受，旅游美誉度较高。随着蒙文砚高速公路的竣工，交通条件得到了极大改善，文山州与红河联系更加紧密，两州旅游合作良性发展。在区域合作机制下，文山旅游的市场营销可依附红河地区“云南旅游新方向”的营销理念。两州旅游资源差异性较大、合作面广，可从景区、酒店、交通、旅行社、智能旅游平台、节庆旅游资源开发等方面探讨合作机制，在宣传营销上形成合力，实现互利共赢。加大宣传力度，加强与各新闻媒体的合作，积极参与省内外大中型旅游宣传促销活动。不断扩大景区知名度，拓宽省内外客源。提高景区服务人员的职业道德水平和专业服务水平，引进专业旅游人才，规范景区旅游服务，提高景区综合接待能力。要以联合共赢发展为目标，进一步加大与其他景区合作在文山州内联合舍得草场和广南世外桃源等周边旅游景区，在文山州外与昆明石林、红河弥勒泸西、曲靖罗平师宗等地共同开发市场，主动将普者黑旅游区纳入周边旅游路线中，进行区域间联合促销。同时，积极与旅游协会以及旅行社合作，通过在客源地市场成立办事处进行宣传和营销活动。

（2）抓住旅游交通大通道修建，云南、广西、贵州三省旅游联动的机遇。随着全域旅游趋势的发展，全国多省市间形成旅游环线或旅游大通道，通过区域间合作开拓范围更广、多样化、差异化的旅游线路，以整体品牌吸引游客。文山州，地处滇桂黔走廊的核心位置，旅游大通道的构建，将为沿线各市州带来旅游规模效益，提高旅游产品质量，增强区域品牌优势，文山州普者黑景区也能够借风发力，降低开发成本和风险。

3. 完善监督管理机制，提高景区管理水平

近年来，普者黑先后进行了《普者黑景区规划》《普者黑旅游休闲度假基地暨旅游循环经济试验区总体规划（2010—2020 年）》《普者黑国家度假公园

总体规划（2015—2030年）》等，以期推动普者黑景区规范化运营，但在实地运行过程中还是暴露出漏洞和断点，因此，需要相关部门的共同合作，进行景区的管理和监督。唯有完善的监督管理机制才能与规划目标相匹配。针对普者黑景区生态系统的脆弱性，只有加强生态保护，保护好湿地系统、植被系统、水景系统、动物栖息地系统，才能长期持续发展。

4. 遵循市场需求导向，纵深挖掘民族文化，打造文化旅游精品项目

当前游客对旅游的心理需求主要是求新、求异、求乐、求知，而民俗旅游作为一种高层次的文化旅游，能够较好地满足游客这一需求，因此，旅游供给方应当巧妙结合丘北普者黑特色乡土文化与现代科学技术，使得民族文化、节庆文化、辣椒文化、饮食文化、荷文化与旅游产业融合发展。

5. 加强景区社区联动管理机制，提高居民对游客的接纳程度和景区服务水平

随着普者黑知名度的提升，旅游人数逐渐增多，由于缺乏合理规划和景区容量管理，普者黑原本静谧的环境开始受到打扰，对普者黑生态环境造成影响；此外，普者黑普遍存在村民受教育程度不高，文化程度低，服务水平有限的问题，在参与景区旅游业的过程中出现了花农抢客、宰客等恶性竞争，对淳朴的民风形成不良影响，降低了游客的体验质量。针对村民间、村民与游客、村民与旅游开发公司之间的矛盾，需要建立一定的规范与合作管理机制，提高景区管理水平，同时对于旅游产品品质、景区机构设置、人员配备以及绩效应当建立明确的考核机制，从而提升全员服务管理水平。

五、总结与启示

（一）深厚的文化艺术内涵是保持景区生命力，使景区获得区别于同类产品的关键优势

随着经济螺旋式增长，人均可支配收入提高，休闲时间增多，人们对旅游的需求已经不局限于观光，而更加倾向于体验性强、具有深厚文化内涵的旅游体验。对于边疆少数民族旅游资源非优区来说，是旅游产业升级和吸引力提升的契机。少数民族非物质文化遗产是少数民族智慧的结晶，如果能结

合已有的公共文化产品资源、自然资源和人文资源，提炼出独特的文化资源要素，并与旅游产业概念融合，探索符合自身文化形象的旅游发展路径，打造特色鲜明、差异化明显的文化旅游“目的地”。

（二）实景演出围绕本土特色文化打造“叙事感”，讲好故事，规避同质化现象

开设实景演出，收益可观且资源占用量小，近年来国内许多景区纷纷聘请专业设计团队，打造实景演出舞台，分担当地居民就业问题的同时，拉动景区内消费。实景演出区别于影视综艺的最大特点，在于以故事性为主的引流方式，仅凭舞者演绎和场景搭建对于流量时代每天接触到海量信息的消费者来说，带来的吸引力是有限的、非可持续的。在这种情形下，实景演出的故事性、叙事方式成为吸引消费者的核心，也是不同类型景区之间打造差异性的根基，挖掘具有本土特色的内涵文化，真实展现当地的风土人情，避免同质化严重的问题。此外，需要进行合理、有计划的宣传营销，如宣传册、景区网页、短视频平台运营等适合消费市场的投入。

（三）对于旅游资源非优区，通过挖掘地方特色和加强区域协作，合理整合优势资源，提升旅游整体品质，实现“旅游 +”多样化发展

旅游资源品位较差、产业起步晚发展不成熟、资源组合弱的地区，需要结合区域特色整合区域旅游资源，立足现有资源优势与服务开发劣势展开分析，针对实际问题转型升级。对于旅游产品而言，品质是营销的核心。对于旅游资源非优区，其旅游业发展应当由单一景点建设管理转变为综合目的地统筹发展模式，由门票经济向产业经济转变，进行旅游与多种产业的融合，提升旅游产品质量，创新旅游线路、旅游项目种类，加大体验参与在旅游项目中的比重。同时，区域内各地区各部门共享共建，形成共同发展的强大合力。

以普者黑村为例，可以依托得天独厚的区位、气候优势，打造“旅游 + 农业”模式，将垂钓、采摘、赏花、生态农业种植体验等项目与旅游相融合。针对目前存在的服务水平存在差异、产业规模小、管理水平不够高等问题，当地相关部门应积极合作，准确进行自身优势定位，探索出适合本地区“旅

游 + 农业”的乡村振兴模式，推动新农村建设。此外，充分利用周边太阳魂葡萄酒酒庄、丘北辣椒厂等较为成熟的工业旅游资源、丰富的少数民族文化资源以及适宜康养度假的自然条件，大力发展“旅游 + 工业”“旅游 + 民族文化”“旅游 + 养生康体度假”等项目，也是为旅游发展注入生机活力的可由之路。

区域联动方面，除了普者黑，文山州内还有大量具有开发潜力的旅游资源，包括自然资源、民族文化资源和边境口岸资源。通过区域合作模式，以点带面，以一地资源联动多地发展，可以有效扩充旅游形式，弥补资源分布不均情况，满足游客高质量旅游体验要求，从而提高游客重游率，为地区带来旅游创收，提高乡村人口收入水平，助力地区脱贫攻坚。

（四）以绿色、循环为产业发展思路，发展生态环保的可持续经济

对于自然景观依托型乡村旅游景区，自然资源禀赋是其发展“旅游 +”产业的根基，生态环保、绿色循环应当置于产业发展规划和乡村治理的首位。可以通过测量本村环境容纳量，制定对应营销策略，平衡旅游淡旺季，并优化旅游产业结构，将其自然、人文资源禀赋进行有计划、有节制、实时监控的合理开发。以普者黑为例，在主景区内部继续完善管理规范，通过制度实现对旅游接待服务、湿地恢复的监督和落实，同时，可以围绕主景区进行周边民族村寨的基础设施、文化元素融入建设，将乡村旅游开发、观光农业开发同居民日常生活建立交集，形成当地居民生活质量和游客旅游体验同步提升、互促互利的可持续发展局面，实现从资源到产品再到再生资源的循环经济模式，进一步优化产业链，完善产业结构。

参考文献：

［1］陈雅琳，黄晓园，崔乃山，等.景区带村模式下普者黑农户生计资本与策略研究［J］.西南林业大学学报（社会科学），2022，6（4）：55–61.

［2］刘嫦娥，唐彬程，杨茂云，等.土地利用格局变化对普者黑流域生态系统服务价值的影响［J］.环境生态学，2022，4（5）：47–58.

［3］高尚卿，毕晓红，毕东，等.基于公共文化产品视角的边疆民族地区文旅融合

发展研究——以云南省文山壮族苗族自治州为例［J］. 云南农业大学学报（社会科学），2020，14（2）：1–5.

［4］鲁燕. 全域旅游背景下旅游资源非优区景区转型升级策略研究——以云南省文山州普者黑景区为例［J］. 现代商贸工业，2019，40（6）：23–25.

［5］鲁燕. 旅游屏蔽区景区旅游发展研究——以云南省普者黑景区为例［J］. 当代经济，2018（22）：136–137.

［6］杨俊云，郭扬. 丘北普者黑旅游业升级探究［J］. 科技风，2017（2）：194–195.

［7］许春晓. 旅游地屏蔽现象研究［J］. 北京第二外国语学院学报，2001（1）：71–81.

Part 8

案例 2：海南三亚槟榔谷——黎苗村寨的乡村旅游治理

南开大学旅游与服务学院
韩若冰

一、海南乡村文化旅游发展背景

海南省由于其优质的旅游资源和独具特色的旅游产品，每年吸引着大量游客，旅游业作为重要经济支柱，规模极具代表性。随着“乡村振兴”战略和“旅游+”战略的提出，“乡村+旅游”已成为当下旅游发展所趋，上班族、城市先富、家庭亲子游、入境旅游者、城市学生等类型丰富的旅游者也越来越青睐乡村旅游。近年来，一方面，游客人数以两位数的比例增长，另一方面，海南有 200 多万城市居民，这也为发展乡村旅游提供了市场条件。海南约有 60% 的人口，70% 的旅游资源集中在农村，拥有丰富的地方文化、独特的民族风情、美丽的田园风光，乡村旅游发展潜力巨大。20 世纪 90 年代中期以来，海南乡村旅游在海口、三亚、文昌、琼海、万宁、澄迈、定安县等地得到了发展。

自 2010 年 1 月 4 日《国务院关于推进海南国际旅游岛建设发展的若干意见》发布以来，海南国际旅游岛的建设拉开帷幕，2020 年 6 月 1 日印发的《海南自由贸易港建设总体方案》也为海南旅游业打开新的发展窗口。随着党的二十大的召开，2021 年，文化和旅游部、海南省人民政府办公厅先后提出非遗与旅游融合的发展要求，并提出将海南省特色文化符号融入景区建设，促进黎苗文化与旅游融合，挖掘、打造具有地域特色和民族风情的民族民俗文化旅游群落，促进“博物馆 + 旅游”的开发等作为旅游产业发展规划。槟榔谷作为海南的民族民俗旅游集群的代表性景区，其旅游开发与乡村治理对于民族村寨旅游产业发展与乡村治理具有一定的借鉴意义，为此，我们研究槟榔谷景区的发展状况、开发举措，遇到的问题与解决对策，对黎苗乡村文化旅游开发形成启示。

二、海南三亚槟榔谷景区运营状况

海南省槟榔谷黎苗文化旅游区，原名南国槟榔园，创建于 1998 年 1 月 18 日。地处北纬 18°，位于海南省保亭县与三亚市交界处的甘什岭自然保护区，距离三亚市中心 28 千米，交通便利。总规划面积约 5000 亩，实际使用土地面积 1000 多亩。

槟榔谷景区坐落在绵延数千米的万余槟榔林海谷地，置身于层峦叠嶂的热带雨林中，并因此得名。是全国首家民族文化 5A 级旅游景区，海南省六个国家 5A 级景区之一，2022 年入选“全国非遗与旅游融合发展优选项目”。槟榔谷由非遗村、雨林苗寨、田野黎家、谷银苗家、甘什黎村、大型原生态黎苗文化《槟榔・古韵》实景演出、兰花客栈、黎苗风味美食街、悠黎客户外拓展基地等板块构成，通过实景演出、展馆、体验式旅游等多种形式向游客们展示，蕴含了黎族打柴舞、黎族船形屋营造技艺、黎族原始制陶技艺、黎族纺染织绣技艺（世界级）、黎族树皮布制作技艺、黎族钻木取火技艺、黎族竹木器乐、黎族传统服饰以及海南八音器乐等黎苗特色民俗文化，同时，也是海南黎、苗族传统“三月三节”与“七夕嬉水节”的主要活动举办地之一。

此外，景区内还对十项国家级非物质文化遗产进行了展示，其中“黎族传统纺染织绣技艺”被联合国教科文组织列入非物质文化遗产急需保护名录，被誉为海南省最丰富、最权威、最灵动、最纯正的民族文化“活体”博物馆、国家非物质文化遗产生产性保护基地，是海南原始黎苗民俗风情的集大成者，也是海南省民俗旅游发展的重心所在。截至2018年，景区年接待游客量120万人次，就业人数1300余名（员工约1000名、其他人员300余名），其中当地黎、苗族就业人员占到总人数的50%以上。

槟榔谷自成立以来，以“挖掘、保护、传承、弘扬海南黎苗文化，使其生生不息”为使命，紧跟扶贫政策，传承发扬海南黎苗文化，开发得天独厚的旅游资源，兴办旅游经济实体，加强周边村庄的基础设施建设，在就业及子女上学方面给予帮扶，在生活中给予村民人文关怀。在槟榔谷旅游区的带动下，通过土地红利、就业、创业等方式，村民的生活水平达到了质的飞跃。惠民、助民、富民的举措，也使甘什村落后的经济面貌得到极大改善，十多年前村民的人均收入不足1000元，到2018年村民人均收入增长到年4.5万元以上，实现贫困地区居民与地方财政双向脱贫致富。2019年4月，海南省召开新闻发布会，宣布保亭县退出贫困县序列，这一成果与槟榔谷景区十几年来的不懈努力密不可分。

三、开发举措

（一）加强景区基础设施建设

在旅游配套设施的建设上，具有投入资金大、涵盖面广的特点。 自2004年起，槟榔谷景区先后投入数千万元用于资助周边村镇的基础设施建设、展馆建设、百姓住房的修缮翻新、助学、大病救助、节假日慰问等诸多方面；2008年起，进一步投资约5000万元，将景区按照国家5A级旅游景区标准进行重新规划设计，新建有黎族文身馆、图腾艺术馆、陶艺馆、船形屋群落、实景演艺大舞台、百年谷仓群、黎苗族风味小吃一条街、田园风味馆、织锦长廊、人行天桥，对非物质文化遗产陈列馆、牛文化馆、黎锦坊、大门至山海楼主干道、原住民黎村的特色游步道进行改造，并扩建大门区生态停车场、山海楼厕所等。

在完善交通条件上，规划修建景区道路，极大地增强了游客进入景区的通达性。2015年4月1日，三亚市区至槟榔谷景区的旅游专线巴士正式投入运营，景区周边村落及景区的交通通达度同样有显著提高；景区出资20万元修水泥路、安装路灯，更换了甘什上村坑坑洼洼的入村道路；建设贯穿园区的游览车线路和人行道观光线路，游客可以依照需要在任意站点中转或上下车，景区出口旁还建有科学管理的停车场。

在安全服务设施建设上，景区加强监控点建设，实现景区内监控器全覆盖，同时还配备了大量的安全服务设施、消防设施建设，达到景区科学化管理，有效提高了槟榔谷景区的防火、防盗、防爆能力。

经过这几年的创建与改造，槟榔谷景区面貌焕然一新，景区软硬件的发展建设基本完善，从设施配套、运营管理、产品创新、宣传推广、综合服务等方面全方位提升。

（二）乡村旅游中的居民治理

槟榔谷推行“景区农户联动，农民员工切换”的模式和农业，农村，农民共同发展的“三农”理念，创新扶贫帮扶方式，对旅游和扶贫进行因地制宜的结合。

1. 建设惠民街，创新合作模式

在槟榔谷景区门口的左侧，清晰可见“惠农街”字样。这是景区在 2013 年至 2016 年，为了改善甘什上村和下村贫困落后的面貌，先后投入 600 多万元打造而成的。街内包含商铺 123 间，部分免费提供给两村农户，农户自己当老板，自负盈亏。经营品类丰富，包括自产水果、农户家里自制的手工艺品、特色小吃等，琳琅满目。村民人均收入逐年递增，从 1998 年的 800 元左右达到 2015 年的 5000 多元；截至 2018 年，“惠农街”每个摊位平均年收入达 6 万元，所有摊位收益总额达到 738 万元。超越直接发放救济金的暂时脱贫方式，鼓励思想脱贫。

2. “半天务农，半天上班”的弹性工作模式

在空缺岗位的劳动用工方面，槟榔谷景区优先考虑当地群众，并针对村民家里有农田的情况，专为甘什上下村量身定制“半天工”，即每天工作 4~5 小时，按 60 元 / 人 · 天发放工资，每月仅需工作 23 次半天班，实行弹性工作模式，全面满足村民的个性化要求，兼顾农业与旅游业发展。

此外，槟榔谷还根据景区特色，安排了景区舞台背景和群众演员近 200

名村民，其中，景区也给予甘什村景点许多60岁以上穿着民族服饰在固定的区域编织黎锦的阿婆每月2000元的收入。到2018年，景区甘什村民半天班的就业人数大约34人，平均每人在景区务工的年收入约为17000元。

3. 三农互利

据调查，一名槟榔谷当地贫困员工，可以获得六项收入：因征收青苗获得的补偿收入、土地出租获得的租金收入、在已享受租金的土地上种植农作物所获得的额外收入、参与工程建设获得的务工收入、经营景区免费提供的商铺获得的经济收入、在景区内从事管理服务工作获得的工资收入。

其中，村民通过向景区出租土地以换取铺面。不愿意经营商铺的村民，景区提供每月1000元返租；被征用土地的农户、甘什村青年，景区安排优先到景区空缺岗就业。充沛的客流量，也为村民自主创业创造了机遇。

4. 提供就业平台，助力精准扶贫

景区近十年来累计投入2000余万元用于资助周边村镇，大力推进扶贫产业项目的开发，为有劳动能力或有一技之长的村民提供就业岗位，增加村民家庭收入。2016年年底开始，槟榔谷景区在省内多个少数民族聚居县市进行"非遗"传承人、文身阿婆、手工艺匠人的招聘活动，截至目前已招聘近百人。此外，槟榔谷旅游区还带动村民在周边开设农家乐、水果店、超市等38家，显著提升旅游资源辐射带动经济效益的成效。据统计，2018年在景区及其周边各商铺"吃上旅游饭"的从业人员人数高达1500人，其中精准扶贫户家庭成员21人，对其累计支付工资达485316元，人均工资23110元/年。

5. 提供人文关怀

近年来，槟榔谷累计出资111万元，用于组织村干部、村民代表外出到其他省市参观学习；每年传统节庆时期，向周边村镇发放1万~2万元的慰问金；为两村贫困学生设立助学金，从2009年到2018年，共资助贫困学生83名，金额达107.65万元。同时，景区还资助两村村民大病治疗费用累计20余万元。

（三）旅游项目的创新开发

利用热带雨林景观特色，开发互动体验和拓展训练项目"悠黎客"。除了高空滑索等常见娱乐项目，景区还充分利用其奇、秀、峻、险的自然环境，将旅游、运动和培训相结合，开发了以亲子游体验互动和成人拓展训练为核心的“悠黎客（You like）”基地。基地内拓展道具多样，配套设施完善，项目库丰富强大，拓展教练团队专业化，可使游客享受到集旅游休闲、养生和竞技拓展于一体的深度体验，从身体和心理上、智慧和社交上对参与者提出挑战，使其在应对挑战的活动过程中，逐步解决面对的问题，最终达到磨炼意志、打磨自我、提升团队的目的。这种旅游户外拓展培训在旅游过程中加入了追求刺激、崇尚冒险、探索自我的一系列有挑战性的活动，借助目前较为前沿的“体验式学习”的模式，使景区各项主题体验活动的参与主体由游客构成。

根据槟榔谷景区的旅游资源特点及现有设施，可以将拓展项目划分为三类：大型竞技型场地项目、生存挑战型户外项目和休闲趣味型场地项目。

（1）大型竞技型场地项目。地面吊桩、圆木秋千桥、水上、云梯漫步、信任背摔、毕业墙和生死雷等。

（2）生存挑战型户外项目。穿越峡谷、过栈桥、丛林寻宝、野外探索和极限耐力等。

（3）休闲趣味型场地项目。摸石过河、无敌风火轮、地雷阵、生死电网、心心相印（背夹球）和手足情深等。户外拓展培训对象主要有旅游散客、夏令营、亲子游、自驾游活动团队、企业团队等终端客户和专业户外拓展培训公司或企业管理咨询公司、专业户外俱乐部等渠道合作商。

（四）自然、人文资源在旅游产业发展中的合理利用

槟榔谷除具有海南独特的热带岛屿季风性气候和优美的自然风光外，其独有的黎族苗族民俗文化氛围也吸引着国内外众多游客。

1. 合理开发利用现有自然资源，挖掘特色人文资源，建构独特的民族旅游体系

（1）甘什黎村。甘什黎村是海南土著民族黎族百年的生活印记，生长着全省树龄最老的百年槟榔林，展示着正在逐渐消失的黎族传统建筑船形屋，拥有全省乃至全国唯一的黎族艺术馆、图腾艺术馆、牛文化展馆和文身馆。

槟榔谷景区在当地甘什黎村的基础上，开发出“百年古黎村文化体验区”。独具特色的黎族生活环境和源远流长的历史文化，使甘什黎村成为整个旅游区的重要组成部分，代表着旅游区的形象，项目成熟度和知名度均在景区前列。

（2）非物质文化遗产保护村。物质文化遗产村由 12 个古老的船形屋和一条文化长廊组成，文化长廊是黎族文化历史展览，另有展示黎族纺织业历史变迁的博物馆，包括收藏着“见血封喉树皮衣”的无纺馆、麻纺馆、棉纺馆、“一幅世界上最大龙被”的龙被馆及黎锦展销中心等。旅游区通过展馆展览、舞台演出、游乐体验等形式，向游客展示高密度的非物质文化遗产项目，继承与弘扬着海南传统文化。

（3）雨林苗寨。雨林苗寨是目前海南省唯一一处真实展现苗族文化的地区。地处后山雨林，由蜡染人家、狩猎区、苗家药园等区域组成，以还原海南苗族狩猎文化为基础，通过展示与体验复现苗族人迁徙不定的山体游牧生活，使游客能够身临其境地感受到海南苗族的狩猎文化、苗族药文化及人与自然和谐发展的传统文化和生活习俗，领略雨林苗寨所呈现的独特雨林风光。其雨林特色也成为提高旅游区市场竞争力的有力手段。

2. 非物质文化遗产融入实景演出

景区内《槟榔·古韵》是海南唯一一个以黎苗文化为主题的大型原生态实景演出，演出规模达到 150 余人，其中绝大部分由海南原生态的黎苗同胞参演，力求体现原滋原味的民族气息。舞台背景以船形屋、树抱石、瀑布等为演出实景，演出现场还不时有鹅群、羊群、牛队等农家动物的参演互动。通过《钻木取火》《织黎锦》《捏》《拜扣帕曼情歌对唱》《舂米》《黎族传统服饰秀》《打柴舞》《鼓舞》等节目形态，同时将自制的黎族乐器作为非物质文化遗产巧妙地融入歌舞演出，生动的将黎族生活展现在舞台之上，通过实景演出，展示了最原始的钻木取火工艺、黎锦纺织技艺等，呈现出一幅少数民族劳作耕耘、人与自然万物和谐共融的原生态奇观，再现千年史诗般的民族画卷。被文旅部、中宣部、商务部、财政部、广电总局以及新闻出版总署联合授予“国家文化出口重点项目”，已成为槟榔谷的核心品牌。歌舞演出项目助燃游客的观景热情，同时也对旅游区的形象宣传起到重要作用。

四、问题与对策

（一）主要问题

1. 旅游体验服务不成熟，民俗文化项目相对匮乏，降低整体旅游服务质量

旅游区的体验服务发展不够成熟，游客对旅游区的通达性和基础设施完备性、合理性等方面的满意度较低。此外，旅游区内导游以及服务人员多为当地黎族和苗族的村民，虽然这种安排可以加深对民俗文化的诠释，但是导游及服务人员普通话水平具有局限性，容易降低游客的旅游体验感。随着近年来旅游者对旅游体验的关注和重视逐渐加深，旅游市场处于不断细分、发展的过程中，槟榔谷面临的市场竞争日益激烈，景区体验服务的表面性、细节把握的不足和体验感较弱等问题日渐突出。

随着消费升级时代的来临，人们的人均可支配收入和休闲时间升级，当代游客已不限于游山玩水、欣赏风景的观光旅游，而是倾向于认知一个区域的民族民俗文化，观赏历史文化资源，游客在旅游过程中对文化，尤其是传统文化的需求与日俱增，实现自身文化层面的精神诉求也越发强烈。文化旅游项目和体验实践活动的结合，将增强旅游趣味性和参与性，促进游客亲身参与，从而延长停留时间，加深感受，这与游客需求相契合。但目前旅游区民俗文化旅游项目大多停留在观赏阶段，开发不够完善，项目类型匮乏，游客的参与度不高。

2. 景区吸引力差异较大

游客对旅游区内游览项目喜爱度的差异较大，对旅游区内的热带雨林自然景观和动态文化景观关注度高于静态文化景观和百年谷仓群等地方物产景观。

3. 旅游收入类型单一

门票收入仍然是旅游区的主要经济效益来源，其他旅游产品的开发，如特色项目的收费体验、旅游纪念品等还不够充分。虽然旅游区内建有购物商店、商业街等商业设施，但是所销售的产品相对单一，重复度高，缺乏民俗特色，差别化程度低，游客购买情况不佳。作为黎族苗族文化的载体，槟榔谷在旅游开发中，对非物质文化遗产、民俗文化和黎族苗族特色民俗旅游资

源缺乏深度开发，特别是对非遗类民俗旅游纪念品的开发并未找到同类产品差异性的关键突破口，现有产品缺乏市场竞争力。

4. 生态资源破坏严重

槟榔谷各种展览馆以及供旅游使用的服务设施的建设，改变了当地土地资源以农业林业为主的原始利用结构，一定程度上破坏了原生态的雨林植被，对槟榔谷原始的自然生态环境及其带来的视觉美感造成一定影响。景区内的动物观赏园与百鸟园的建立，对野生动物的栖息地造成破坏。虽然旅游区坚持以保护生态资源为前提进行旅游开发，但是因为管理不当、措施不够具体等，在旅游区内仍存在破坏生态资源现象，在旅游旺季时出现旅游者“爆棚”现象时尤为明显，长此以往对基础设施运转造成负荷，旅游氛围的破坏也会间接影响游客的观光体验。

5. 村民自给自足的生产和消费方式被打破，淳朴民风受侵蚀

随着景区的开发，需要进行必要的土地的征用，村庄用于发展经济作物的土地面积缩小。同时由于外来游客高消费能力的冲击，商品经济的思潮也对当地淳朴民风造成一定程度的侵蚀，居民心态由欣喜逐渐变为淡然，待客表现习以为常，甚至部分居民与旅游者的交往趋向商业化，出现与部分动物拍照要收取拍照费等类似的降低游客体验质量和景区口碑的行为。

（二）对策

1. 加强旅游体验管理，提升旅游服务质量

旅游服务质量是旅游者对旅游区的最直观体验感，加强旅游体验管理，提升旅游服务质量是旅游区发展的前提条件，这值得槟榔谷旅游区借鉴。既要加强旅游区内基础设施建设，又要注意对旅游区内从业人员加强相应的管理。导游作为一线工作人员，在旅游过程中与旅游者接触最多，导游的一言一行都可能对旅游区的形象产生影响。因此，旅游区除了要求导游熟知旅游区的基本信息外，还应对其基本文化素养、本民族历史文化、民俗风情的了解深度和语言标准度提出较高的要求，在景区情况允许下，可以对导游及其他工作人员的普通话水平加以培训。最后，旅游区内工作人员应积极向游客推荐体验类项目，提升游客的游览热情，从而增强游客旅游体验感，营造景

区文化氛围。

2. 增加景观讲解，提高静态景观吸引力

相比于动态景观，静态景观对游客的吸引力较小，因此需要一些辅助设施来提升静态景观的游览参观价值，平衡不同景观的吸引力。为解决旅游区内不同项目对游客吸引力差异大的问题，旅游区应对导游提出对静态文化景观细致讲解的要求，通过导游讲解提高静态景观吸引力，另外可以在旅游区内的几大博物馆中增添电子介绍设备供游客自行取用。

3. 延伸旅游产业链，因地制宜丰富旅游产品体系

景区应深入挖掘提炼当地的人文特色和文化底蕴，促进食、住、行、游、购、娱等各个方面与景区的融合，以此为基础推出富有创意和文化标志的文创商品、节庆赛事、演出论坛等，实现文旅深度融合；以游览、休闲、养生、健身、商务、科普和研学等多种功能丰富游客的旅游活动，实现旅游目的地资源的有机整合，满足游客多样化多层次的需求。

4. 以人为本，加强管理和引导，保护景区资源免受破坏

经济方面：加强绿色经济与特色经济发展，形成“农业生态 + 旅游”模式，摆脱传统单一依靠农产品获取收入的模式，借助高品质和有特色的种植项目提高土地使用效率，形成观光型农业。

社会文化方面：以人为本，注重平衡好景区、当地居民以及游客三者的相互关系，实现和谐发展。旅游通过提高居民自身的科学文化素养和思想道德修养，强化当地居民对本民族文化的保护传承意识。

环境方面：借助科学手段定期评估景区的环境容量，从而合理限制旅游旺季的客流量，加强保护原生态雨林景观，扩大对植被景观、动物景观的宣传教育。

5. 继续鼓励当地居民在景区从事民俗表演等工作，增强文化认同感，保证居民收入

随着旅游业的发展，商品经济涌入原住民区，一定程度上对传统农业等造成冲击，同时也对淳朴民风带来消极影响，邀请原住民在景区进行民俗表演、织锦，不仅能够增强黎族居民对本民族文化的认同感，回归文化本源，

还能增加其收入，部分解决当地居民的就业问题，从而使居民因受到旅游活动影响而对游客产生的厌烦、倦怠情绪得到一定程度上的缓解，同时可以降低景区聘请专业人员的成本，形成互利共赢的良好局面。

五、未来发展规划与路径

（一）“景区投资＋农户主力”的发展模式

进一步通过鼓励农民进入景区空缺岗位，解决其就业岗位和收入的问题，同时给景区提供充足的、土生土长的劳动力，从而使村民和景区取得双赢收益。

（二）继续走好“门票经济”转型道路

目前国内许多景区存在过分依赖门票收入的问题，槟榔谷景区也不例外。过多的门票支出，会使游客的经济负担加重，使游客出游体验受到影响。只有规划调整槟榔谷旅游收入结构，实现食、住、行、游、购、娱均衡发展，才能构成可持续的旅游产业链，而这也是槟榔谷景区融合黎苗文化习俗，深入挖掘和创新体验式项目，进行门票经济转型的目的。

（三）开拓就业途径，创建“产销一体”产业链

槟榔谷景区未来将从民宿、农业休闲观光、民间手工艺、农产品销售等多渠道开拓新的就业路径，以黎苗族土特产及手工艺品为支撑开办商铺，将产业链中的生产与销售融为一体，通过创建黎族民宿合作社，推进美丽乡村旅游持续发展，让更多游客“走近走进”黎族文化，也让更多当地群众走上致富路。

六、总结与启示

（一）文化元素融入体验式旅游，将非物质文化遗产作为旅游景区开发核心

以非物质文化遗产为内容的文化旅游开发的核心。基础是在精准掌握、登记造册当地各个民族和社区民众等群体所有的非物质文化遗产资源的数值、类别、数量、分布情况、原生态情况、保护现状、数据库建设与否以及现存问题特别是亟待解决的问题等。在前期建设开发和后期运营旅游区过程中，

景区、当地相关非物质文化遗产保护管理部门、政府部门之间需要紧密合作，实地考察当地及周边非物质文化遗产旅游资源，并做好相关的数据分析和统计工作，使用文字记载、影音系统记录、数字化多媒体等高科技手段，将信息整合成为可作为旅游区开发的核心资源和内容的非物质文化遗产数据库。旅游区将非物质文化遗产与旅游体验类项目结合，活化、复现文化遗产，向旅游业注入生机与活力，能够促进旅游区的非物质文化遗产得到更好的展示与宣传。

（二）采用制度手段规范开发行为，在非物质文化遗产保护前提下获取经济效益

景区企业和其员工应自觉自发保护非物质文化遗产，在使用非物质文化资源为企业赚取经济利益的同时，保护当地民族传统。企业应与相关组织合作，建立起针对当地非物质文化遗产保护与科研以及当地居民生活水平提升的专项资金，为当地居民谋福利，从而对非物质文化遗产保护形成反哺。

（三）突出其特有的原生属性，提炼、融入旅游产品设计

在旅游开发中，只有充分利用非物质文化遗产及其独特的文化，提炼出特殊的文化要素，在此基础上采用有依据的创新性加工方式，才能设计出满足不同细分市场消费需求的旅游产品，从而可持续地将非物质文化遗产的文化价值转化为实际经济价值，实现非物质文化遗产和文化旅游共赢局面。

（四）非物质文化遗产要与时俱进，目光长远，科学发展

非物质文化遗产的原真性保持不等于保守和因循守旧，应当随着时代潮流的进步不断创新，不断注入活力，才能永葆生机。联合国教科文组织官员爱川纪子指出，传统的文化表达只有不断调整变换，适应现代生活，才能生存，而保证这种生存和活力的挑战在于找到积极的、具有社会基础的合作性方法。面对消费升级时代和错综复杂不断变化的市场环境，抱残守缺固然会出问题，必须善于把握市场机遇，在世界发展的大格局下思考非物质文化遗产，进行遗产活化，从而产生吸引力。同时，在国家政策支持的大背景下，拥有传统非物质文化遗产的地区应采用合理科学的方法，坚持“在保护中开发，在开发中保护”的立场，对传统非物质文化遗产资源进行可持续开发，增强人们的非物质文化遗产的认知，从被动接受到主动吸收、主动弘扬。

（五）平衡旅游六要素配置，优化旅游产业结构，赋活旅游产能，增强旅游产业带动能力

随着人们生活水平的日益提高，游客对旅游质量的要求也越来越高。政府的旅游相关部门应当和景区的管理部门积极协作，转变发展理念，注重内涵建设，挖掘旅游产业潜力，构建景区的全方位旅游产业体系，延伸产业链，促使旅游业“门票经济”的转型。

参考文献：

［1］陈豪．海南民族村寨非遗旅游与生态博物馆建设研究［D］．海南热带海洋学院，2023.

［2］刘冰玉，谢辉，孟慧敏，等．海南乡村发展的新模式——以开发黎苗文化资源为例［J］．文化创新比较研究，2019，3（3）：168–169.

［3］韩雏昀．扶贫攻坚，合作共赢——海南槟榔谷黎苗文化发展有限公司扶贫案例研究［J］．国际公关，2020（1）：289，291.

［4］王子谦．海南黎苗少数民族地区：旅游扶贫“摘穷帽”［J］．民族大家庭，2019（3）：35–36.

［5］朱海冰，刘保仓．分析槟榔谷景区旅游开发对当地的影响［J］．旅游纵览（下半月），2017（6）：211–212.

［6］吴剑姝，江海旭．海南槟榔谷黎苗文化旅游区发展现状及对策研究［J］．现代商贸工业，2019，40（31）：25–27.

Part 9

案例3：“党建+”引领下的乡村振兴“汨罗模式”

南开大学旅游与服务学院
刘情情

土地问题是乡村振兴、乡村旅游发展过程中的关键问题，也是农业的最基本要素，做活土地文章，能实现多方受益。实现乡村振兴，主要体现在实现农业农村现代化、农民增收、乡村科学治理和乡村环境美化等方面，而这几个方面毫无疑问都与土地问题紧密相关，所以农村土地改革是乡村振兴战略的重要基础和前提。农村土地改革的核心目标之一是实现土地资源的有效配置和集约利用，还能为农村产业提供升级契机，也直接关系到农民的收入利益，并且有利于建设和谐乡村。但是在广阔的中国乡村大地上，农业振兴路子不畅，土地沉睡问题突出，无论是土地流转阶段还是旅游开发阶段，农民参与的程度均较低，部分土地荒芜、生产力低下、农村劳动力稀缺等的现象普遍存在。

土地问题也极易引发村民矛盾和纠纷，产生乡村基层治理的问题，乡村基层治理是国家治理的基石，也是乡村振兴的基础。基层治理和民生保障事关人民群众切身利益，是促进共同富裕、打造高品质生活的基础性工程。实现自我管理、自我教育、自我服务是实现国家治理体系和治理能力现代化的题中应有之义。自乡村振兴战略提出以来，各个地区都在进行积极的探索，在土地改革和乡村治理上，不少乡村走出了自己的特色道路，发展成为可复制的创新案例，以下以湖南省汨罗市的“汨罗模式”为例，我们来剖析该地的土地流转模式“小田改大田”如何带动“低产变丰产”，以及“党建+”基层治理模式如何助力乡村振兴。

一、基本概况

汨罗，简称罗城，地处湖南省东北部，紧靠洞庭湖东畔、汨罗江下游，总面积1562平方千米。因境内有汨水、罗水会合，其下游名汨罗江，因以名市。

2022年以来，汨罗市将乡村振兴与产业发展、教育改革作为全市三件大事全力推进，积极创新“双引双带”模式，坚持“支部引领、市场引导，党员带头、能人带动”，推动“小田改大田”，即将原本的小块农田改造为平整方正、旱涝保收的高产稳产田，提产增收（如图1、图2所示）。坚持以党建引领为抓手，加强和创新基层社会治理，壮大集体经济，办好民生实事，深化群众自治等措施，持续推进乡村振兴战略落地落细，基层治理成效明显，先后荣膺全国投资竞争力百强县（市）、全省县域经济高质量发展先进县十强、全省实施乡村振兴战略示范创建先进县（市）、全省农村人居环境整治提升先进县（市）。

图1　汨罗市高丰村小田变大田

图 2　汨罗市高丰村收稻场景

二、“小田改大田”的特点

（一）推行“双引双带”模式

“双引双带”即“支部引领、市场引导，党员带头、能人带动”，在建设高标准农田的实践中，具体做法是村支部带头为流转土地扛重担、为集聚资金想办法、为化解纠纷出实招；引入市场主体，推动集中连片有效流转，签订规范合同，获取银行信贷支持；24450 余名农村党员带头投工投劳改造良田，带头化解矛盾加快进度；助推能人参与建设，发挥示范带动效应。高标准农田建成后，每亩新增流转金溢价 100~300 元，也提供了更多的就业机会，除此之外，村民还能入股分红，实现了农民增收。

（二）严格执行投资和建设标准

在投资和建设标准上，汨罗市择优选择具备工程项目管理和“先建后补”风险管理能力的实施主体，严格按照《高标准农田建设通则》和湖南省地方标准，因地制宜实施“小田改大田”，实现“田成方、路相通、渠相连、涝能排、旱能灌”。还有许多参与投资建设的社会资本，在短则 3 年，长则 5~8 年即收回成本，可以实现一定的经济效益。众多乡贤看到投资家乡建设的多重效益后，从过去的比排场、比阔气，变为现在的比贡献、比情怀，带动更多社会力量参与美丽乡村创建。

（三）整合多方资源

汨罗市主要整合社会资本、金融机构和国有企业相关资源，在社会资本上，桃林寺镇石桥村引入江苏职业农民团队，筹集资金 1175 万元，其中自筹 800 万元，申请共享贷 375 万元，改造农田 3850 亩。在金融机构资源上，争取银行放贷 84 笔 8057 万元，投入“小田改大田”。在国有企业相关资源上，汨罗国企投资 2000 万元，改田 6100 亩。汨罗市修远欣农实业有限公司在罗江镇罗江村投资 350 余万元，改田 1136 亩，在屈子祠镇双楚村投资 310 万元，改田 1000 亩。改田成功后，形成了新增耕地数量和新增水田规模，并且为集体经济组织带来了上百万元的增收，据统计，2022 年，全市村集体经济组织收入过 10 万元的达 95% 以上。

（四）改良土地，提升产能

全市对改田区域的山塘、水库清淤维修，完善水利设施，已完成水库山塘清淤 165 口，通过取样检测分析后，将塘坝淤泥发酵还田，剥离耕作层统一回填，桃林寺镇三新村在 60 亩山塘中取出 4 万方塘泥，与秸秆等有机物料混合发酵后，为 300 亩田地改良耕作层。与此同时，还挖除大量的田埂土垄，整合耕地周边的“边角料”，将“巴掌田”“斗笠田”合并改造整理成大田，增加有效耕种面积 5%~10%。改造完成后，对农田进行机械化，统一耕种、统一管理，有效提升产能，在推行双季稻生产后，高标准农田亩均增产 10%。

（五）规范管理监督，建设与运营并重

在项目申报和建设过程中，严格按照前期准备、规划设计、项目审批、工程实施、项目验收等步骤实施，创新建设方式，不违背程序。采用工地化管理，坚持工程建设与运行管护并重，不降低质量。坚持政府主导、市场运作，择优选取新型经营主体、金融机构、国有企业等，防止镇村大包大揽、严重超支，不增加债务。坚持“政府监督、专业监理、群众参与”，统一委派监理公司，严格资金管理，及时对工程项目验收确认，及时拨付补助资金，打造阳光工程。

三、“党建 +”基层治理模式

在过去，土地问题常常是农村纠纷和矛盾的根源，现在的土地流转也有诸多问题，包括经营权、使用权不明晰、农民利益纠纷、土地流转年限不合理、用途不明确等问题，汨罗市在大刀阔斧推进“小田改大田”的过程中，也难免产生农村纠纷和矛盾，不利于乡村治理，而面对治理问题，汨罗市创造性地提出了“党建 +”基层治理模式，在各个乡镇、村居中普及，并且形成了有特色的本土化的具体做法，如汨罗镇武夷山村通过“党建 + 协会”模式组建 9 个群众协会组织，引导其在推进移风易俗中积极发挥作用，培育文明新风。汨罗镇瞭家山社区创新“一梁五柱”模式，以“党建 +”为一大主梁，以“一支志愿者队伍示范带动、一则村规民约移风易俗、一张网络精细化管理、一种乡土文化传承文明、一片集中建房点规范建房”为五根支柱，打造乡村振兴“样板间”，取得明显成效；罗江镇“罗江夜话”，在村级党组织的领导下，以屋场为单位开展，注重“议事”，关注“办事”，聚焦乡村治理能力提升；新市镇元福村以“党建 + 理论宣讲”的形式，创建“元福新潮”微信群，为党员群众讲授微党课，党的理论方针政策、新发展理念由此深入人心。

以下以新市镇元福村“元福新潮”和罗江镇“罗江夜话”为例，总结以党建为引领，如何带动乡村振兴战略目标在基层走实走深。

（一）“元福新潮”：线上讲党课，线下谋发展

2017 年上半年，新市镇的福兴村和元宵村合并组建元福村，面对如何实现“合村更要合心”的问题急需找到破解之道。2018 年年初，由元福村乡友（天津市社科联智库处江立云处长）江立云提议，与村总支书记及众多乡友商议，以元福村部分党员干部、寓外乡友为骨干，发起组建“元福新潮”微信群，打造新时代党的创新理论和乡村振兴基层治理宣讲平台，由此开启了“元福新潮微党课”的建设征程。

“微党课”设计之初就注意把握以下几个原则：一是始终坚持以人民为中心的理念和公益宣讲的原则；二是内容方面坚持理论宣讲与应用技术相结合；

三是实践上坚持“线上”与“线下”互动；四是从效果层面坚持以党课带动创业、加强治理、引领发展相结合。

“微党课”实施中以本地方言为主志愿宣讲，宣讲人包括领导干部、企业家、各方面专家学者和乡友乡贤等，内容方面包括治理、生态、种植、人文、诗词、康养、旅游等丰富元素，并且坚持理论宣讲与应用技术相结合。理论方面包括新时代党的创新政府和政策文件、法律知识等，应用技术包括优质水稻、旱地种植、水面养殖等。在实践上坚持“线上”“线下”互动的做法。“线上”讲党课、相交流，“线下”抓治理、谋发展。在实践中遇到的问题再反馈到课堂。授课每年安排 20 次左右，还穿插 5~7 次规划研讨、主题交流等，进一步丰富其内容和形式，增强吸引力。

“微党课”自 2018 年正月初四解读学习中央一号文件开始，已累计讲授 97 期“微党课”，开展各类研讨交流活动等 31 次，直接参与人员达 2 万人次以上，“元福新潮”微信群也从当初的 20 多人，发展到现在的 500 余人。9 月 28 日由汨罗市委市政府主办，在新市镇新市古镇书院和元福村村部举行了元福新潮“微党课”百期系列活动，南开大学中国式现代化研究院乡村工作站授牌仪式也同时举行，旅游与服务学院徐虹院长作为校内站长和天津市社科联智库处江立云处长作为校友站长出席了系列活动。元福新潮“微党课”启动以来，以助力乡村振兴为宗旨，历时六载寒暑，初心不改，持续举办百期，异彩纷呈，仰赖专家学者、乡贤乡友、领导干部共同努力，已结出累累硕果，成绩斐然。党建引领树新风正气，理论宣讲立特色品牌，基层治理书典型案例，创新发展写时代华章。到目前，新华网、光明网、今日头条等全国性和多家省市主流媒体累计报道 300 多条次，产生了良好的社会影响。

通过五年多的持续努力，元福村的文明程度大幅提升，创业发展的氛围浓厚。“元福新潮微党课”已成为立足新农村的理论宣讲及基层治理平台，赢得了广大干部群众的一致好评，“线上”讲党课、话振兴，“线下”强治理、促发展已蔚然成风。村总支仇书记介绍说，经过五年多的努力，原有的 600 多万元村集体负债正在大幅度下降，全村没有发生一起刑事案件，吸毒人数也大幅度减少，各方面取得显著成效。“元福新潮微党课”已成为全市基层理论宣讲和引领基层治理平台，正努力打造成为全国党建创新引领基层治理和乡村振兴的重要品牌。

（二）"罗江夜话"：群众自治调节矛盾，文明建设美丽乡村

院落里、树荫下，一张桌子、多把椅子，村民干部围坐在一起，面对面唠嗑，唠得不仅有身边小事，唠得还有家国大事，家长里短、民生福祉和国家政策等话题。这样的场景在罗江镇每个村晚上几乎都会上演，是听民声、议民事、解民忧的有效途径，也受到了当地老百姓的欢迎，因为他们知道，"夜话"一开，就能解决实际问题，小到路灯维修和安装监控，大到路道拓宽和提供就业机会（见图 3）。

这是一个让群众唱"主角"，党员干部当"帮手"的基层治理平台，让老百姓畅所欲言地表达自己的想法，发挥自己意见作用的自治"舞台"，也是罗江镇的创新性治理探索。2021 年 9 月以来，罗江镇党政干部以包村小分队的形式下沉到 14 个村，以屋场为单位召开"罗江夜话"会议，村镇干部宣讲土地流转、乡村振兴、医保缴纳等政策，听取百姓诉求，仅仅三个月就收到关于道路建设、粮食生产、垃圾清运、环保等意见和建议 190 余条。为了更好地与群众交流，镇里按屋场推选"五老一新"（老党员、老干部、老教师、老战士、老模范、新乡贤）人员当"夜话"话事佬，带动其他群众主动积极地参与到屋场治理中来，调节突出矛盾和纠纷，建设乡村文明。

"罗江夜话"开讲一年多来，取得了丰硕的成果，全镇 500 余个屋场共开展"夜话"1100 余场次，党员群众参与人数达 2 万余人，化解难题近 300 个；48 家实体创造就近就业岗位 2300 余个，劳动力就业率达 96.5% 以上。罗江镇成为 2022 年全省 15 个基层治理创新试验区之一。"罗江夜话"也入选"全国社会治理创新案例（2023）"。

图3 “罗江夜话”现场

四、“汨罗模式”带动乡村振兴的启示

（一）因地制宜，创新发展模式

农村土地的合理开发与利用，是推动乡村高质量发展的基础性保障，乡村要振兴，因地制宜是关键。中国乡村千千万万，不少都走出了自己的乡村振兴模式，如“安吉模式”，主要以建设生态文明为前提，对第二产业进行大力发展，使农民素质得到全面发展，从而对乡村环境进行有效改善；“袁家村模式”主要以乡村旅游为突破口，打造农民创业平台，积极鼓励农民参与创业，从而实现农民增收富裕；“数字赋能模式”主要借助电子商务的发展，为小农户解决农产品销售难问题等。这些成功经验给了乡村振兴实现的路径，在借鉴的同时不宜照搬照抄，还需因地制宜，创新发展模式，走适合自己的发展道路。汨罗市借助“党建+”治理模式，创新性开展“小田改大田”土地流转模式，取得了非常大的成功，在全市推行普及的过程中，各个乡镇也在融入自己的特色，如“党建+乡贤”“元福新潮”“罗江夜话”等，做到了“接地气、冒热气”。

（二）规模化经营土地，提高生产效能

土地流转是农业经营主体扩大经营规模的重要途径，在土地改造、小田合并成大田的过程中，那些本不受关注的土地“边角料”都被利用起来，增大了可耕种面积，在合并成大田之前，农民的耕种地多是小块破碎的，用不了大型机械，只能手工耕种，并且随着城市的发展，农村人口流失，导致农田缺乏壮年劳动力，农田的收割成本较高，面临着手工劳动力不够，机械收割障碍多的问题。汨罗市“小田改大田”之后，“巴掌田”改为连片大田，基本实现全程机械化，原来需要 400~500 名散户耕种的田块，现在仅需 3 个合作社、三四十名农机手，劳动效率大幅提升。翻耕费用从每亩 120 元降至 80 元，机插、机抛费用从每亩 80 元降至 50 元，收割费用从每亩 120 元降至 60 元，运输费用从每亩 50 元降至 30 元，在耕种收这几个关键环节，单季每亩可降低成本 150 元以上。而且种上了双季稻，大大提升了产量还能享受国家补贴资金 250~300 元，平均每亩综合效益可达 500 元以上。

（三）党建引领，提高村民整体素质

无论是发展产业，还是乡村治理，农村基层党组织发挥战斗堡垒作用至关重要。乡村治理，主要因素在于人，在于引领人员的凝心聚力，不仅要提升乡村乡貌等外部特征，更要提升村民人员的基本素质，唤起村民主动为乡村做贡献的主体意识，赋能村民，使得村民有能力有技术来改善自己的生活，为乡村振兴贡献自己的一份力量。通过“党建 +”引领治理模式，汨罗市多镇在村总支两委的带领下，扎实开展环境整治，建设和改造村级主干道，还邀请企业家、专家学者到汨罗市考察，传递现代化乡村发展的经验，让村民获得知识之外还拥有了切实可行的种植、耕地、养殖等应用技术，提升了整体素质。不少乡镇还制定了自己的村规民约，宣讲家教家风，通过不断优化提质村规民约，居民行为逐步规范，“主人翁”意识逐步增强，矛盾变少了、民风变好了、环境变美了，居民生活更加幸福、基层治理更加有效、乡村振兴更加稳健。

（四）注重乡贤文化，用好乡贤能人

乡村治理的关键点也是难点所在即选贤任能，乡贤文化是中华优秀传统

文化的组成部分，是扎根于中国家乡的母土文化。乡贤文化根植于乡土和家庭，体现了中国文化重德育的传统，要更好地促进乡村振兴，就要大力弘扬乡贤文化，用好乡贤能人。更要引导乡贤反哺家乡，充分发挥乡贤能人荟萃的人脉资源优势，为乡村振兴出谋划策、贡献力量、注入新活力，助力乡村共同富裕。汨罗市优化政策扶持，鼓励乡贤回乡创业，建设共富基地，在“小田改大田”中，引导乡友乡贤、新型农业经营主体等社会资本投资，鼓励乡贤能人先期垫资，组织合作社等牵头改造全市农田上千亩。在“党建+”中，邀请乡贤作为宣讲资源主体，逐步链接各方面专家学者、领导干部、企业家等资源。用乡贤熟悉的本地方言为主志愿宣讲，拉近与村民群众的距离，为大家免费服务，除此之外，汨罗市还建立乡贤能人库，吸纳入库500余人，做到了吸引各方力量凝聚到乡村振兴中来。

（五）以群众自治为主体，激发群众内生动力

乡村振兴，发挥好人的积极性、主动性和创造性是关键。要以人为本、以人民为中心，集中体现为依靠农村居民，农村发展成果要惠及乡村百姓。不管是村民自发制定的村规民约，还是群众唱“主角”的罗江夜话，都贴近群众的切身利益，并且发挥了村民群众的自治能力。在此原则的引导下，汨罗市在推行“党建+”模式的过程中，积极引导群众“自己的事情自己管、自己的家乡自己建”。在基层党组织的主导下，群众自发组建的自治组织达964个，建成村级文明实践站181个、文明实践基地40个、志愿服务队327支，发展培育民间志愿服务组织50余个，全市注册志愿者达7万余名，家家有志愿者，人人争当志愿者，村民自治，充分调动了农民的积极性和主动性，提高基层治理能力。在惠民利民上，为促进农民增收致富，改田之后，村民可以选择种田，也可以在家门口就业，还能入股合作社，除劳动收益外，可享受年底分红，实现“农民有钱赚、农事有人做”。

参考文献：

[1] 张飞，孔伟.共同富裕视角下乡村旅游开发中农民分享土地增值收益研究[J].

资源与人居环境，2023（4）：56–59.

［2］李辉．迈向党委统领的乡村善治：中国乡村治理范式的新飞跃［J］．探索，2021（5）：92–102，189.

［3］朱哲，巧巧．乡村旅游高质量发展与土地利用转型耦合及政策创新［J］．社会科学家，2023（6）：41–47.

［4］吴林娜．增能视角下新乡贤乡村治理参与研究——以瑞安市陶山镇为例［J］．宁波开放大学学报，2023，21（3）：50–54.

Part 10

案例4：甘肃省临泽南台村的景村互动模式

兰州文理学院旅游学院

许　波

一、甘肃乡村文化旅游发展背景

甘肃地处黄土、青藏、内蒙古三大高原交会地，有农耕和游牧两种乡村文化，乡村地域广阔、生态美好、民风淳朴，原始纹理保留完整，发展乡村旅游具有得天独厚的自然禀赋、韵味独具的乡土文化、生态完整的后发优势，独特的文化旅游资源和省情特点，决定了该省有发展旅游业的良好基础。甘肃是一个文化旅游资源大省，更为特殊的是，全省70%的文化旅游资源集中在乡村。据“游甘肃·品甘味”农旅融合发展工作论坛发布的《中国·甘肃乡村旅游发展指数》相关数据显示，2023年上半年，甘肃乡村旅游接待游客7562.5万人次，较2019年同期增长24.72%，占到全省旅游接待人数的53%，乡村旅游收入224.61亿元，增长38.73%。报告显示，2023年上半年，甘肃乡村旅游消费热度总指数月均值为127.84点，较2019年、2022年分别增长22.49%、28.21%。游客规模热度和游客消费潜力度两项分指数增长明显。

近年来，甘肃省以建设西部知名乡村旅游目的地为目标，大力实施特色旅游村镇、农家乐、精品民宿品牌工程，开展乡村旅游示范县、文旅振兴乡村样板村创建工作，打响做亮“陇上乡遇”乡村旅游品牌，进一步培育业态、打造品牌、做强产业，推动乡村旅游提质升级，打造高品质乡村振兴“旅游版”。全省“十四五”时期将分批打造 30 个乡村旅游示范县，300 个文旅振兴乡村样板村，加快培育生态环境优、产业优势大、发展势头好、示范带动能力强的乡村旅游示范品牌，整体提升乡村旅游产业影响力、社会认知度和品牌知名度。

“十三五”期间，甘肃以景区带动型、城镇辐射型、产业依托型、通道景观型、乡村休闲型、创意主导型 6 种开发模式，打造了 1270 个乡村旅游专业村、310 个乡村旅游示范村。《甘肃省国民经济和社会发展第十四个五年规划和二〇三五年远景目标纲要》提出拓展乡村旅游、休闲农业、农村康养、电子商务等新模式、新业态。临泽县对标文旅赋能型功能定位，以创建全国全域旅游示范区和全省乡村旅游示范县为目标，大力发展以农耕文化为魂、田园风光为韵、村落民宅为形、生态农业为本的乡村旅游，加快培育业态、打造品牌、做强产业，打造高品质乡村振兴“旅游版”，推动乡村旅游提质增效、转型升级，为乡村振兴注入了新的动能和活力。临泽县南台村是景区带动型的代表，其产业发展与景区互动、乡村治理模式等都具有一定的借鉴意义，为此，我们研究临泽县南台村的发展状况、开发举措，遇到的问题与解决对策，对景区带动型乡村旅游发展形成启示。

二、临泽县南台村运营状况

临泽县地处河西走廊中部，中国第二大内陆河黑河穿境而过，在汉武帝元鼎六年（公元前 111 年）建县，为古丝绸之路之要冲，欧亚大陆桥必经之地。临泽县倪家营镇南台村位于临泽县南部，著名的 5A 级景区张掖七彩丹霞坐落该村境内，全村辖 7 个合作社，440 户 1533 人，耕地面积 3907 亩。凭借优良的地理优势，南台村迎来了旅游产业蓬勃发展的黄金期，极大地促进了村级经济的快速增长。

2011 年，南台村成立了旅游合作社，165 户村民加入合作社户，主要从事景区的观光车旅游项目。后来随着七彩丹霞景区接待人数不断增长，旅游业发展前景较好，越来越多的农户主动加入合作社。目前，南台村7个合作社中，90户从事土特产品营销，28户购买观光车从事景区游客接待服务，70余户经营流动售货摊点，500多名劳动力在景区内外长期务工，旅游从业人员达1100人，占常住人口74%以上。南台村成立村办企业（张掖盛景文化旅游股份有限公司），吸引周边农户将闲散资金入股，年底按占股进行分红。2021年，南台村农村经济总收入达7190.69万元，人均可支配收入达20855元。其中，旅游产业收入达6053万元，占全村经济总收入的85%以上。至2023年，南台村已建成梨园新村，乡情家园商住旅游服务社区2个、生态停车场及商业街1处、林果采摘园1家。全村共有126户经营宾馆农家乐，72户从事景区农特产品销售，206户参与旅游产业入股，2户从事景区驼队项目，旅游从业人员达1100人以上，占全村人口的70%以上。经过十多年的快速发展，南台村形成了以住宿餐饮、休闲观光、林果采摘、商贸服务为主的旅游产业格局。2022年南台村被评为“全国最美休闲乡村”和“中国乡村旅游模范村”。

三、开发举措

（一）创新机制模式，助推乡村振兴

在县委政府、镇党委政府的优惠政策鼓励下南台村创新发展机制模式，采取“经济组织 + 村集体 + 众筹众创”等模式，动员230户农户和村集体入股1300多万元成立张掖胜景文化旅游发展股份有限公司，经营管理景区西入口生态停车场和特色商品经营区，2020年实现分红90.2万元；117户农户入股71.5万元成立临泽县丹霞农业观光合作社，参与丹霞景区观光车运营，2020年合作社获得分红53万元；189户农户集资728万元入股张掖市河西印象文化旅游股份公司，全力推动民俗文化村建设。通过多种方式，全村共有379户农户和村集体入股2300多万元参与乡村旅游发展，实现群众增收与项目建设同步发展，为乡村振兴战略顺利实施奠定坚实的基础。

（二）加大资金投入，做实基础设施

南台村采取“公司 + 农户 + 众筹”的方式建成占地60亩的生态停车场1处，规划建设停车位525个（大巴车63个、小车462个），并配套供排水管

道、亮化、监控等基础设施，统筹村集体土地支持七彩丹霞景区在北入口建设占地 200 亩的停车场（停车位 1500 个）、广场及游憩设施。同时，以旅游服务为核心，建设游客服务中心，布置梨园新村休闲娱乐广场健身场地，景观设计以创造各不相同的景观特色为理念，配合造型独特的园林景观，在 213 线红绿灯十字路口、西入口、七彩镇等主要岔路口及重要节点处设置交通旅游标识牌 23 块。结合全县农村“风貌、垃圾、厕所”三大革命，全力推进改厕工作，积极引导群众参与生活垃圾分类收集处理，坚持前院与后院、院内与院外一并进行改造整治，对有可用性的建筑物进行修复加固美化，把后院建设为“小花园、小果园、小菜园”，逐步实现了村道整洁、院落别致、风光秀美，村容面貌“大变样”。

（三）做强拳头产品，推进产业升级

南台村紧紧抓住“丹霞美宿”主打品牌，在全力扩大品牌辐射带动效应的基础上，结合南台村旅游实际，注重地域特色品牌的培育打造。丹霞花海、丹霞口、七彩镇等旅游景点逐步成为丹霞旅游的亮点和特色。同时注重对民俗文化挖掘和研究，建成了河西民俗博物馆和正在复原的西游文化高老庄。积极动员乡村旅游经营户与携程、去哪儿等旅游电子商务网站合作，开展在线预订、产品营销和咨询服务，实现旅游与电商的有效对接。140 多户农家乐与同程网、携程网、途牛网、艺龙网、去哪儿、游多多等旅游专业网站合作进行网上订房、订餐和土特产品销售业务。建设南台彩虹夜市，切实照亮梨园新村“夜间经济”，大力开发临泽小枣、丹霞奇石、根雕和民俗手工作品等特色旅游产品、纪念品及地方特色小食品，配合丹霞研学旅行社聘请专业人员编制研学旅游课程与研学旅游教材，积极沟通衔接将南台村地质科普广场、乡村记忆馆等纳入丹霞研学规划中，“商、学、养、闲、情、奇”等旅游新要素得到拓展。

（四）培育乡风文明，推进乡村旅游持续发展

南台村始终坚持把弘扬社会主义核心价值观作为培育乡风文明的总抓手，加强社会公德、职业道德、家庭美德和个人品德教育，积极开展“敬比赛夸”“评花赛花”“五星文明户”等群众性精神文明创建活动，进一步丰富了群众文化生活。通过举办“美丽中国·生态马拉松”、丝绸之路（张掖）国际通航大会、“枣乡临泽·丹霞神韵”河西民俗文化节——2017“元宵·惊牛”等重要赛事，实现了“以节促销、以节促游、以节富民”的目标。

四、遇到的问题与对策

（一）主要问题

南台村旅游产业在县委县政府的大力扶持下得到了长足的发展。但“农户经济”本身属于“小农经济”，天生带有“小农经济”的缺陷，自身发展动力不足，环境适应性差。近年来，伴随着七彩丹霞景区周边餐饮住宿服务业市场规模的持续扩大和外部经营环境的变化，南台村旅游产业暴露出诸多问题。

1. 收入类型较为单一

南台村乡村旅游以入股七彩丹霞景区观光车队为起点，以建成梨园新村商住旅游服务社区为终点。由于在建设初期未考虑多元化经营的需求，主要建设用地已用于客栈、宾馆建设，此举既促进了前期南台村的快速发展，也导致了后期转型乏力、增长放缓。休闲游乐、文化体验、农事体验、研学旅游、夜经济等新型业态面临缺少土地、缺少资金的实际困难，产业发展与农户增收遇到瓶颈。

2. 内生动力不足，市场适应性差

从2008年七彩丹霞景区大规模开发建设以来，伴随着景区游客接待量的增长，南台村凭借优良的地理位置和及早的发展先机迎来了发展的黄金期。这期间景区周边客栈宾馆市场规模小，需求大于供给，市场竞争小，村民的主导性较强，游客选择性小，宾馆经营获利相对容易。从2016年开始，随着七彩镇、丹霞口文旅小镇的开发运营，景区周边宾馆酒店数量呈现爆发式增长，市场趋于饱和，大量高标准、高质量的品牌化、市场化运营的酒店的运营，加大了市场竞争力。在外部经营环境的改变下，大部分村民不能及时做出反应，提高自身的市场营销能力和服务质量，致使经营压力增大，盈利增收减缓。

3.“小农经济”缺陷明显，市场竞争力弱

南台村村民经营的宾馆客栈具有明显的“小农经济”特征，普遍存在规模小、服务业态的单一、同质化比较突出、服务质量不高、市场对接能力差、竞争力弱等问题。加之内部没有协作关系，村民相互打价格战，长期以往形成恶性竞争，影响整体产业的有序健康发展。村民营销意识不强，除了少数配有专职营销人员，大多数主要依靠上门散客，司机接送，携程、美团等网络平台进行销售，宣传推广力度不足，与市场和旅行社对接能力差，客源不稳定，同时限于自身的规模，不具备接团的能力，盈利能力弱。

4. 高负债运营，抗风险能力弱

南台村宾馆客栈多为村民自行集资贷款修建，多为商业贷款，利率为5.3~7.13。根据临泽农商银行的统计数据，南台村村民在该行的贷款金额达到了 1 亿元左右，且大多数贷款用于宾馆客栈修建。根据村镇的摸底数据，从事宾馆经营的村民均有银行贷款，贷款金额普遍在 50 万 ~200 万元，年偿还利息在 3 万 ~12 万元。背负如此高的银行贷款，使得南台村村民经营宾馆客栈抗风险能力较差，自 2020 年遭遇新冠感染疫情影响以来，大多数经营户经营收入大幅下降，偿还银行利息困难，部分村民经营信心丧失，已有转让出售宾馆客栈的意愿。

（二）对策

当前南台村宾馆客栈经营困难主要是由疫情影响造成的，但其自身存在的问题也是造成近年来宾馆客栈经营压力增大，营收持续变缓，制约旅游产业持续健康发展的主要因素。面对外部经营环境的变化，南台村村民当前已经意识到自身发展的短板和存在的问题，也在积极进行自我努力，寻求解决之道。针对当前经营发展困局，要从改善外部经营环境和增强内生发展动力两方面发力探讨解决思路。

1. 多方努力，扩大客源市场

加快临泽县全域生态旅游名县建设，促进七彩丹霞景区及周边旅游服务产业转变发展方式、优化产业结构、转换增长动能。要进一步培育旅游产业新的增长点，吸引更多的游客来临旅游，扩大市场需求端，做大旅游产业

“蛋糕”，创造更多的市场份额，使得需求与供给同步增长。加大县级对南台村旅游发展的政策支持，按照“景村一体化”的发展理念，支持丹霞景区与外围景区圈层联动发展，统筹推进南台村、七彩镇、七彩旅游小镇等景区周边业态发展，提质升级核心景区服务功能。

2. 优化景区周边服务业态，促进旅游产业健康有序发展

南台村乃至景区周边宾馆住宿业近几年来经营压力增大，实际也是景区周边住宿业态无序扩张的必然结果。在市场饱和的情况下，新的更高标准更高质量的市场化、资本化运营的酒店出现，必然导致小户分散经营的宾馆客栈受到挤压和冲击。应对当前的状况，应注重发挥七彩丹霞大景区管委会的作用，在宏观层面上进行把控，利用政府行政审批的权限，对景区周边旅游服务业态进行结构性优化，在健全景区周边“食、住、行、游、购、娱”六要素上，大力引导和鼓励社会资本和村民多在“游、购、娱”上下功夫，进一步优化旅游经营业态，促进文化旅游产业健康有序发展。

3. 发挥景区的联动带动作用，促进景村一体化发展

从 2014 年丹霞景区交由省公航旅来开发运营后，丹霞景区陆续从南台村征走 1000 亩土地，用于旅游开发。南台村村民从事旅游服务行业也是一种“被迫”选择，当前从事旅游服务行业的村民多是部分失地及全失地的村民，经营宾馆客栈是他们的主要经济来源。景区要注重加强景村融合发展，一方面，要充分发挥景区的联动带动作用，在旅游功能规划、辐射带动上应该有倾向性的“照顾”南台村，促进景村一体化发展，增强南台村旅游行业的内生发展动力，实现共惠共利。另一方面，探讨景村之间的帮扶式合作，利用景区的宣介平台帮助宣传南台村“丹霞美宿”“乡情家园”民宿集群，参考公航旅明珠酒店的营销模式，采用套票或赠送服务等方式将景区门票等有价票券与南台村宾馆客栈进行捆绑销售，实现互助共赢。

4. 充分发挥自身的优势特色，培育旅游产业增长新动能

面对当前外部激烈的竞争环境，要实现旅游产业的健康持续发展，必须进行旅游产业业态结构性调整，充分发挥自身的优势特色，避开与七彩镇、丹霞旅游小镇的同业态竞争，在发展乡村旅游、田园观光、林果采摘、特色

农家乐、精品民宿方面发力，走出一条其他功能服务区不可仿制的特色发展道路。要充分挖掘自身的优势资源，大力整合宅基地、农田、林地、河流、水库、人力等要素，创造良好的投资经营环境，广泛开展招商引资，吸引社会资本进来，打造出几个吸引力强，盈利能力强的特色产业，形成虹吸效应，吸引更多的游客入村旅游，提升南台村的知名度。

5. 加强自身经营能力建设，增强市场竞争力

坚持“全区域谋划、全产业联动、全要素配套”原则，以规范市场、提升质量、联合发展、增加收入为目标，进一步规范餐饮住宿业态，增强市场竞争力。聚焦旅游服务业发展前沿，引导村民进一步转变经营理念，注重加强与旅行社、丹霞景区的合作，探讨由第三方平台公司托管、合作等新型经营模式，增强市场对接能力。努力提高自身经营能力，提升服务质量，共同维护好旅游市场秩序，形成行业自律，避免恶性竞争，在培育市场、做亮品牌、做优特色、精品服务、抱团发展等方面多下功夫。

五、总结与启示

（一）充分重视规划在乡村旅游开发中的重要作用

实施乡村旅游项目要统筹兼顾当下利益与长远利益。回顾南台村乡村旅游的发展史，在七彩丹霞景区开发的早期阶段，景区周边严重缺乏住宿、餐饮配套，发展以客栈为主兼顾农家乐的乡村旅游业态有其充分的合理性、必要性。但在建设时对旅游产业发展规律认识不足，对观光游向体验游、深度游的发展趋势把握不足，未预留其他业态的布局空间，成为今天南台村面临困境的主要原因。因而乡村旅游项目建设一定要坚持规划先行的基本原则，在谋划发展举措时既满足当前需要，又要保持一定的空间弹性，既能突出特色，又能满足多元化的游客需求。

（二）良好的乡村旅游项目需要协调好政府和市场的关系

在南台村乡村旅游的发展过程中，老百姓自发成立合作社投入七彩丹霞景区观光车辆运营、建设乡村客栈，开启了南台村从传统农业向现代服务业转型发展之路，对全县乃至张掖市起到了非常好的示范作用。然而时至今日，

以农户为主体的建设和经营模式遇到规模小、专业化程度低、缺少资金支持等诸多瓶颈。在周边各类市场主体越来越多、实力不断增强的情况下，南台村竞争力必然不断下降。从政府作用来看，除了配套基础设施、加大宣传力度之外，政府更应该给予乡村旅游人才、思路、技术、资金等多方面的支持。除此之外，还应从区域开发的角度，围绕景区做好多区域、多市场主体之间的沟通协作，通盘考虑食、住、行、游、购、娱等要素在空间上的合理布局，形成既竞争又合作的产业互动关系。

Part 11

案例5：甘肃省丝路水乡·塞上乌江：生态治理转化为生态乡村旅游名镇

兰州文理学院旅游学院
杨雪梅

一、甘州区乡村旅游发展背景

甘肃省张掖市甘州区，地处青藏高原和内蒙古高原交会带，位于河西走廊腹地，自古以来就是丝绸之路商贾重镇和咽喉要道。南依祁连山，北邻内蒙古阿拉善右旗，总面积3661平方千米，坐拥祁连山、黑河湿地两大国家级自然保护区。西汉时期以“张国臂掖，以通西域”而得名。全区辖1个国家级经济技术开发区，18个乡镇、20个社区，常住人口51.74万人，城镇化率为49.98%，有汉族、回族、蒙古族等22个民族。

甘州区境内祁连山水源涵养区、黑河绿洲、荒漠戈壁三大生态系统交错衔接，雪山冰川、森林草原、丹霞地貌、田畴沃野、候鸟湿地、荒漠沙丘、七彩丹霞等极端地貌交相辉映。全区现存历代不可移动文物245处，其中全国重点文物保护单位10处，隋代木塔、明代钟楼、西夏大佛寺等名胜古迹传承着历史文脉，展现出不同时期的时代风貌和文化内涵，构成独特的文化内涵，是一座名副其实的古城。甘州区优质的自然旅游资源和历史文化旅游资源，兼备丰富度、美誉度和规模体量，因自然美景和物阜民丰并存，素有

“塞上鱼米之乡”之美誉，又因良好的生态环境和区位优势，被誉为山清、水秀、天蓝、地绿的“塞上江南”，宜居、宜游、宜乐的“湿地之城”，明净、清新、亮丽的“清凉之都”与文明、和谐、美丽的“戈壁水乡”。

2018年甘州区发布《关于实施乡村振兴战略的意见》，加快结构调整步伐，加强农村环境治理，全面推进农业农村现代化，构建人与自然和谐共生、绿色美丽共存的农业农村发展新格局。2019年印发《关于坚持农业农村优先发展做好全区“三农”工作的实施意见》，以实施乡村振兴战略为总抓手，持续加强党对“三农”工作的领导，全力创建全省乡村振兴示范区，为乡村旅游中农业资源优势、生产优势和产品优势转化为质量优势、品牌优势和效益优势提供了保障。同年《甘州区“共享农庄”支持政策》和《加快推进全区文化旅游产业高质量发展的扶持政策》文件印发，实施以奖代补、先建后补、财政贴息等旅游扶持措施和奖励，从合法权益、村民待遇、基础设施奖补、人居环境、财政支持以及技能培训等方面为乡村旅游提供了经济与政策保障。

2021年根据《区委区政府关于全面推进乡村振兴加快农业农村现代化发展的实施意见》，甘州区统筹整合各类涉农资金6.65亿元，重点支持边缘乡村小杂粮、中药材、设施农业、特色林果、乡村旅游等产业的规模化发展，为乡村旅游提供了丰富的本土资源。截至2022年，甘州区共培育农家乐113家，打造国家级乡村旅游重点村1个、省级乡村旅游示范村7个、市级旅游专业村6个，成功创建省级乡村旅游示范县（区）和省级全域旅游示范区。2022年全区乡村旅游接待游客738.1万人次，收入13.55亿元，保持了良好发展态势。成为甘肃省典型的通过生态治理修复、环境整治、城乡融合前置举措，打造绿水青山生态典范，进而进行乡村旅游开发规划、农文旅融合发展以及宜居宜业和美乡村建设，将美好生态环境转化为农民能够抱回“金山银山”的乡村旅游产业发展典型示范。

《甘州区乡村振兴战略规划（2018—2022年）》提出以“一圈七带”为支撑，打造乡村振兴示范区，《甘州区区域乡村建设规划（2018—2023年）》提出以增强城镇体系发展内聚性，提升区域职能为特征，四级城镇发展格局，形成“一核四心、两轴三区”的城镇发展空间布局。乌江镇作为甘州四大区域副中心之一，地处国道 312 三产融合发展示范带、黑河生态经济示范带、平山湖大景区综合旅游带，发展乡村旅游优势显著。甘州区以“两山理论”为引领，坚持乡村生态综合治理优先，将全镇整体规划建设为绿水青山转化为富民惠民的乡村旅游发展集聚区。

二、乌江镇乡村旅游发展现状

乌江镇坚持把发展乡村旅游作为推动镇域乡村振兴的重要抓手，重塑自然生态审美，综合开发乡土景观，挖掘传承传统文化，大力发展乡村旅游产业。全镇将“多条自然水系 + 湿地”为核心的自然资源进行了全面生态优化，让其凸显出河流、沼泽、湖泊、清泉、草地、乡村田园的原生态优势，形成“天然水系 + 阡陌田园 + 生态乡村”的富集旅游资源，并彰显出很高的自然景观价值和生态休闲价值。经过几年的发展和探索，乌江镇确定“产业兴镇、文旅活镇”发展脉络，在构建城乡融合发展、农旅融合和产业融合发展方面做了大量卓有成效的工作。大力发展以“西大湖”柳河、马回河源头资源和“润同养殖公司”为示范点的生态渔庄提升项目，支持和培育“渔夫山寨”“一景水寨”“钰顺小渔村”乡村休闲美食垂钓园；规模发展以大湾村“天香牡丹园”和苏家“探花桃源”为经营主体的特色园艺业；逐步开发天然氧吧“陆家老湾”等原生态景地；打造乌江镇谢家湾“水云乡畔”共享农庄乡村度假项目，共享果园、共享渔庄、共享乐园、共享农业等“共享乡村旅游经济”新业态，开发了一条以休闲采摘、户外运动、农趣体验、研学旅游等为主题的体验式乡村旅游精品线路；举办稻米艺术节、冬季冰雪艺术节等特色活动，不断提升乡村旅游服务品质，打造全季乡村旅游示范点，仅 2022 年在乌江镇举办的冰雪运动艺术节就为当地村民带来 60 多万元经营收入，成为甘肃生态乡村旅游典范。

三、开发举措

（一）治理

纵观黑河干流的变迁史，自“导弱水至于合黎”的大禹治水时期，乌江就是“至于”之处，是黑河流域水资源丰富地带和张掖绿洲的主要农作区，凝聚了张掖绿洲与黑河相依相偎的生态地理景观和人文历史脉络。北靠合黎山南望祁连山的乌江镇，同时也是甘州区海拔最低的区域，黑河自南向北后自东向西环镇而过，黑河径流在乌江区域形成约 90° 的大拐弯——黑河湾，使乌江外镇处于“曲水环抱、汇水聚气”之势，造就了甘州湿地面积最大的乡镇，可谓甘州天然“绿肾”区。

乌江镇自唐代开始种植水稻，迄今已有 1300 多年的历史，以其所产的“黑芒稻”最为著名，素有“乌江贡米”之美誉。近年来，通过土地平整、排阴治碱、稻鱼综合种养、平田整地等方式，将元丰、大湾、谢家湾等村共计 5000 余亩盐碱地重新利用起来，大力推广“稻田景观”“稻鱼共生”“稻鸭共生”“稻蟹共生”的生态农业模式，充分发挥稻渔综合种养对土壤盐渍化改良和地力修复提升作用。曾经的盐碱地现已变为千亩水稻田。在乌江镇新河田园综合体高处俯瞰，2000 多亩彩色稻田画栩栩如生，田园风光和生态美景尽显眼底。稻田景观利用红、黄、黑、白、绿、紫、粉七种颜色彩稻种植绘制成“丝路飞天”“丝路驼铃”“彩色飘带”等巨型画作，呈现鱼稻共生的田园风光，兰新铁路、青蒙一级公路穿插其中，勾勒出一幅现代化农业旅游精彩画面。

（二）保护

乌江镇地处黑河中段，干流长 26 千米，约占黑河甘州段干流的一半，流经 10 个村，镇域内 4 条支流，是甘州区黑河生态带的重要组成部分。乌江镇始终以黑河生态保护为基准，凸显黑河湾原生态系统，发挥水资源优势，以生态文明统领乡村振兴为导向，围绕甘州区“一屏一带一廊”生态功能区要求，坚持山水林田湖草沙一体化保护和系统修复治理。以现代农业发展、黑河流域综合治理为重点，实施黑河两岸生态修复与保护、高标准农田建设工程。加强河长制机制保障，健全河道巡查、垃圾处理、卫生保洁，有效提高河段防洪能力。按照“原生态、低成本、重创意、强保护、少干预、亲自然”的原则，对境内黑河河渠水系、护坡，开展生态保护修复项目，对保护区内工矿企业、采沙场、养殖场清理拆除，平整覆土，种植湿地植物，恢复植被，并实施围栏工程，提高湿地植被盖度。在保留黑河原有生态特色的同时，因地制宜，就地取材，充分利用废旧木料、河道石材、湿地芦苇，实施打造多项旅游工程，辐射带动周边乡村旅游与产业发展，将生态优势转化为发展优势、产业优势，汩汩弱水成为助推乡村振兴战略的“富民水”。乌江镇借助独特的自然禀赋、充分发挥黑河湿地资源优势，不断调整产业结构，逐年加大特色景点的开发培育，乡村旅游发展明显增速，截至 2022 年，全镇共建成 14 个旅游、餐饮休闲景点，年接待游客达 15 万人次。

（三）提升

乡村旅游是乡村振兴战略的重要抓手，“美丽乡村”又是乡村振兴战略的升级版。甘州区乌江镇狠抓环境治理，整洁农村环境，开展清洁村庄创建。持续推进农村生活垃圾、村内沟渠、农业生产废弃物清理等“清一改”工程，实施村庄绿化，努力打造省级绿化示范村，在绿化美化村庄的同时，厚植乡村旅游发展优势，为打造生态宜居新乌江再添一抹新绿。不断完善各项基础设施，大力整治村容镇貌，深入开展乡村改厨、改厕、改院落、整治周边环境“三改一整”工程，积极实施全域旅游无垃圾行动。健全完善村级公益性设施共管共享工作，加快乡村旅游区道路硬化、景区绿化、园区美化改造，在乡村旅游点新建停车场、公共绿地和休闲广场，增加休憩座椅，新添凉亭、垃圾桶等设施，不断满足游客的多样化需求。继续完善制作全镇旅游道路沿线导游图、旅游形象标识、景点解说牌、旅游区标志牌等乡村旅游标识体系，促进乡村旅游便利化。对全镇辖区内旅游经营业主进行技能培训，在食品卫生、质量监督等方面给予优质服务和充分指导，提高乡村旅游从业人员的服务质量，为全镇乡村旅游健康有序发展奠定良好的基础，尽显乌江乡村生态之美、生产之美、生活之美、文明之美，打造出“生态宜居、产业兴旺、乡风文明、治理有效、生活富裕”的乌江模式。

（四）发展

甘州区乌江镇坚持把乡村旅游作为实施乡村振兴战略的有效载体、带动农业产业结构调整的重要途径，结合张掖市“两带四驱四线”和甘州区“一圈七带”乡村振兴黑河生态经济示范带、甘平公路 7 千米半小时休闲圈生态廊道和国道312线三产融合发展示范带，按照全镇乡村振兴建设总体部署思路，以农耕文化为魂，以田园风光为韵，以村落民宅为型，以生态农业为基，深入挖掘乡村旅游资源，科学规划功能布局，开发一批乡村旅游度假新项目。定位水韵特色旅游，深化“旅游风情小镇、休闲旅游示范村”创建，重点打造实施谢家湾“水云乡畔”共享农庄、谢家湾人居环境改善提升项目，元丰村蔬菜文化产业园项目和“蔬园乡居”田园村庄乡村旅游品牌项目。

通过大力宣传乌江厚重的文化底蕴，利用新媒体、微信公众号、乡村旅游手机App搭建文化宣传平台，积极衔接“交响丝路·如意甘肃”手机旅游网。录制《印象乌江欢迎您》宣传片，印制乡村旅游宣传彩页和口袋本，分发机关干部及旅游从业人员，形成人人都是“乌江形象代言人”的宣传氛围，打造吸引甘青宁等周边省市游客周末度假的精品旅游示范村镇。积极打造节庆品牌，用好用活新媒体，发展网红经济，直播带货。通过网络、报纸、电视等新闻媒体和自媒体，凸显当地特色，塑造品牌形象，着力打造和推介乌江镇乡村旅游产品和线路，邀请旅行商、旅游达人实地体验考察，策划举办乡村旅游节、“塞上江南、你我共约”等主题文娱活动，举办“桃花盛会”“牡丹仙子游园节”“舌尖上的乌江”美食节、采摘节等乡风民俗和节会活动等一批节庆品牌，进一步扩大知名度、美誉度，不断提升乌江镇乡村旅游品位形象。

如今，乌江镇已打造出集“农业种植＋立体养殖”“循环农业＋创意农业＋休闲农业”“生态科普＋乡村休闲”为一体的“丝路水乡”生态农业示范区，研学游、户外游、乡村游越来越红火。

四、遇到的问题与对策

（一）主要问题

1. 有生态，未生财

乌江生态基础优越，拥有“戈壁水乡”“塞上江南”天然湿地水系与独特景观、林网田园、生态乡村，但基本处于原生状态，开发程度不高，开发资金不足、引客力度不足，激活乡村旅游生态产品价值空间巨大。

2. 有农业，需优化

乌江农业产业中传统种植业占比较大，新型农业产业有凸显，但占比较小。农业标准化、农业科技化水平较低，农民专业化水平有待提升，农业经营体系需要升级，农村土地市场化程度低，土地价值未实现最大化，农旅融合方面仍需提质增效。

3. 有乡村，缺乡贤

随着乡村产业结构调整、生产方式现代化以及乡村发展用地土地政策更新、社会资本注入，乡村将迎来新变革。但是，目前乡村主要以“留守人”为主，缺乏有文化、懂技术、会经营的人才。发展乡村旅游需要吸纳高层次运营管理人才，进一步更新观念，提升能力，创新示范。

4. 有文化，未彰显

尽管乌江镇拥有悠久的农耕文化、灿烂的民俗文化、独特的历史文化，但是旅游文化符号并不鲜明，缺乏挖掘和传承，典型文化特质未彰显，乡村旅游产品创意不足，产品缺乏文化内涵。

5. 有产业，需融合

乌江镇农业产业比重较大，但是农产品加工业基础薄弱，一二三产融合发展程度较低，上下游产业链不完善。乌江城镇化率、人均可支配收入等低于全国平均水平，亟须在产业融合、城乡统筹发展、人民增收致富等层面进行改革振兴。

（二）对策

1. 生态保护推动乡村旅游

厚植乡村旅游生态本色，发展生态健康旅游，是乌江镇生态旅游发展的重要路径与促进农村经济多元化发展的重要渠道。在不断丰富旅游业态，创新运营管理理念模式，激活乡村生态经济体系，优化产业结构的同时，首要保护乡村生态环境和历史人文。在推进乡村旅游高品质、高标准、高定位、高建设要求的同时，带动农村生态环境质量改善，营造生态宜居的乡村环境，提升农民生态保护意识，才能更好地促进乡村旅游可持续发展。

2. 农旅融合助力乡村振兴

乌江镇生态环境优美，自古以来就是张掖绿洲的主要农作区，其“乌江稻浪”曾是甘州八景之一，乡村休闲资源丰富，旅游区位优势明显，旅游市场需求旺盛。但是，整体而言，该镇休闲农业和乡村旅游业仍处于发展阶段，休闲产品内容、档次、品质、服务技能水平等方面优化提升空间很大。构建“现代农业 +”“乡村休闲 +”“高标准农田建设 + 农业标准化生产 + 农产品品牌化”生产体系，提高标准化生产规模，培育优势农产品品牌，不断推出乡村旅游新元素，休闲农业与乡村旅游精品线路，为乡村旅游带来“流量”和“热度”，为乡村注入更多的“消费流量”，促进城乡融合，缩小城乡服务差距，形成产业集聚、人流聚集、消费集聚，农旅深度融合带动旅游经济发展。

3. 发掘乡村传统文化底蕴

乡村振兴，既要塑形，又要铸魂。乌江镇在悠久的农耕文化、深厚的黑河文化熏陶下，沉淀并形成了具有乌江特色的民间戏剧、农耕习俗、村名典故和民间艺术等非物质文化遗产。其民俗祭祀文化、娱乐文化、戏曲文化、美食文化多彩纷呈，独具特色。以农耕文化体验为核心，设计特色的文化旅游产品、沉浸式农耕体验产品等，以文化产品的形式推进文化传承。结合民俗文化，实现文化与产业相结合，打造具有文化吸引力的村庄资源点，发展具有产业基础的乡村文化体验地。对优秀传统文化、非物质文化以及水利文化资源、历史文化遗址遗迹遗存等，坚持“保护为主、合理利用、传承发展”的理念，制定保护规划，培育非遗传承人。复兴文化灵魂，赋予新的时代内涵，发展内生于“生态资本 + 文化资源”的绿色产业，增强民族自信，发掘乡村传统文化底蕴，做乡村振兴的强有力支撑。

4. 丰富旅游产品体系

依托现有的农业产业、生态湿地景观，以及环形交通路网等优势，调整和优化农业结构，推动稻谷种植业、蔬菜产业、鱼类养殖业等特色产业，发展湿地田园观光、乡村文化创意、乡村民俗体验、乡村旅居度假以及现代农业物流集散、农产品初加工、农产品互联网立体化展销等新型业态。围绕农业产销各环节的技术、信息、金融等社会化服务，全面增强农业数字化。打通农产品生产、加工、流通、储藏以及物流配送等环节，有效破解当前农业转型升级中的痛点，布局全产业链，突出助农增收，做细惠民富民发展乡村旅游。通过共享经济，采取“公司＋农户”“合作社＋农户”等多种形式，有序引导村民参与乡村旅游开发，形成利益共享共赢模式。

5. 做好人力资源规划与保障

深入推进“引老乡、回故乡、建家乡”行动，建立知名人士人才库，发展乡村旅游，助力乡村振兴。以实用技术、职业技能培训和创业培训为重点，培养有文化、懂技术、会经营、能创新的新型职业农民队伍。弘扬工匠精神，建立乡村工匠培养激励机制，培养一批能工巧匠，挖掘民间艺人、文化能人、农民书画家繁荣农村文化，做好人力资源规划与保障，为乡村旅游注入新动力，引领乡村旅游业高质量发展。

五、未来发展

（一）生态保护为先

立足黑河生态保护，凸显黑河湾原生生态系统，发挥水资源优势，遵循人地和谐的生态理念，以生态文明统领乡村振兴为导向，做足水文章发展，改善乡村人居，发展生态经济。

（二）文化振兴为魂

乡村旅游，既要“塑形”，更要“铸魂”。以农业产业为基础，以旅游休闲为形态，以风土文化为灵魂，深度挖掘乡村价值，跨界创新产业业态，增强文化自信，提升文化传承，以人为本，激活乡村全面振兴发展新模式。

（三）凸显“戈壁水乡”特色

构建“现代农业＋”产业核心，紧扣戈壁水乡特质，构建“乡村休闲”产业核心，发展内生于“生态资本＋文化资源”的绿色产业、可持续产业。

（四）“生态农文旅”深度融合

通过“生态振兴、文化振兴、产业振兴、人才振兴、组织振兴”五大路径，尽显乌江乡村生态之美、生产之美、生活之美、文明之美，推进“生态宜居、产业兴旺、乡风文明、治理有效、生活富裕”的乡村旅游，实现乡村振兴总目标。

六、总结与启示

（一）保护生态就是发展生产力

保护生态环境就是保护生产力，改善生态环境就是发展生产力，原生态就是乡村旅游的重要资本。在乡村旅游资源开发过程中，目前还存在无序开发、过度开发、粗放利用、特色不足、资金人力投入不足、生态环境恶化等问题，影响乡村旅游高质量发展。树立牢固的科学发展观，统筹兼顾，正确认识旅游资源开发与环境保护的统一辩证关系，遵循生态旅游发展的规律，注重生态教育和科学普及职能，是生态、经济、社会耦合协调发展，乡村旅游绿色转型与高质量发展的重要保障。

（二）将生态优势转变为经济优势

践行“绿水青山就是金山银山”理念，推进旅游业“门票经济”转型发展是乡村旅游面临的重要机遇与挑战。通过先进的手段、方法和途径，依托乡村丰富的山水林田湖草沙等自然资源，发展生态康养、观光娱乐、教育商务等生态文化产业，建立科学的生态产品价值核算和交换机制，健全各类生态补偿和市场化运作机制，使乡村旅游产品的生态价值得到社会认可并转换为经济价值，生态效益转变为经济效益和社会效益。

（三）挖掘双向认同的文化符号

“百里不同风，十里不同俗”，乡村文化的独特性，乡村生产生活方式的差异性、乡村景观多样性，是乡村品牌塑造与形象设计的核心元素。乡村旅游离不开当地居民的参与和支持，相对游客而言，对一个村落的认知，也是从乡村文化符号开始的。选择地方性与认同感强，当地居民与游客双向认同的文化符号，发掘传统文化的底蕴、精神和价值，并赋予新的时代内涵，塑造乡村形象，做足乡愁文化，提升体验价值，深层次探索游客需求，打造乡村特色品牌，才能增强文化自信，提升乡村旅游软实力。

（四）农民增收是根本

“说一千，道一万，农民增收是关键”。乡村旅游已经成为我国推动农村经济发展和促进农民增收的重要途径，不仅可以为农村家庭创造新的经济增长点，还有助于保护传统文化。发展乡村旅游，必须坚持富裕农民、提高农民、扶持农民，强调“多措并举促进农民工稳岗就业”“不能富了老板，丢了老乡”。不断提高和扩大乡村人民在产业发展中的参与度和受益面，彻底解决乡村产业和农民就业问题，确保乡村旅游地群众处于“稳定增收、安居乐业”的生活状态，以及乡村旅游的“落地经济”，构建与乡村实际情况高度契合的综合休闲农业旅游产业，才能实现乡村旅游经济的可持续发展与真正的乡村振兴。

参考文献：

[1] 祖华．湿地资源保护利用与生态经济发展浅析——以甘肃省张掖市甘州区为例［J］．新西部，2020（6）：27-28.

[2] 郭雅琼．完整准确全面贯彻新发展理念 推动乡村旅游高质量发展——以张掖市甘州区为例［J］．发展，2022（1）：73-75.

[3] 王韶华．全域推进 综合治理 精心描绘新时代更加绚丽多姿新甘州［J］．发展，2020（1）：37-40.

[4] 邹虎．加快发展县域旅游产业问题研究——以张掖市甘州区为例［J］．发展，2019（8）：13-14.

[5] 邹虎．论加强生态环境保护推动经济社会高质量发展［J］．边疆经济与文化，2021（9）：80-82.

[6] 张万龙．浅谈保护生态就是发展生产力［J］．中国集体经济，2021（26）：25-26.

[7] 陈瑜．乡村旅游视觉文化符号传播研究［J］．文化学刊，2022（1）：28-31.

Part 12

案例6：甘肃漳县九居谷——国家级地质文化村创建引领的乡村旅游发展模式

兰州文理学院旅游学院

王　军

甘肃省在发展乡村旅游的过程中，重点工程和优质品牌创建工程建设获得了显著成效，打造了系列乡村旅游产品型田园综合体、乡村旅游引领型农村产业融合发展示范园、乡村旅游景区、文旅特色小镇和乡村生活综合体等特色项目和产品。还特别针对全省乡村旅游有品质无品牌的问题，着力在提质增效方面推进乡村旅游的载体和品牌建设。不断探索各类国家级乡村品牌创建引领带动的乡村旅游发展新模式，树立节会带动、景区带村、能人带户、旅行社带合作社、甲级民宿示范引领等经营典范，培育出精品民宿村、共享农庄、艺术写生村、工匠村、研学劳动基地等众多新产品和一批网红旅游乡村目的地。九居谷作为甘肃省首个以“地质文化”为特色，融合其他地方特色文化打造而成的特色文化旅游村，其创建经验和做法对于以地质文化为核心，融合其他自然、文化遗产，引领特色文化旅游村创建具有一定的借鉴意义。

一、地质文化村的概念及建设现状

（一）地质文化村的概念

地质文化村在我国是一个全新的地质文化创意产品，是指依托地质资源禀赋，通过深度挖掘地质科学和文化，将其与乡村、乡镇的建设相融合，发展特色产业和经济，从而达到提升乡村、乡镇生活的品质和文化内涵，并形成宜居宜业的特色村，其形式可以是一个村、镇或者岛，相对应的名称即为地质文化村、地质文化镇或者地质文化岛。地质文化村这一创意产品实现了科考、旅游、社区、文化、教育等多种功能的有效整合。

（二）地质文化村建设现状

最早在 2013 年，依托全国第一批《全国重要地质遗迹调查项目》，浙江省查明了白雁坑的地质遗迹点非常特殊，是少见的典型崩塌地貌。在此基础上，浙江省在 2014 年就首次提出了建设“地质文化村”的设想，并初步计划在嵊州市通源乡白雁坑村进行试点，设立了“通源乡地质环境保护工程项目”，由浙江省地质一大队负责调查，浙江大学负责规划设计，通源乡人民政府负责建设。至 2016 年年底，浙江省国土资源厅在验收浙江嵊州通源乡的地质环境保护项目时认为，地质文化村的建设是浙江省地质遗迹保护和地质公园网络体系的重要组成部分，是地质文化与美丽乡村建设相结合的有益尝试，并且可以创新地质遗迹的保护方式，利用地质遗迹资源实现富民兴村的目的，同时还能实现地质环境保护项目的共建共享，正式提议创建白雁坑地质文化村，由此开启了全国首个地质村的建设之路。2018 年 11 月，自然资源部中国地质调查局、浙江省自然资源厅联合命名白雁坑为“地质文化村”，全国首个地质文化村至此诞生，开启了地质工作助推乡村振兴的新路径，打通了“绿水青山”向“金山银山”转换的新通道。

2019 年，在全国地质遗迹调查工作的基础上，中国地质调查局发布了《推进地质文化村建设总体工作方案（2019—2021 年）》。通过不断的实践与探索，2020 年，中国地质调查局联合中国地质学会发布了《地质文化村（镇）建设工作指南（试行）》和《地质文化村申报与命名管理办法》。地质文化村的创建遵循十六字方针的基本定位，即“地质为基，文化为魂，融合为要，惠民为本”。

“地质为基”就是要求地质文化村的选址和建设必须抓住地质资源是地质文化村建设的根基，地质演化史和人地和谐发展史是其建设的基础，地质特色是贯穿地质文化村建设过程的基调。牢牢围绕“地质”这个核心，将地质内容与地质特色贯穿地质文化村建设的始终。

“文化为魂”的含义则是要在村建设和发展中赋予其一定的文化内涵，发展地质文化的同时，也要推广融合当地的乡村文化。具体思路为：以当地的地质内容或文化为主线，同时结合当地风俗、民俗和故事传说等对地质文化进行升华，然后通过科普故事、文学创作、文艺表演等形式把地质文化和乡村文化二者“串起来、亮出来、用起来、活起来”，最终形成村镇独具特色的地质文化。“文化为魂”的要义还表现在深挖地球、地质知识的同时，保护和传承好优秀的乡村传统文化。

“融合为要”的要义主要表现在一个“融”字上。其中第一层“融合”是实现地质知识与乡土文化的深度融合，充分发掘这些产业内含的地质元素，从而实现地质与旅游、文创、农业等产业之间的融合；第二层“融合”为政策上的融合，即地质文化村的建设要和美丽乡村建设、宜居示范村建设、传统村落保护、精准脱贫和乡村振兴等国家或地方政策相融合，不能与现行政策相悖；“融合”的第三要义为建设主体或力量的融合，即地质文化村的建设要实现政府、企业、专业机构和村民等建设力量的多层次、多渠道合作，绝不能是任何单一主体或力量单独完成的事。只有在政府积极引导鼓励、政策上优先的支持下，企业和社会各界其他专业机构的规划设计和建设下，充分调动当地村民共建共享的模式下，地质文化村才能够真正开花结果 。

“惠民为本”意思是地质文化村的建设宗旨就是惠民富民。其要义有三：一是通过地质文化村建设来改善村容村貌，形成美丽乡村新风貌；二是通过特色农副产品和文创产品的销售、民宿的开发以及全域旅游等途径增加农民的收入；三是通过地质文化的创建和宣传提升当地村民的文化水平，让老百姓讲自己村上的地质故事，让村民实现物质上的富裕，精神上的富有，增强村民的幸福感和获得感。

2021 年以来，全国分三批共授予 96 个地质文化村，其中第一批 26 个，第二批 24 个，第三批 46 个。其中甘肃省共获评 5 个国家级地质文化村，分别是漳县九居谷、永靖小茨村、天水花庙村、广河齐家镇和肃南榆木庄村。九居谷地质文化村是甘肃省第一批获评的地质文化村，其他四家均为 2023 年第三批次获评。

二、九居谷地质文化村创建与运营

（一）九居谷地质文化的定位

九居谷地质文化村创建之初即确定了“地质为基”的基本遵循，以其独一无二且色泽卓然的柱状丹霞群为资源基础，将半湿润地区的柱状丹霞文化及其成因，以及当地的盐井文化、饮食文化等文脉故事通过地质文化村创建和可持续建设讲给社会。

通过对九居谷专业地质普查，确定这里典型的丹霞地貌资源较为典型，可以与省内其他的丹霞或者碎屑岩地貌媲美，如张掖的冰沟丹霞、兰州树屏的碎屑岩地貌和景泰的黄河石林地貌等。这几处以丹霞地貌遗迹景观为主的景区都已进行了大规模的旅游业开发并取得了很好的效益。而九居谷与它们相比，其形态更加变化多样、颜色更加鲜艳夺目，更为难得的是九居谷丹霞地貌处在半湿润气候区，这里气候多雨，森林植被覆盖率高，有山有水，形成的丹霞地貌风景更具江南山水丹霞的某些特色，值得更进一步的开发建设。同时，九居谷的丹霞地貌与干旱区丹霞不同之处明显：一是该地的丹霞不似干旱区丹霞以顶平为特征的宫殿式为主，而是顶部常常剥蚀呈球状或波浪状，且侧部也不似干旱区丹霞地貌以垂直为主，而是以陡坡兼具浑圆状为特征，这就形成了以宝塔状或石柱状为主的九居谷丹霞景观群。二是当地人长期为这些形态各异的丹霞地貌赋予相应的神话传说和故事，并给予了特定的名称，诸如鲁班崖、新媳妇崖、骆驼西行、宝塔峰、禹王崖、子母钟等。这些依附于丹霞地貌景观群的名字和故事都已体现在九居谷的特色地质文化内涵之中，从而成为九居谷创建地质文化村的基础。

“文化为魂”则主要体现在对该地的地质地貌成因演化的解读、地质地貌条件对居民生活发展的影响以及人地关系协调等衍生的文化脉络。例如，当地居民对这些丹霞形态的象形赋能、故事演绎与地质学家的科学解读形成了多元的文化认知和传播。另外，当地盛产井盐，称之为“漳盐”，由此而派生的“漳盐文化”，源头实为地质文化。关于漳县的盐井，史载“盐井创自秦时”。一说“秦时”应当是指“益国十二，开地千里，遂霸西戎”的“春秋五霸”之一秦穆公称雄时的秦国。另一说“秦时”是“横扫六合，席卷八荒”的秦始皇建立的秦朝。若是前者便有 2700 余年的历史，若是后者，也有 2200 年上下的岁月了。总之，无论哪个“秦时”，漳县盐井都堪称“华夏第一井”，漳盐上下三千年历史，滋育方圆二百里先民，足以让漳县人民引以为自豪和骄傲，逐渐结晶出一种独特的“人无我有”的立县文化——漳盐文化。

另外，“漳盐文化”还蕴藏着深厚的“地质文化”。钻探和地质资料显示赋存漳盐的岩盐地层为新近纪甘肃群，表明漳盐的形成与该区域新近纪时期的气候和沉积环境有关。在距今大约 2300 万年以前的新近纪时期，漳县一带是一个数百平方千米的内陆咸水湖。由于气候不断地干湿交替变化，湖水也相应地反复干枯，同时湖水中溶解的大量盐类物质也发生反复的结晶浓集，从而形成了岩盐矿藏地层。地质资料显示漳县一带已探明的具有开采价值的含盐地层就有 10 多层，盐层顶板埋深 70~176 米，底板埋深 190~390 米，全矿床 NaCl 平均品位 71.87%，盐卤水埋藏深 20~100 米淋滤带内，水化学成分为 $Cl\text{–}SO_2\text{–}Na$ 型或 Cl–Na 型，矿化度一般为 140~340g/L，并有随深度增加而升高的趋势。这些岩盐层随着后期的地质变迁而被埋入地下，地下形成不透水岩层将盐矿保存下来，并在后期的地质构造运动中发生褶皱和断裂，一些被抬升至近地表的含盐层由于地表外营力的侵蚀作用而被剥露至近地表或地表。此时，当含盐层在遇到地下水或地表河流后，其中的盐分就会被溶解至这些地下泉水或地表河水中，露头处则会形成盐泉。这些都是九居谷的地质文化之魂。

“融合为要”在九居谷体现在“地质 +”的能融尽融特色，“漳盐”的地质成因及新近纪盐湖的演化过程则构成了极具魅力的“漳盐”的地质文化，在此基础上形成自然美、环境美、生态美、文化美的特色主题村落。按照“地质 +”的思路，使地质文化与美丽乡村建设、旅游产品开发全面结合，找到提升地质环境与地质遗迹的切入点、助力点和引爆点，使地质景观因乡村开发建设得到凸显。换言之，在村落等建筑风格、人居环境、社会生活等各方面都可以见到地质烙印明显的“地质文化”。

“惠民为本”在九居谷主要体现在全民参与机制的建设和乡村旅游带头人的培育，一方面在保持乡村原真性的基础上不断提升乡村的气质颜值，另一方面全面开发“九居谷”品牌农副产品和文创产品，建设乡村民宿和谷仓农家乐，多元化拓展农民收入渠道。同时，多种方法培训村民，让老百姓讲自己村上的地质故事，让村民“富了口袋又富脑袋”，增强村民的幸福感和获得感。

（二）建设模式

不同的“地质 +”模式代表了各村的资源禀赋特色及乡村旅游主题开发方向。因此，在地质文化村的建设模式上，充分结合所建村（镇）的资源禀赋和当地的社会经济发展水平以及产业发展状况，因地制宜并突出特色的“地质 +”模式。根据现阶段全国已有地质文化村的建设模式来看，主要有“地质＋生态旅游”“地质＋生态农业”“地质＋自然教育”“地质＋生态康养”“地质＋创新创意”“地质＋综合服务”6 种建设模式。

九居谷由于拥有良好的生态环境和优质的地质资源，总体定位为以“生态康养＋地质研学教育”为主的综合服务建设模式。

（三）创建流程

地质文化村坚持因地制宜、突出特色、与乡村发展和国土空间规划充分融合的原则，多方统筹协调，实现绿色可持续发展。其建设流程一般包括选点论证、调查评价、策划设计与产品开发、建设实施、申报与评审授牌、宣传推广 6 个阶段。

1. 选点论证

选点论证是对拟创村庄的资源禀赋、基础条件进行的一项初评工作，一般由地方政府或相关单位或团体邀请专业团队或专家队伍进行初步考察获得一个大致结论而不做详细评估。

拟建的地质文化村应经过专业技术人员的初步踏勘，并与当地政府充分沟通后确定，建设范围可以是自然村、行政村或乡镇。

拟建地质文化村镇应委托地勘行业队伍或地学专业机构对村的自然资源、人文资源、地质环境、基础设施和人口经济等进行初步调查，并充分结合国土空间规划、乡村规划等，对地质文化村建设和发展潜力进行初评，提出可行性建议。拟建地质文化村应具备以下基本条件：①村庄户籍人口不少于100人；②村域内具有地质遗迹、富硒富锌优质土地、优质矿泉、地质产业等特色地质资源；③村镇道路、水电、卫生等基础设施较为完善，或预期在1~2年内可达到较为完善。

九居谷地质文化村位于漳县县城西面距县城6千米的朱家庄韩家沟。这里山体离散、群峰成林、山峰直立、山顶平缓、赤壁丹霞，崖崖独立成峰、峰峰相映成趣，环境优美，空气清新，绿化覆盖率高，是生活居住、生态旅游、休闲度假的胜地。九居谷气候以温带大陆性气候为主，具有得天独厚的地理优势，为九居谷旅游资源的开发提供了良好的基础条件。九居谷地质文化村坐落于漳县县城之西，北邻陇西县和渭源县，南接岷县，距漳县县城6千米，距离省会兰州187千米，交通便利，区位优势明显。另外，九居谷所在的漳县地处西秦岭和黄土高原交会地带，独特的地理位置孕育了优美的自然风光和悠久的历史文化。其周缘已建成诸多国内著名旅游景点或景区，诸如国家4A级旅游景区遮阳山、贵清山、石崖寺等，对九居谷的旅游具有较大的辐射作用，这些成熟的旅游资源均为九居谷地质文化村的创建提供了便利条件。

选点论证过程中还需要对申报村镇的已有建设基础进行评述。如基础建设较差，则往往很难一次性通过地质文化村的选点论证。九居谷在申报和创建地质文化村之初，已有民营企业对当地的基础设施及部分旅游资源进行了初步的建设和开发，已经具备了进一步开发建设的条件。例如，在九居谷的初步建设规划中设计了3个核心功能区，分别是九居印象区、地质文化探秘体验区和乡创核心区。其中九居印象区以山石、旱地为主，全长大约1.8千米，规划面积约 350000 平方米。该规划区植被种类稀少，覆盖面积小，道路为硬化水泥路，道路两边为排洪沟，河道尚未修缮，景观不佳。地质文化探秘体验区地处丹霞地质景观带，有着丰富的山地地形条件，山峰奇特，造型优美，是适合徒步观光的最佳区位。该片区主要以草地、林地和农耕用地为主，规划总用地面积为 640000 平方米。乡创核心区位于九居谷村庄内，主干道北侧，总面积为 27800 平方米。该区块村外部分最初为水泥路，村内则均为泥土路，如遇雨天，则道路泥泞。村内道路狭窄，景观性差，房屋破旧，低矮狭小，9 户农家院落，排列凌乱，一处鹿鸣池景观破败不堪，小广场地理位置不符合景区整体规划，村内缺少组织活动的场地。

2. 调查评价

调查评价是在选点论证初评结果认为有创建地质文化村的条件和基础的论断上进行的一项基础性工作。该项工作需要对所创建村的自然资源、人文资源、社会经济条件和自然环境状况做系统的详细调查和评估，并呈报相关调查报告。该项工作一般是由专业地质勘查单位或北京具有相关专业的调查队伍承担完成。九居谷地质文化村的资源调查评价工作主要由甘肃省地矿局第三地质矿产勘查院完成。

《地质文化村（镇）创建指南》（以后简称《指南》）要求，对地质文化村内的资源及基础环境条件进行详细调查和评价是申报和建设的基础性工作。具备地质文化村建设可行性的村应委托地勘行业队伍或地学专业机构对村及其周边地区特色地质资源、自然条件、社会经济与人文资源等情况进行综合调查评价，掌握地质文化村建设资源环境条件，为地质文化村的策划设计与建设奠定基础。

根据《指南》，地质文化村申报创建前主要调查评价内容分三大方面，分别是：（1）特色地质资源调查评价；（2）自然环境调查评价；（3）社会经济和人文资源调查评价。其中特色地质资源调查评价又可细分为：①地质遗迹资源；②特色土地资源；③地热、矿泉水资源调查评价；④特色地质产业。自然环境调查评价可细分为自然环境条件调查、地质安全条件调查和特色生物资源调查。社会经济和人文资源则主要细分为社会经济调查、人文资源调查评价两方面。

参考中国地质调查局《地质遗迹调查规范（DZ/T 0303—2017）》的最新分类，调查结果显示九居谷的地质遗迹资源包含了基础地质类、地貌景观类、地质灾害类 3 个大类，和地层剖面、构造剖面、岩土体地貌、水体地貌、构造地貌、地质灾害遗迹 6 类以及 11 个亚类共 159 个地质遗迹资源点（见表 1）。

表 1　九居谷主要地质遗迹资源分类

<table>
<tr><th>大类</th><th>类</th><th>亚类</th><th>主要景观</th><th>数量</th></tr>
<tr><td rowspan="3">基础地质类地质遗迹</td><td>地层剖面</td><td>地质事件剖面</td><td>山庄北河口群粒序层理、山庄北砂岩、麻家寺粒序层、小梨ㄓ基本层序</td><td>4</td></tr>
<tr><td rowspan="2">构造剖面</td><td>不整合面</td><td>坡底下河口群与麦积山组不整合接触界线、九居谷二叠系与新近系不整合接触面</td><td>2</td></tr>
<tr><td>断裂</td><td>九居谷二叠系与白垩系断层接触带、九居谷东坡二叠系与白垩系断层接触面</td><td>2</td></tr>
<tr><td>地貌景观类地质遗迹</td><td>岩土体地貌</td><td>碎屑岩地貌</td><td>骆驼西行（石柱）、小梨ㄓ丹霞绝壁、坡沟下丹霞峰丛、坡沟下石柱（鲁班崖）、红道梁岭脊型山丘、九居谷波浪石、九居谷绝壁（刀光剑影）、九居谷石柱（新媳妇崖）、九居谷钟状丹霞（禹王崖）、九居谷石穴地貌、九居谷石峰（伤心石）、二道沟石柱（一吻定情）、二道沟时钟（母子钟）、二道沟石堡丹霞（寿仙桃）、二道沟石崖（猛犸象）、二道沟赤壁（懒猴西眺）、二道沟北绝壁（乌贼伏击）、二道沟赤壁长崖、二道沟岩塔（阴元石）、二道沟石钟（春柱石）、二道沟围谷（母子崖）、二道沟方山（蘑菇崖）、二道沟赤壁（丹书铁卷）、二道沟峡谷（一线天）、二道沟石穴（千疮百孔）、二道沟石墙（军舰启舱）、二道沟丹霞长崖、二道沟岩峰（丹顶红）、二道沟石塔（老龟闲游）、二道沟石峰（小珠峰 / 千层峰）、二道沟西赤壁（尖烧崖）、二道沟西小沟泉、坡沟下石柱、坡沟下刀砍崖、坡沟下东绝壁、九居谷石柱群（剑龙石）、九居谷石墙（犀牛望月）、九居谷石柱（史努比）、九居谷石墙（奈何桥）、九居谷断崖（恶人崖）、九居谷丹霞赤壁、九居谷三界石石洞、九居谷弧峰、九居谷（双桃崖）、头道沟方山丹霞、头道沟丹霞峰丛、头道沟石穴、头道沟堡状丹霞、头道沟赤峰（小象山）、头道沟石峰（三包山）、头道沟绝壁、坡沟下赤峰（鹰猴争斗）、坡沟下堡状丹霞（小麦积）、坡沟下石台（莲花台）、裴家窑岭脊型山梁、裴家窑村石墙（长颈鹿崖）、裴家窑石堡、坡底下绝壁、坡底下石梁（神龟崖）、坡沟下石穴（巨舰出迹）、坡沟下石钟、坡沟下石崖（法老崖）、坡沟下石墙、</td><td>113</td></tr>
</table>

续表

大类	类	亚类	主要景观	数量
地貌景观类地质遗迹	岩土体地貌	碎屑岩地貌	坡沟下石柱（导弹峰）、坡沟下石柱（宝塔峰）、坡沟下石堡丹霞地貌、坡沟下绝壁、九居谷石墙、九居谷峰丛、九居谷石门、坡沟下石崖（大鲵打盹）、坡沟下石柱（破土石）、九居谷石堡（太师椅）、坡沟下赤壁长崖、九居谷石墙（剑鱼崖）、九居谷围谷（麻雀崖）、坡沟下石墙（空瓶崖）、三道沟石堡、三道沟石堡（飞碟峰）、三道沟三峰丹霞、三道沟绝壁丹霞（千层崖）、三道沟石堡、坡沟下绝壁、坡沟下石柱（双菇峰）、坡沟下石柱（神铜峰）、坡沟下石槽、坡沟下北东石堡（小莲花崖）、坡沟下北东赤壁（恐龙崖）、坡沟下双神山、坡沟下绝壁、坡沟下石堡（捆仙崖）、坡沟下长崖、坡沟下赤壁丹霞（火石岩）、小梨㭎赤壁丹霞、小梨㭎特色绝壁（变形金刚）、小梨㭎绝壁（红蟾崖）、小梨㭎石穴、坡沟下绝壁长廊、九居谷石石梁（奇峰崖）、九居谷陡崖（千穴崖）、九居谷东石墙（小京巴）、九居谷第四系阶地、小梨㭎丹霞地貌（血坡）、小梨㭎小绝壁、小梨㭎山梁（三指梁）、岭脊型山梁（三分天下）、山庄岩洞、岭脊型山梁（北龙）、山庄丹霞赤壁（赤壁楼阁）、山庄村丹霞方山、彭家阳坡丹霞绝壁、老湾里绝壁、麻家寺绝壁	113
	水体地貌	湖泊、潭	九居谷南潭	1
		瀑布	坡沟下瀑布、三道沟瀑布、小梨㭎瀑布	3
		泉	坡沟下泉、坡底下泉、二道沟西小沟泉、小梨㭎泉（小心眼）、小梨㭎泉、火石沟北泉、头石沟泉眼（妖魔池）、麻家寺泉	8
	构造地貌	飞来峰	飞来峰	1
		峡谷（断层崖）	坡底下峡谷、四店峡谷、二道沟峡谷、二道沟小围谷、坡沟下东谷（仙女谷）、小梨㭎南峡谷、韩家峡谷、头道沟峡谷、头道沟围谷、坡沟下围谷（天之坑）、九居谷围谷、三道沟围谷（绿谷）、三道沟峡谷（U 形峡谷）、坡沟下围谷、坡沟下北峡谷、小梨㭎东围谷、火石沟峡谷、崖湾里围谷、麻家寺峡谷、四店北峡谷	20
地质灾害类地质遗迹	地质灾害遗迹	崩塌	九居谷崩塌地质灾害遗迹、小梨㭎崩塌、九居谷东崩塌体（钢盔石）、九居谷东崩塌	4
		泥石流	坡沟下泥石流	1

调查评价工作除了对拟建村域内的地质遗迹资源进行调查和评价之外，

还需要对村域内的人文资源进行调查和评价。例如，通过调查，九居谷内的主要人文景观包括特色梯田景观 4 处，特色村寨 4 处，村庄旧址 1 处，特色养殖基地 2 处，寺庙 1 处（见表 2）。

表 2　九居谷人文旅游资源

主类	亚类	基本类型	主要景观	数量
建筑与设施	人文景观综合体	建设工程与生产地	坡沟下梯田、麻家寺村梯田、彭家阳坡特色梯田、麻家寺特色梯田	4
		纪念、宗教、祭祀活动场所	麻家寺庙	1
	特色镇、村（寨）	古镇古村	山庄特色村寨、小梨疙特色村寨、坡沟下特色村落、麻家寺特色村庄、	4
	实用建筑与核心设施	景观农林畜牧场所	四店黑山羊特色养殖基地、坡底下土鸡养殖基地	2
遗址遗迹	社会经济文化活动遗址遗迹	历史事件发生地	裴家窑遗址	1
生物景观	植被景观	林地	坡沟下杨树林、小梨疙特色风景林、小梨疙古李子树、老湾里杨树林	4

3. 策划设计

策划设计是在调查评价的基础上，根据村的特色资源和特色文化等进行相关的规划建设和营销策划等。主要以地质文化为主线来构建相关创意产品，编写地质文化村规划建设方案。

《指南》要求，地质文化村策划设计与产品开发要根据村（镇）的资源与环境调查评价成果，研究、挖掘村内地质资源与原住居民生产生活、村（镇）文化之间的故事，架构地质科学与经济文化融合的主线，明确建设模式，按照“有景可游、有物可感、有品可尝、有文可读、有声可听”的原则，提出科普解说系统设计、特色地学文化产品和人文产品开发建议，编制《地质文化村（镇）建设方案》。具体产品开发与设计内容体现在科普解说系统设计、地学产品和人文产品开发三方面。地质文化村解说的系统规划和文字编写要由特定的规划团队和专业人员完成。团队须由若干具有不同专业背景的成员组成，如来自自然资源相关部门、地质文化村管理部门的代表，地质文化村主要经营成员代表和专业规划人员。

地质文化村科普解说系统的规划和解说文字的编写一般分 6 个步骤：资料收集、分析整理、撰写规划、部门审核、核定实施、反馈更新。

标识牌包括指示牌和科普解说牌两种，用以介绍村（镇）的基本情况、文化内容和地质特色。指示牌包括地质文化村（镇）标志牌（碑）和村（镇）总览牌、交通引导牌、服务说明牌等，指示村（镇）名称、基本情况、主要景点位置及名称、旅游线路分布等内容。科普解说牌是对村（镇）内典型的地质遗迹点进行科普解说的标识牌。解说牌应设立在可到达并适合驻足浏览的位置，解说内容应以地质遗迹点的形成原因、演化历史、景观特色和科学意义为核心，图文并茂，用准确而易懂的文字使浏览者理解和接受，具有科学性、通俗性、趣味性、艺术性等特点。

另外可能还有其他一些科普解说牌是对村（镇）内较为独特的动植物资源、历史文化地、人类生产活动等进行科普解说的标识牌。同样采用简明通俗的语言文字，配合真实精美的图片，向浏览者展示客观科学的自然环境和悠久丰富的历史文化。

九居谷对一些典型的地质景观做了说明牌，主要依托这些景观的外形外貌赋予一定的想象再赋予故事性的定名，如一吻定情、阳元峰、小麦积、新媳妇崖、千层崖等。

科普长廊采用图文并茂的形式建设，内容应科学丰富、语言生动有趣、解说通俗易懂，做到既富有吸引力，又便于理解和记忆。科普长廊宜选址在开阔地带，适合群体驻足浏览，建议设置在人群聚集的村（镇）中心地段。科普长廊的外观形式不拘一格，但应与村（镇）的整体环境相协调。

九居谷地质文化村建设了“地质科普长廊”，主要展出九居谷地质文化村地学科普研学基地内的基础地质景观以及地质灾害的相关内容及科普信息，以图文并茂的地质展示，给游客以最直观、最明了的科普信息。

地质文化村（镇）宜利用已有的房屋设立陈列室（图书角），用来介绍村（镇）的特色地质资源、历史文化、人物、民俗文化以及地质发展史与村（镇）的关系等内容（特别是与地质文化相关的故事和人物）。其展示形式可以是书籍、图片、影像或实物等内容，其目的是提高村民和游客认识了解地质文化村（镇）和相关知识。

地质文化村（镇）宜根据基础设施的建设情况，利用已有或新建设的道路、广场等可以容纳一定数量游客的场所，通过改造或建设融入地质元素，或通过地质主题科普活动、科普展览等方式向游客进行地质文化科普宣传。

地质文化村（镇）宜结合科考研学路线，设计相应的游览步道。游览步道需要具备一定数量的指示牌、科普解说牌，做到指示清楚、内容准确，风格与周边环境相互协调。科考研学步道应根据村（镇）的资源与环境调查评价成果，深入研究和挖掘地质资源与原住村民生产生活、村（镇）文化之间的故事，架构地质科学与经济文化融合的主线，明确建设模式，按照“有景可游、有物可感、有品可尝、有文可读、有声可听”的原则，提出科普解说系统设计、特色地学文化产品和人文产品开发建议。

4. 建设实施

建设实施就是根据策划设计的内容和地质文化村规划建设方案进行相关的工程建设和产品开发。

地质文化村基础设施建设情况包括各种道路、给排水供电系统、卫生间、停车场、污水垃圾处理、村容村貌绿化美化等，建设要求达到村（镇）内外部道路通畅，车辆可达性好；排水、供电网络完善；有卫生间、停车场、污水垃圾处理等公共设施；村容村貌达到净化、绿化、美化的标准。

九居谷地质文化村在建设上主要依托丹霞地貌特有资源，按照“地质 +”的谷域经济模式，谷域或沟域内部地质资源、景观、产业、村庄等元素统一整合，综合集成旅游观光、生态涵养、历史文化、文化创意、科普教育等内容，建成形式多样、产业融合、特色鲜明的谷域产业经济带，从而达到促进山区经济、社会、环境等综合效应的一种发展形态。

在九居谷地质文化村的建设过程中还特别注重了“生态、绿色、古韵、自然、和谐”的设计和建设原则，主要表现在以下几点：

（1）保持原有生态，形成优美的自然景观，禁止过度推山削坡。

（2）利用池塘种植亲水植物、观赏植物，改观景观池塘，净化污水。

（3）进行溪流、沟渠、池塘的驳岸整治，并采用卵石、块石等地方石材。建设过程采用自然古朴做法，保持自然水岸风貌，减少或避免使用水泥、栏杆。

（4）用蔬菜、野花等乡土植物绿化房前屋后草地，用菜花地、菜地进行绿地补偿，田间步道变绿道，不把乡村绿化城市化。

（5）乡村公共场所和道路尽量用当地石材或砖瓦铺设，保留乡土气息，用传统工艺铺设出传统乡村风貌。

5. 全方位策划宣传

地质文化村（镇）的发展和建设离不开创意性的宣传和推广，要及时通过主题网站、电视媒体、报纸杂志、自媒体、融媒体等平台对地质文化村进行宣传推广，全面宣传村庄的特色经济产品和文化，提高地质文化村（镇）的知名度和吸引力，更需要注意在旅游六要素（即食、住、行、游、娱、购）方面做文章。九居谷地质文化村的策划运营和宣传工作主要包括主题内容策划、文旅产品策划、广告宣传策划、旅游节庆活动策划、娱乐旅游策划、生态建设策划、教育研学策划以及开发建设策划等，重点考虑了以下 4 个方面内容。

（1）战略：着眼于宏观长远规划，九居谷地质文化村（镇）发展战略。

（2）理想：地质文化村（镇）策划是一种创造性活动。九居谷地质文化村的策划要改变常规思维，追求理想，厘清周边竞合关系，差异化定位发展愿景，倒逼自我发展理想。

（3）文化：地质文化村策划过程，也是地质文化和村镇特色文化挖掘、整理、活化利用的过程，缺乏文化基础、文化背景和文化内涵的策划，是没有生命力的策划，九居谷把特色地质文化与村镇物质文化、非遗文化深度融合作为策划基础。

（4）差异：地质文化村策划的方法基础是创造差异，坚守“一村一特”，杜绝千村一面。

九居谷原名“韩家沟”，是漳县城郊的一处古老村庄。在对韩家沟地质遗迹资源详细调查的基础上，为了整个村庄的建设发展和地质文化村的运营，经过详细的策划论证，最终将村名定为“九居谷”。此名取义缘由主要有二：一是进入韩家沟山谷第一印象是仅有九户人家，民风淳朴，让人倍感亲切。“九居”，契合村子只有九户人家的事实，且谐音“久居”。二是“谷”体现了当地的环境特色，峡谷隐于丹霞之中，环境优美。其中“谷”也有禾谷，有耕者居于此，年年丰收的寓意。故而从文化旅游美好预期和易于传播角度命名为“九居谷”。“九居谷”案名策划过程充分体现了策划的理想、文化和差异的特征。

另外，九居谷在营销宣传过程中特别重视节日营销策划。一年 12 个月，节日连续不断，每个节日都有其文化侧重点。针对节日本身的文化特色，挖掘其中深藏的营销亮点，迎合大众情感口味、精神需求的同时，让节日变得更加有意思，这样才能点燃人们喜欢新鲜、愿意尝试新鲜事物的欲望。用新颖的方式，填补人们精神需求上的空缺，与大众形成较强的精神共鸣。每个节日，都用大众内心最渴求的方式去做营销，这样，才会实现有效营销，并且形成浓厚的节日营销气候。

据此，九居谷利用我国的传统佳节、国家法定节假日、特殊纪念日、西方节日及策划设计的特色节庆对地质文化村进行了营销策划。例如，由于快节奏的生活，人们对传统文化逐渐遗忘，为了重拾乡村传统文化，在腊月二十三至二十八期间举办乡村年货节活动，以购买生态有机食品为主题，吸引游客旅游采购。如今很多人吐槽，过年越来越没有年味，为了让人们找到儿时过年的喜庆氛围，组织“回村过大年”活动。大年三十有乡村特色年夜饭，从正月初一到正月初五举办社火游行表演。正月十五举办逛花灯、猜灯谜、游灯阵活动。让游客度过年味十足的春节。社火是春节的重要民俗文化活动之一，因为具有丰富性、喜剧性、趣味性、喜庆性、盛大性而成为春节的一大符号，社火声响起，春节的味道才更加浓郁。抓住这个特征，在春节期间组织特色社火表演，形式最好结合当地民风民俗，搞得有特色，有看头儿，成为春节的一个社火品牌。这样，就会因其独一性而吸引游客前去观看。

另外九居谷还通过摄影大赛、旅游推介会、特色主题日、节庆活动等形式对地质文化村的特色经济产品、美食和文化产品等进行营销推广。例如，九居谷设计了“乡村振兴暨文化振兴·探秘九居谷系列活动”，主要包含了：乡村书画交流系列活动；乡村非遗联盟基地交流活动；乡村文化艺术节；幸福九居里分享交流活动。九居谷地质文化村就通过参加各种线上和线下、省市县或国家级等不同层次、不同方式的会议进行广泛的宣传。在 2019 年 7 月 18 日的定西市文体广电和旅游局关于召开全市文化旅游及影视项目推介座谈会、2019 陇中文体旅游博览会暨陇西县全民健身运动会博览会、2019 年县政协“就如何搞好全县文化旅游资源宣传推介工作”会议上，九居谷建设开发团队都参加了相关活动，并就九居谷的建设开发状况及特色进行了宣传推介。另外九居谷参加了部分国际性或全国性文创大会，例如，参加了 2019 年首届亚洲博鳌文创论坛暨文创博览会并荣获两项大奖项：“产业扶贫最美乡村奖”“乡村振兴特别新锐奖”。以上活动的举办都从不同侧面对九居谷的乡村旅游进行了正面宣传。

除此之外，九居谷还采取和省内知名文创单位联合、建立研学联盟等方式进行共建共享和宣传推广。九居谷村从策划阶段就与兰州文理学院旅游学院签订校企合作战略协议，共建“乡村旅游与乡风文明双创实践基地”，对该村的策划—规划—建设—运营—管理全过程进行智力指导，形成闭环型建设—纠错—提升机制。2019 年 12 月 7 日，参加了自然资源部组织评选中国十大地质文化示范村活动，并通过评选。2021 年 2 月 1 日，九居谷申报的“大中小学劳动教育实践基地”由甘肃省地质学会推荐，由甘肃省地质矿产勘察开发第三地质矿产勘察院进行科普指导，通过评选，被授予“甘肃中小学生教育实践基地”“九居谷地质文化村劳动教育实践基地”。

九居谷地质文化村委员会还积极组织和参与当地的文体活动和社区活动，同样对文化村的发展起到积极的推动作用。例如，2019 年 12 月 29 日，为了展示文化下乡活动，推动九居谷农副产品推广，漳县文体广电和旅游局主办，九居谷地质文化村承办了秦腔大赛。2020 年 5 月 20 日，“漳县第二届青年集体婚礼”活动在九居谷地质生态文化体验村拍摄。倡树文明新风，助力乡村振兴。2020年7月18日，由漳县各部门组织开展的“漳县第二届青年集体婚礼”活动在九居谷地质生态文化体验村打卡、拍摄，为九居谷地质生态文化体验村做宣传推广。2020年5月31日，甘肃省青年实力派书画家莅临九居谷地质生态文化体验村采风。在此次采风活动中，各位书画家彼此间交流互动，用他们灵巧的双手、巧妙的笔法为九居谷地质生态文化体验村绘制“九居长廊十里清风”画卷，题诗、题字，纷纷表达书画家们对九居谷地质生态文化体验村的美好祝愿。

6. 运营模式创新

（1）党建引领。“党建引领”是九居谷地质文化村能更好地发展、能更好地带动当地贫困户发展的重要举措。

思想是行动的先导。要想突破发展瓶颈，就必须要解放思想。九居谷在发展乡村旅游的过程中，解放干部群众思想工作是重中之重，也是走好乡村旅游发展之路的第一步。九居谷在充分发挥党组织的战斗堡垒的作用下，建立了农村乡村旅游专业合作社。通过推动联建共促，实施村级党组织联建，九居谷各合作社进行联合，同时实行以强社带弱社、统筹旅游产业发展、统筹旅游人才的提升和技术支撑，以强社的先进经验补齐弱社的发展短板，做大做强区域旅游产业，使之成为发展乡村旅游的支柱性产业。基于这种思想意识，九居谷先后成立了甘肃博琳九居谷农民专业合作社联合社、甘肃博琳九居谷农民专业合作社联合社党支部，形成了以党建为引领、以组织为力量来推动九居谷地质文化村建设运营的组织思想模式。

（2）“三变”富民。在借鉴先进地区发展经验的基础上，九居谷的运营建设单位甘肃博琳国际文化发展有限公司推出了一系列的“三变”改革方案，尝试了与当地乡村旅游融合的发展模式。

资源变资产。博琳公司联合三岔镇人民政府，将属于村集体的耕地、林地、草地、水域、“四荒地”（荒山、荒丘、荒滩、荒沟）等自然资源和闲置废弃的房屋、庭院、设备、生产作坊等资源，在清查核实、确权登记和评估认定的基础上，通过一定形式入股到企业、合作社的经营主体中。同时，博琳公司还探索出能将产生价值的民俗文化、自然风光、古树、古房、古遗址、古物品等资源入股的方式，并按相关规定进行了股权配置，村民可按股份比例获得分红收益。

资金变股金。①财政支农项目资金转变为村集体股金，博琳公司联合三岔镇人民政府将政府各级部门投入到九居谷的项目资金和村集体申请到的财政专项扶持资金（包括生产发展类资金、农业生态和治理资金、农村基础设施建设资金、支持村集体经济发展等专项资金和扶贫专项资金），在符合资金使用管理规定和国家政策要求的前提下，折股量化为村集体或该地村民享有的股金，投入到九居谷的乡村旅游发展之中，村民可按持股比例获得收益。②财政到户资金转变为贫困户股金。博琳公司联合三岔镇人民政府将精准扶贫到户的财政补贴资金，在尊重建档立卡贫困户意愿的基础上，按照国家资产收益扶贫政策规定，投入到九居谷的开发运营中，同时合理确定农户持有的股份比例，通过建立利益联结机制，让建档立卡贫困户获得保息分红和收益分红，从而增加建档立卡贫困户的经济收益。③农民变股东。发展多种形式的土地（林地）股份合作，博琳公司和三岔镇人民政府依法在农民自愿的前提下，将农民的承包土地经营权、林地经营权等资源性资产折股量化后入股九居谷，采取“经营主体＋基地＋农户”“经营主体＋集体＋农户”等多种形式的股份合作，让农民既能够就近就业而获得工资性收入，又能够作为股东分享到股金分红等增值收益。

发展农户住房及附属设施股份合作。博琳公司还鼓励和引导农民盘活闲置房屋、场园、自有林地以及可折股量化的其他附属设施，以使用权入股，采取“经营主体＋农户”“经营主体＋集体＋农户”的形式，发展休闲农业与乡村旅游业，进而拓宽农民的增收渠道。

自 2018 年九居谷开发创建以来，公司按照“清产核资、界定成员、量化资产、设置股权、颁证到户（人）”的理念，积极推进“企业＋合作社＋三变”的扶贫模式，共吸纳合作社社员 11 家，发展带动精准扶贫 314 户，1206 人，每年分红资金 29.12 万元，吸纳当地劳动力 40 人，人均收入 4000 元，有力推动了九居谷乡村振兴事业的发展。

三、经验总结

九居谷地质文化村作为全国首批、甘肃首个申报成功的地质文化村，其有益的实践经验为省内甚至国内其他地质文化村的申报和创建提供了借鉴。

甘肃省的地质文化村申报创建工作，早在2018年就已开始。当时，主管全国地质文化村申报创建工作试点的是中国地质环境监测院，他们组织相关专家多次莅临甘肃省进行选址和技术指导，并对拟申报的多个备选村庄进行了考察，其中包括定西市渭源县的元古堆村、临夏回族自治州东乡县河沿村、张掖市肃南裕固族自治县榆木庄村等。九居谷村的申报创建工作还稍迟滞于以上几个村镇，但却能够后来居上、脱颖而出，成为甘肃首个申报成功的地质文化村，其成功原因主要有以下几点。

（一）具有优质的地质+文化资源禀赋

拟申报和创建地质文化村（镇）的村子首先要具备典型的和具有吸引力或展示度的地质遗迹或地质文化。甘肃拟申报的几个村庄其实都具备一定的地质遗迹资源或地质文化，例如，临夏回族自治州东乡的河沿村、张掖市肃南裕固族自治县榆木庄村和漳县九居谷的特色地质遗迹资源都是丹霞地貌，定西市渭源县的元古堆村则主要以特色土壤作为地质遗迹打造的地质文化。从地质遗迹或景观资源的可观赏性和分布规模来看，肃南榆木庄和九居谷的丹霞地貌均分布范围大、造型奇特宏伟而颇具视觉震撼效果。东乡河沿村的丹霞景观造型较好（一柱擎天石），但分布范围不大，另外一个渭源元古堆村的特色土壤地质文化由于其文化要素较为隐含，还没有广泛宣传，知名度不高。经过充分的对比研究认为，九居谷的丹霞地质遗迹资源分布范围大，造型奇特，生态环境优美，其整体美感要大于其他几个备选村镇。

另外九居谷人无我有的特色人文资源，例如，被列为省级非遗的“舞阳扇鼓”和“漳盐工艺”、四大匠文化和“漳盐文化”中蕴含的地质文化更是增添了九居谷的文化魅力，无疑都为九居谷地质文化村的成功申报起到了增砖加瓦的效果。

（二）完成全面专业资源普查

地质文化村创建的重要条件之一即为必须完成地质遗迹资源普查工作。九居谷能够成功申报的原因之一是在申报之前就委托专业的地质调查队伍，严格按照创建指南，对标对表完成了整个村镇及周边地区的地质遗迹资源的调查工作，编制了地质遗迹调查报告和地质遗迹资源分布图。

（三）具备良好发展条件和一定知名度

地质文化村的发展必须依托村域内已有的基础设施（如交通、水利、电力、通信、垃圾污水处理、文卫教设施等）及乡村建筑等村容村貌，并进一步对地质文化资源进行挖掘、保护、利用，促进村落产业发展、农业旅游的提升和优化。九居谷能在众多早于其申报创建的多个拟创建地质文化村（镇）中脱颖而出，其中一个最为重要的原因是九居谷在申报创建地质文化村之初已经成功申报获批为“中小学生科普研学基地”“甘肃省优秀乡村旅游示范村”“中国乡创地图产业扶贫最美乡村奖”“中国乡创地图乡村振兴特别新锐奖”“农文旅产业融合示范基地”“乡村振兴实践基地”等多个称号，并且在民营企业“甘肃博琳国际文化有限责任公司”的建设下，乡村的交通、水电、文卫教等基础设施已颇具规模。九居谷基础设施条件的优越程度是甘肃其他几个拟申报村庄无法比拟的，这也是九居谷能够申报成功的原因之一。

（四）聚集一定民间资本和民营企业投入

甘肃省作为我国的一个地质遗迹资源大省，依赖丰富的地质遗迹资源和文化能够打造众多的地质文化村（镇），具备优越的地质基础。然而限制地质文化村（镇）建设发展的一个最为关键的因素是甘肃的经济发展相对滞后，财政支持力度相对较弱。在我国东部沿海及南方经济相对发展较好的省域，地质文化村的发展建设主要依靠地方的财政支持，例如，浙江白雁坑和金村两个地质文化村的建设资金全部来源于地方财政。而在甘肃这样一个财政资金相对贫弱的省份，依靠地方财政的前期投资在目前来看是比较困难的。因此，必须鼓励和吸引其他的融资或投资渠道来进行地质文化村（镇）的前期建设。九居谷能够申报创建成功的关键就是在前期建设中引入了民营企业的投资建设。甘肃博琳国际文化有限责任公司由于拥有较为先进的文旅规划和策划设计理念、专业的设计队伍和专家团队，参与了大量文旅产业的规划设计，积累了丰富的设计规划和建设经验从而率先参与到甘肃省首家地质文化村九居谷的创建之中，从而打破了甘肃创建地质文化村的人才、团队和融资困局，成为在经济欠发达地区成功申报创建地质文化村的典范。这种吸引民营企业、融合民间资本进行地质文化村投资建设的宝贵经验模式值得具有相同开发建设背景和财政资金难以跟进的地域借鉴学习。

（五）产教村镇协同共进

九居谷地质文化村能够生根落地并得到顺利的建设实施离不开专家智库团队的通力协作。2018 年 12 月，兰州文理学院旅游学院院长高亚芳教授带领其团队到漳县为当地农家乐经营户做乡村旅游培训并调研，时任漳县统战部长的王敏部长向高教授推荐了九居谷。当时，高教授团队被九居谷的典型丹霞地貌景观所震撼，也被村口九户人家的世外仙居般的恬静和悠然所打动，并由此认定该地即是她心目中的桃花源，由此萌生了支持指导该地发展地质旅游和乡村振兴的想法。通过走访调研，高教授团队还发现九居谷的农户家有甘肃省省级非物质文化遗产“舞阳扇鼓”和漳县井盐手工熬制技艺工艺品（一块白色的方砖）。由此，调研团队一致认为，九居谷是一处具有山奇、村美、文特、境优的旅游资源富集之地，具有成为优秀旅游乡村的潜力，需要保护优先、规划先行和有序开发。在硬件建设方面，要打造“小而美、小而特、小而优”的基础设施；在软环境方面，要保留大山水、大田园、大文化的原生态风貌。于是，在兰州文理学院高教授团队的指引下，民营企业甘肃博琳国际文化旅游有限责任公司及时跟进建设，并联合了甘肃省地质矿产勘查开发局第三地质矿产勘查院、甘肃省地质学会、甘肃省地质矿产勘查开发局、甘肃省自然资源厅、甘肃省文化旅游厅等众多官方单位和智库团队提供技术支撑服务。省地矿局三勘院专业技术队伍完成九居谷地质遗迹资源的调查评价工作，甘肃省地质学会全程技术指导了九居谷地质文化村的申报工作，甘肃省地质矿产勘查开发局、甘肃省自然资源厅和甘肃省文化旅游厅相关部门都在九居谷的文旅建设策划方面提出了建议和政策支持。可以说，没有社会各界智库团队的通力协作，九居谷地质文化村的申报建设不可能如此顺利。

因此，智库团队的多方协作是地质文化村发展建设的有力保障。

（六）高辨识度的 IP（知识产权）设计

地质文化村（镇）的发展建设之本还是要惠民，主要方式是要通过发展乡村旅游带动村民收入的增加和地方经济的发展。但是，地质文化村一般都是以自然村为核心进行创建，先期可能没有什么知名度或者影响力，对外存在感较低。因此，地质文化村（镇）能否健康持续的发展和实现惠民，关键是要树立文化村特有的创意性文化产品，要让外界游客一听到村名即会在脑海中出现其特有的印象风格，也就是要设计出足以使游客印象深刻的具有高辨识度的 IP 产品。九居谷在这方面可谓是费尽了心思，并做了很多尝试，最终首先确定了“科普研学游 + 乡村民俗游 + 田园休闲游 + 生态康养游”的产品设计概念组合。在具体操作方面，九居谷创意性的设计出了如“九居福面（特色美食）”“九居农舍（农特产品）”“九居秘境（探秘探险）”“九居福里（特色民居）”等辨识度极高的、主题形象突出的 IP 产品，这些产品已经成为九居谷对外宣传的名片并已经占据了一定的市场，有了一定的知名度和美誉度。

（七）村民参与有信心

地质文化村建设的根本目标是要实现“惠民”的目的，就是要通过发展地质旅游和乡村旅游来增加农民的收入。九居谷在该方面取得的一个较为成功的经验就是实行了“党建引领”和“三变”富民的举措。九居谷通过建立农村乡村旅游专业合作社和农民专业合作社联合社党支部进一步增强了党建工作在乡村旅游业发展中的引领作用。同时，九居谷推出的资源变资产、资金变股东和农民变股东的“三变”举措，有力促进了投资建设企业、当地政府和村民之间利益共同体的深度融合。在“三变”举措的实施下，村庄的一些闲置资源和各类资金都能以投资股份入股九居谷发展建设基金，村民则可按相应的股份比例每年获得分红收益，从而大大刺激了村民参与建设地质文化村的意愿和积极性。九居谷自开发创建以来，共吸纳合作社社员 11 家，发展带动精准扶贫 314 户，1206 人，每年分红资金 29.12 万元，吸纳当地劳动力 40 人，人均收入 4000 元，有力推动了九居谷乡村振兴事业的发展。

（八）差异化定位是成功的关键

为了避免九居谷村建设中与其他乡村出现“千村一面”现象，在申报和建设地质文化村的过程中，团队调研了国内、省内很多产业名村的发展经验和失败教训，尤其对于重视基建轻运营、重视重资产轻产业品牌建设、重视建房轻推广和内容建设、重视固定设施轻活动体系策划、运营和团队建设，缺审美、缺产品和盈利模式的负面清单和反面教材，研究较为深入。经团队协同调研评估，认定差异化定位、个性化发展是九居谷村可持续发展的基本遵循。所以，就差异化建设，梳理了一个经验体系。

（1）因地制宜、试点示范。每一个村落独特的地貌景观、山水田园风光，以及与其相伴随的民俗文化和地域风情，赋予每个乡村独一无二的“地质 + 文化”特色。让乡村文化复兴不再仅仅局限于象形描述和传说故事，把地质文化挖掘出来，植入人心，让普通大众了解一山一水、一石一瀑的地质成因，让每个村民成为自己家乡的解说员，使每一方水土，有了自己的科学成因、科普和文化故事，“一方水土养一方人”便被赋予了活态的、时代的和产业的新价值，一个乡村的独特品牌 IP 便被定义。

（2）保留原真、凸显价值。地质文化村的本质和内涵是地质风貌与在地文化的原真性，而不是通过新建、改建使其“改头换面”，甚至成为“千村一面”中的一个。建设地质文化村更是要在挖掘科学价值、提升文化内涵，实现产业化发展等方面下足功夫。要通过回归自然彰显地质遗产原生态特色、地质资源文化价值和科学意义，结合当地历史文化、民俗文化和民间节庆、美食，进行适度的策划、设计、建设，增加展示空间和科普活动体验产品，从而使地质文化村既有自然风光，又具有人文气息，成为“地质 + 文化”的丰富载体。

（3）需求主导，惠民富民。改善农村人口生活条件、促进农村经济发展、富裕乡民是建设地质文化村的最终目标。为此，地质文化村的科普展示性、旅游吸引力和产业竞争力成为建设要点，以市场需求和科普研学需求为导向的建设，是地质文化村的核心要义。这也是充分调动当地村民的积极性，是地质文化村可持续发展的核心条件。因此，地质文化村建设要紧紧围绕市场和当地村民的共同需求，以增加村民收入、延长农业产业链、提高资源利用率为指引，将青山绿水和优美环境保护好，打造成金山银山，促进可持续发展。

四、展望及建议

地质文化村作为一种全新的特色文化村镇，有效地将地质文化与村镇的发展结合在一起，让比较陌生甚至晦涩的地质知识和地质文化融入乡村本土文化之中，拓宽了发展乡村旅游的维度和深度，是一种典型的特色文化融合型村镇发展的实践路径，有一定的赋能增效作用。要将该新兴事物做好做大，还需要做好以下几方面。

（一）做好顶层设计，引导地质文化时代表达、产业化发展

我国地质公园、地质博物馆、温泉旅游、农业地质等地质文化产品的种类和数量已渐渐丰富，产业发展基础已经形成。近年来，特色小镇、民宿等相关业态的发展，给“地质＋文旅”“地质＋民宿”“地质＋文创”等提供了最佳的发展时机。在政府层面上，要以顶层设计、制度建设、服务管理为主要任务，充分发挥各地古生物化石产地、丹霞地貌、雅丹地貌和矿业开发遗迹等资源优势，组合有关地质（矿山）公园，推出“地质旅游精品路线”。整合旅游、文化、乡村（社区）等功能，培育打造更多的地质文化村（镇），发展乡村旅游，助力乡村振兴。

今后的地质文化产品的形式、功能、定位等将呈现从单点到网络平台，从综合产品到主题产品，从重视科普到科普与人文并重，从被动客体到体验主体的变化趋势。为更好地进行资源对接、产业孵化、人才培养和技术创新，相关单位需要开展省级地质文化创新平台建设和调整产业链结构，吸引更多的人才、技术和资金，形成特色产业链结构和特色旅游模式。将“互联网＋”、创客、众筹、投行等新概念引入到“地质＋文创”中来，并发挥其各自作用。通过对人才、技术、资金、开发、信息等资源的导入，构建研发、生产、应用等全产业链体系，使之成为“地质＋文创”的产业孵化器和全省地质文化产业信息咨询和交流集散地，为甘肃省地质文化产业培育、城乡融合发展提

供强有力的指导和助推。

（二）做好创意设计，提供丰富活动和多元体验形式

地质文化产业核心是地质故事，其载体是地质文化产品，其活动形式是基于地质文化产品为平台，开展地质科考、旅游、探险、度假、教育等各种公益性和商业活动。而地质文化产业就是把这些活动串起来或集成起来的一个综合产业链系统，使得这些活动的内涵和价值更加放大，以及各种要素的流动更加通畅。在讲好地质故事的基础上，引入虚拟技术、三维技术、互联网技术、地理信息技术、动漫技术等科技结合设计，开发出好的地质文化产品。并注重产品运营，植入可持续的产品运营方案，展示、体验和创新地质故事。

（三）坚持规划引领，创新地质旅游产品，优化发展模式

在乡村振兴的战略背景下，为发展地学旅游，在创建地质文化村的过程中，需要加强乡村规划和建设，注重自然、地质与人文资源的充分开发、利用和保护，发展地质文化旅游，发展乡村休闲农业，挖掘乡村地质景观，升级农产品为旅游产品，不断优化农民的生存、生活环境，并着重从以下几个方面着手。

1. 制定科学的乡村旅游规划

第一，在地质旅游发展的过程中注重保护珍贵的地质遗迹、地貌环境以及具有民族、地域特色的建筑物，在这些的基础上进行旅游服务设施设备的改造。第二，在地质旅游发展的过程中充分挖掘特有的自然文化资源以及乡村文化资源，并将这种两种文化巧妙结合起来，最后通俗化表现，以简单平实的方式来让游客在真正意义上体验乡村地质文化的独特魅力。

2. 调查摸清乡村地质景观资源

想要进行地质旅游，就要先调查摸清乡村地质景观资源有哪些。如谁也说不出其境内有多少个峡谷、多少个溶洞、多少个瀑布、多少个湿地等地质旅游资源，还如何开展地质旅游？而哪些地质遗迹、遗产可以作为乡村地质旅游的资源进行规划就更不清楚了。因此，通过全面调查摸清乡村地质景观综合资源家底，进行地质旅游的乡村规划、建设，是地质旅游服务乡村振兴

战略的基础。

3. 强化标准化运营管理机制

地质旅游在乡村的标准化建设是推进地质旅游发展的重要关键。因此，各个管理部门需要加快打造完善地质旅游服务体系、建设体系和运营体系的标准化。建议制定《地质文化村（镇）创建标准》，在旅游住宿、餐饮、购物、娱乐等方面制定完善的服务规范和标准，强化对乡村服务的发展管理，规范地质旅游在乡村的经营行为和发展秩序，从而更好地提升乡村旅游服务质量和服务水平。

4. 升级产品服务

在乡村振兴战略背景下，不断丰富地质旅游产品，创造地质旅游新业态，打造各类主题地质旅游目的地和精品线路，大力发展富有乡村特色的民宿和养生养老基地，或依托温泉（地热）、矿泉、森林等特色资源，开发食、药、用、住等特色产品，提供全新的旅游产品或服务。与此同时，开发乡村“名特优”“土特优”产品，增加旅游产品的科技含量或艺术性，从而增加旅游产品的附加值。

5. 优化“地质 +”旅游模式

为了拓展旅游发展空间，要大力发展地质旅游。而地质文化和乡村文化是地质旅游发展的核心要素。因此，当地区位条件、地质遗迹资源、优美生态环境、丰富的文化资源、人文特色和市场需求均是旅游发展的重要抓手。从中挖掘其文化内涵，同时发挥生态优势和突出乡村特点，从开发形式多样、特色鲜明的民宿、民居以及民俗活动产品入手，激活从乡村的地质、生态、文化等资源优势，破解交通、机制等瓶颈障碍，大力发展乡村地质旅游。

生态农业是利用农业景观资源和农业生产条件，发展观光、休闲、旅游的一种新型农业生产经营形态。生态农业是深度开发农业资源潜力、调整农业结构、改善农业环境、增加农民收入的新途径。我国历来是农业大国，农村土地广袤、自然风景优美，在乡村振兴战略背景下，可以鼓励多种新型经营主体发展，依托优质土地资源，开发富硒、富锌、绿色有机农副产品等地学旅游产品。利用农村丰富的自然资源与人文资源，建立综合性的生态农业区，游客不仅可以进行观光、采果、体验农作、了解农民生活以及享受乡土情趣，而且可以住宿和度假。地学旅游充分展现了农村地质资源、农业生产过程、农民生活和农村生态，运用科技、文化、艺术等创意手段，为消费者提供休闲、观光、体验等服务。

参考文献：

[1]《地质文化村（镇）建设工作指南（试行）》(自然资源部中国地质调查局中国地质学会，2020 年 5 月)。

[2] 陈安泽 . 特色小镇创新发展圆桌会议论文：地学文化特色小镇建设意义、理念与行动建议 [C]// 陈安泽，等 . 旅游地学与地质公园建设——旅游地学论文集第二十三集 . 北京：中国林业出版社，2018：16.

[3] 吴成基 . 对地质文化村建设的几点思考 [C]. 中国林业出版社，2019：4.

[4] 赵吉昌，黄万堂，李省晔，等 . 甘肃省地质遗迹资源特征及地质文化村建设探讨 [J]. 干旱区资源与环境，2021，35（9）：201–208.

[5] 丁华，丁辉，张悦，等 . 区域综合地质调查助力乡村振兴的关键内容、战略路径与未来对策 [J]. 地质论评，2021，67（2）：467–475.

[6] 王军，李小强，张海峰，等 . 甘肃省重要古植物化石产地区划及保护利用 [J]. 地质论评，2021，67（3）：578–592.

[7] 王瑞丰，任伟，翟延亮，等 . 河北兴隆诗上庄地质遗迹特征及地质文化村建设探讨 [J]. 2020，47（6）：109–118.

[8] 王军，任文秀，李通国，等 . 青藏高原北缘玉门红柳峡硅化木成因及其揭示的早白垩世构造及环境 [J]. 地球科学，2020，45（11）：4143–4152.

责任编辑： 谯　洁
责任印制： 冯冬青
封面设计： 中文天地

图书在版编目（CIP）数据

中国式乡村旅游理论研究与实践探索 / 徐虹，史佳林主编. -- 北京 ：中国旅游出版社，2023.12
（中国旅游基础理论与应用对策研究文库）
ISBN 978-7-5032-7250-9

Ⅰ. ①中… Ⅱ. ①徐… ②史… Ⅲ. ①乡村旅游—研究—中国 Ⅳ. ①F592.3

中国国家版本馆CIP数据核字(2023)第247791号

书　　名： 中国式乡村旅游理论研究与实践探索

作　　者： 徐　虹　史佳林　主编
出版发行： 中国旅游出版社
（北京静安东里6号　邮编：100028）
http://www.cttp.net.cn　E-mail:cttp@mct.gov.cn
营销中心电话：010-57377103，010-57377106
读者服务部电话：010-57377107
排　　版： 北京旅教文化传播有限公司
经　　销： 全国各地新华书店
印　　刷： 北京明恒达印务有限公司
版　　次： 2023 年 12 月第 1 版　2023 年 12 月第 1 次印刷
开　　本： 720 毫米 ×970 毫米　1/16
印　　张： 15
字　　数： 220 千
定　　价： 68.00 元
ISBN 978-7-5032-7250-9
